臺南歷史地圖散步

Academia Sinica Center for Digital Cultures
中央研究院數位文化中心

目錄

Content

封面繪圖／左萱

免費下載 臺南歷史地圖 APP

Google Play 立即下載

App Store 下載

本+ **現地導覽・隨時神遊**

現代地圖圖例

博物館、美術館	宮廟
官署	教堂
學校	佛寺
醫院	警察局
地標	停車場
公園綠地	臺鐵車站

本書說明

編輯語

臺南，這座新舊交錯的城市，經歷臺灣政權交迭，而這些過客也留下痕跡，豐富這座城市。為了讓大眾更能貼近、深度瞭解臺南的前世今生，邀請在地專家學者撰寫臺南不同面向的文章，透過溫醇的文字，生動的舊照片，典雅的老地圖再搭配APP，探索不同時期堆疊的深厚蘊藉。

今昔對照專欄

除了可對照昔今照片之外，並附上地點舊名稱及解說，且每個地點編號皆可根據每篇地圖所在頁碼，尋找對應位置，看到新舊地點名稱的變化；圖片旁若有二維條碼，可使用臺南歷史地圖散步APP拍攝條碼功能，即可導覽該地點。

圖目錄 圖目錄M－2

每張老照片均標示圖目錄編號，可在本書第206頁查詢資料出處及典藏機關。

APP操作說明

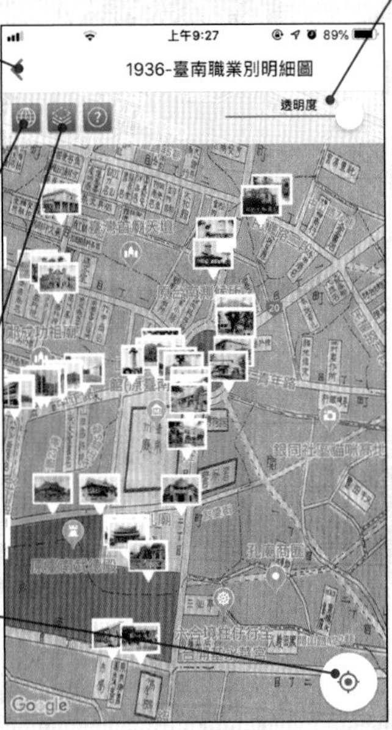

古地圖選單

使用古地圖選單，切換精選的十一張地圖。

語言選擇

提供正體中文、英文、日本語版本。

照片圖層開關

點此按鈕，只觀覽古地圖。

GPS現在位置

使用手機GPS定位，標示現在位置於現今地圖上。

古今地圖透明對照

滑動古地圖透明度拉桿，自由調整透明度，可與現今地圖對照。

古今照片透明對照

使用老照片透明度拉桿，自由調整透明度，可與現今街景對照。

照片背後簡短說明

點選老照片，即可瀏覽簡短說明。

地圖編號

設計在內文、昔今地圖及老照片中，均可用同一編號，對應到該地點於昔今地圖中，瞭解其位置與新舊地名變遷歷程。

單元標圖

每一頁左上方皆有頁碼與單元資訊，方便快速查找。

老地圖資訊

可參照本書第6頁地圖目錄，查詢老地圖名稱、出版年份等資訊。

現代地圖

依據2018年11月為止的街道與交通系統重新繪製而成。

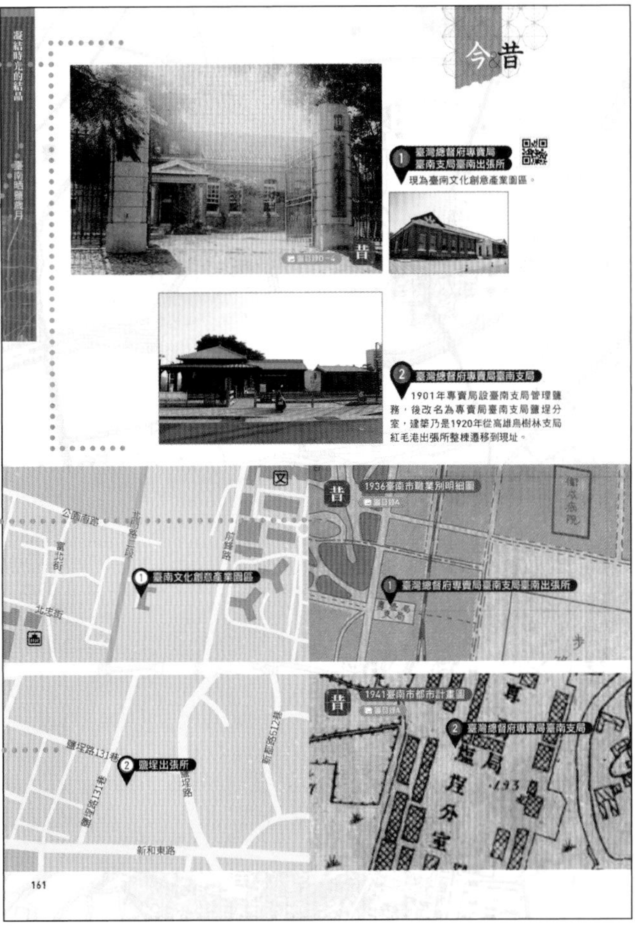

本書地圖介紹

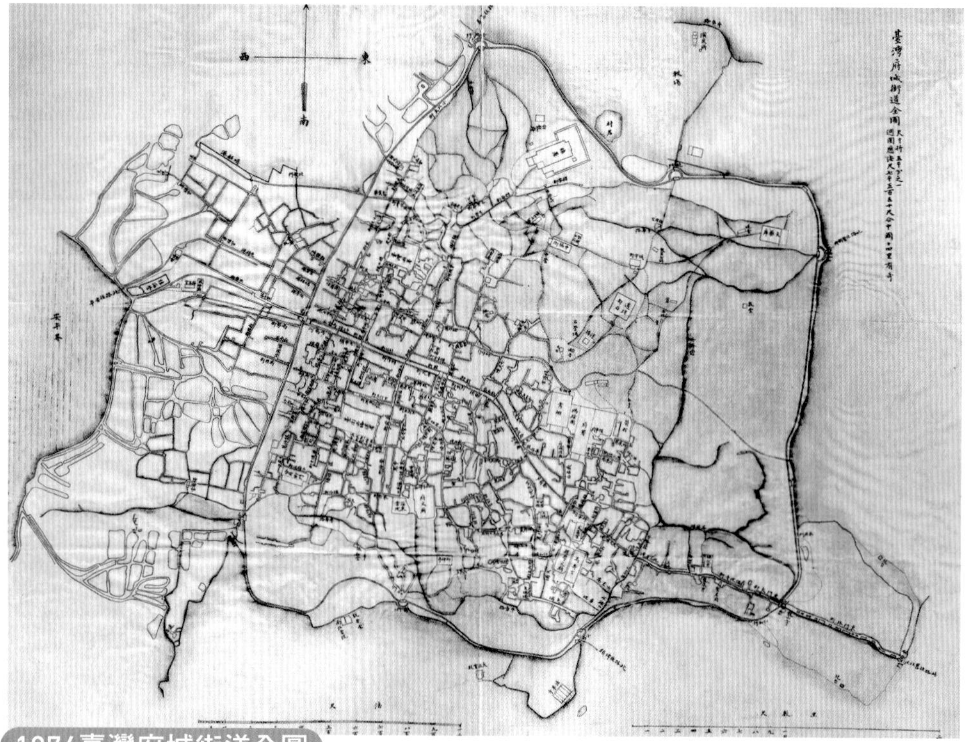

1874臺灣府城街道全圖

沈葆楨來臺時，率福州船政學堂學生測繪而成，為臺灣最早以精確比例尺測繪的城市地圖，且清楚標誌清時府城的街道名稱及城門位置，十分珍貴。

1927臺南市街圖

呈現日治中期市區改正後的臺南市區，城牆均拆除改為道路，市內格局大致奠基，亦標示出改建後的臺南運河。

1933地番入臺南市地圖

日治中期臺南地籍資料，清楚瞭解市區開發已臻完備，亦附臺南州及安平地圖。

1936臺南市職業別明細圖

描繪日治中期市區改正後的臺南市區，政府機關、會社、飲食店等林立於市街，展現臺南市繁華一面。

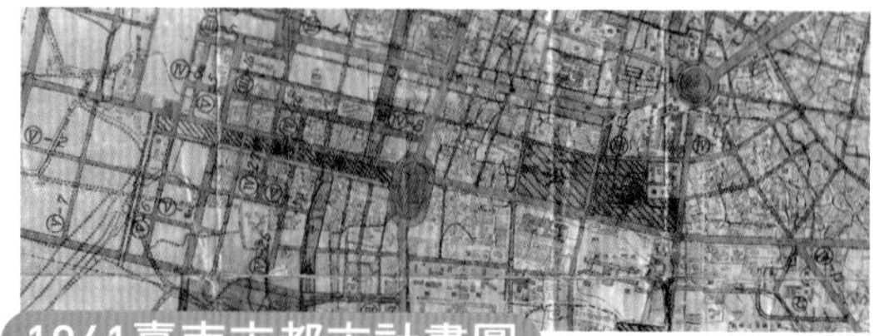

1941臺南市都市計畫圖

此地圖可說是臺南都會區的雛形，除了將郊野納入都市計畫區域外，還可看到環狀公園道的規劃路線，今為兩旁種滿黃花風鈴木的林蔭道路。

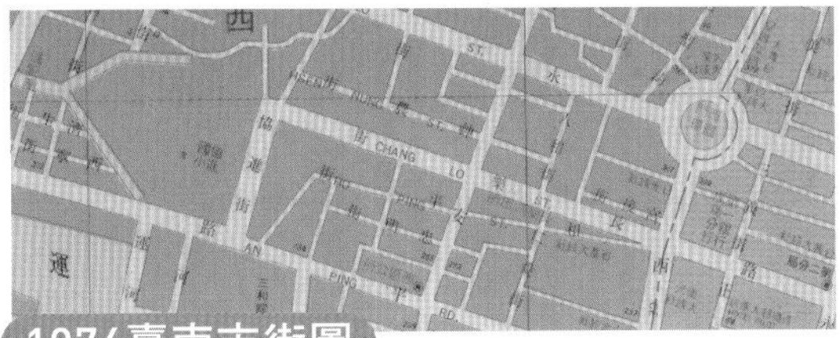

1974臺南市街圖

戰後70年代臺南市街圖，為發展觀光，特別將娛樂場所、飯店標註成紅字。

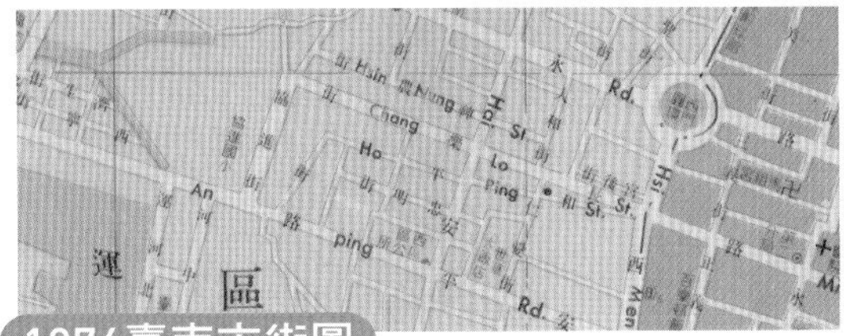

1976臺南市街圖

戰後70年代臺南市街圖，並附上安平區、安南區地圖。

特色輿圖

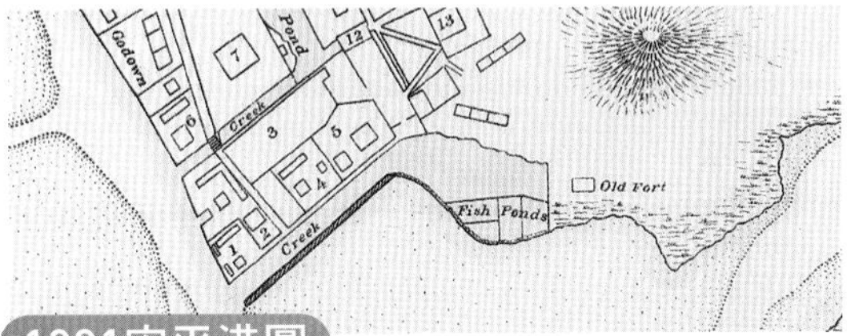

1891安平港圖

清楚繪出洋行、領事館、海關等位置，也可見舊運河，完整呈現安平在清領時作為對外貿易港口的重要地位。

1930嘉南大圳平面圖

一條條給水圳（紅色線）及排水圳（藍色線）盤根錯節，灌溉嘉南平原，造福眾多農民。

1940臺南飛行場平面圖

日治時期飛行場場內配置一目瞭解，為研究航空史最佳素材。

增視野

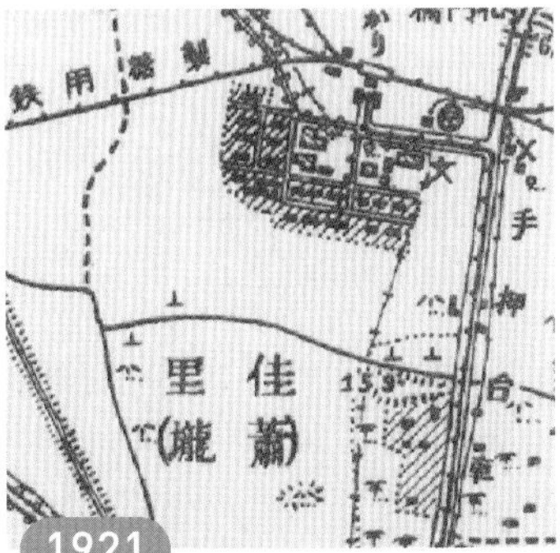

1921
二萬五千分之一地形圖

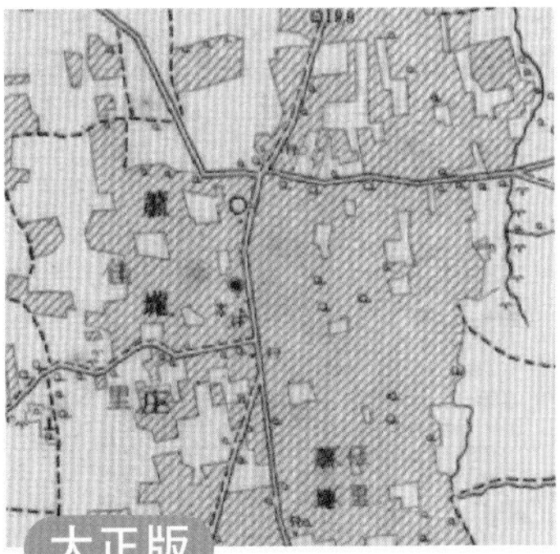

大正版
二萬分之一臺灣堡圖

1924陸地測量部
五萬分之一地形圖

想像臺南的方法

文／楊富閔

前陣子在一所大學的地理系進行文學講座，說著突然想到我讀國民小學六年級左右，有次自然課的回家作業是要同學嘗試做出一座等高線地形圖，記得那時老師告訴我們：不如就以自身生長的故鄉臺南作為你的對象，想像它的等高線該是疏密還是緩急，學習將從小生活的臺南變得超級立體，一層一層向上疊上去。這作業果然引起熱議，大家覺得相當有趣，老師還說就拿資源回收的紙批當成材料，聽起來彷彿非常容易。

我念的是迷你小學，學校有個動靜時，常一下就傳在鄉間，很快我就聽到小學生四處瘋找紙箱的消息。有人跑去小報攤說要買瓦楞紙，然鄉下書店沒有此物；有人跑去果菜市場要紙箱，不少家長因而驅車前去；紙張回收平日就有固定回收，我家附近的阿婆，因為小學生瘋搶紙箱的緣故，一夜之間她成了最大的受災戶，記得有個同學跑去跟她要，並且向她解釋目的是為了作業。同學還說：阿婆妳放心啦！做完之後我再把全班作業通通送給妳回收。

關於蒐集各種孩童想像臺南的等高線作業，這像是可以發展成為一篇短篇小說了，這小說應該是關於文學的，也是關於地理的，更重要的是關於生命的。換言之，小學生作業中的臺南會是一樣的造像嗎？是否也有因著不同的觀看視角，形成了不同的起伏。當年那位在路邊跟阿婆漫天說著、東西比劃的同學，其實就是小學六年級的我，只是後來有沒有把作業送給阿婆？不如讓我放在心中當成永遠的祕密。

從小，我對於向內探索故鄉文史發展懷抱巨大的興趣，然而身居曾文溪邊大內鄉的我，對於出去外界的渴望也是一樣驚人。時常騎單車就往故鄉山林奔去：往往是曲溪與頭社；也時常搭乘興南客運駛向古都府城，在北門路遊蕩一個下午。我的童年恰恰也是上世紀的九十年代，臺灣各地文化局開始系統性的

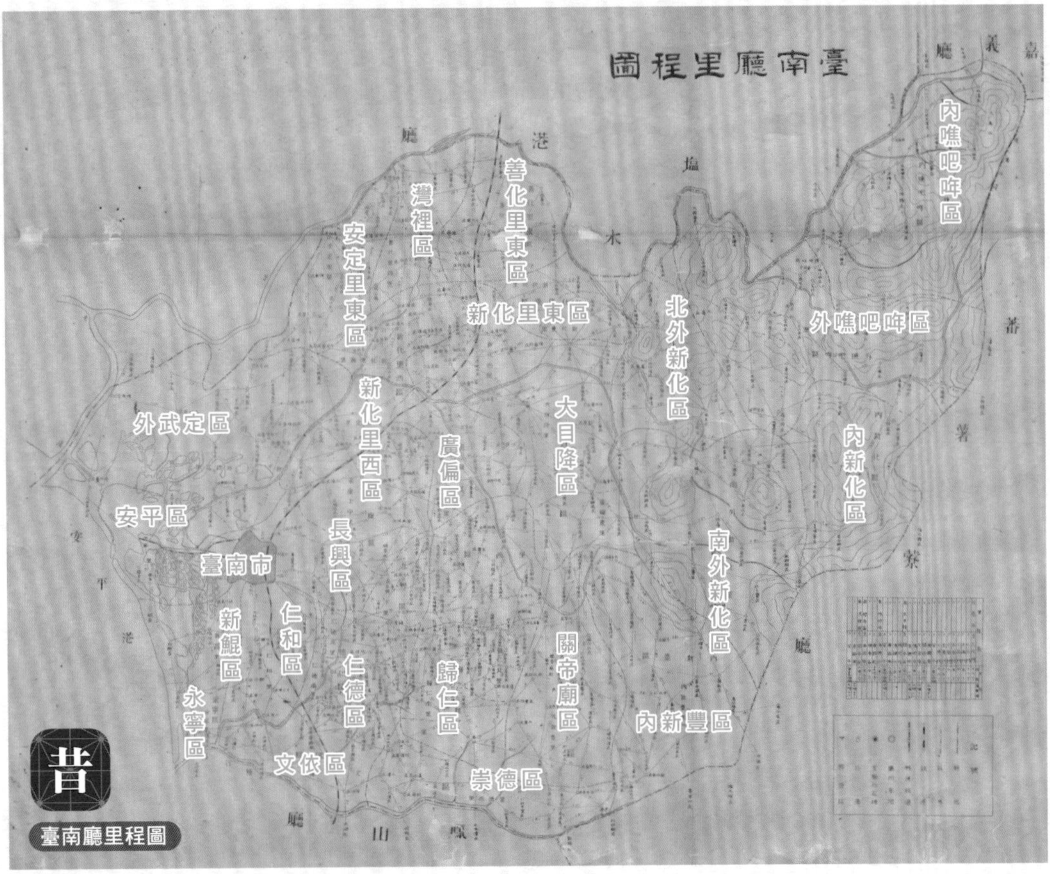

圖目錄D-3 日治初期臺南廳行政區域範圍

建構與出版地方知識與學問，那時我就常在尚未合併的大內鄉圖書館，借出一本又一本的南瀛文化研究叢書，磚紅色的外觀，寫的全是我腳下這塊土地的身世。我又特別喜歡地名與廟宇的故事，一個人抱著書本在客廳專注讀了起來。這些知識對我來說十分可親，常一邊朗誦地名，一邊邀請正在客廳歇息的祖母與我共讀，幾次某個漢字地名從我嘴巴脫口而出，不知道發的臺語標不標準，而祖母像是回到丘陵地帶聽聲辨位，觸碰到了某塊記憶神經，驚訝地像是想要告訴我，你怎麼會去過這個地方呢？

其實我也不知道自己是否真正去過。某種現實與想像的交錯，多少年來，不停引領我回到新的臺南與舊的臺南，而我在其中反覆穿越、指認、述說屬於自己的臺南故事。我想起小時候，我們一家四口每逢假日都要出遊，那時父親剛買了一臺墨綠色的小轎車，喜歡開到哪裡就停到哪裡。車上有本臺南縣的旅遊指南，清楚記錄著當時最受歡迎的南瀛熱點，那本指南在車上被我翻到脫頁，最後雖然不知下落何處，裏頭寫得什麼赤山龍湖巖、南化烏山臺灣獼猴、九層嶺風景區、珊瑚潭水庫，都是我去過，並在紙上做過記號的；旅途中我們也會在車上玩起一種接龍遊戲，就是默背昔日臺南縣的三十一鄉鎮市的名稱，每次先是父親起個頭，大哥、母親與我陸續喊聲：善化、官田、六甲、左鎮、山上、大內……，一塊塊地圖般的把臺南的樣子拼湊起來，此車廂一時之間，就像是座移動在臺南境內的文史教室，而我們正在共同見習一門叫做想像臺南的學問。◈

風光明媚的烏山頭水庫，又稱珊瑚潭水庫。

位於六甲的赤山龍湖巖。

圖目錄I-1

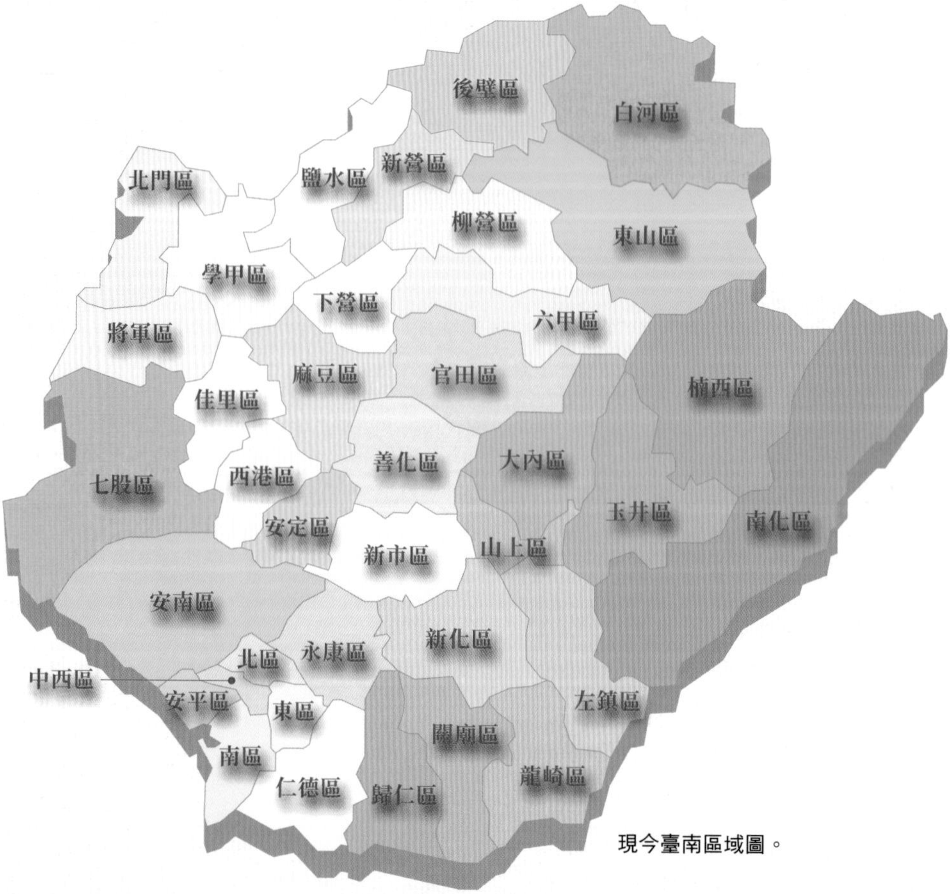

現今臺南區域圖。

昔

1934臺南州管內圖

圖目錄D-2

日治時期，臺南州範圍含括今雲林、嘉義及臺南縣市。

台灣府
總兵衙門
赤崁城
台灣城
文廟
鹿耳門
傀儡山
鳳山
沙線
赤山
大目降
新港社
新港溪
東吉
西吉
將軍澳
南大嶼
東嶼坪
西嶼坪
虎井
八罩山
水垵尾
草嶼
桶盤嶼
花嶼
猫嶼
西嶼頭

從頭說起

圖目錄Q－8

順水而生 滄海桑田

臺江內海及周圍地區歷史變遷

文／吳建昇

曾經遼闊的臺江內海

「臺江內海」，或稱為大員港、大海灣（groote bay），又或是「't Walvis Been」（即海翁堀），這是十七世紀以來臺灣西南沿海的大潟湖，在荷鄭時期以前臺江水域面積十分寬闊、可容納許多舟帆停泊，在潟湖周圍則有大小濱外沙洲圍繞，這些沙洲將內海層層包圍，甚至部分地圖更將諸沙洲連接至陸地，成為狹長半島（地岬），使內海更顯得緊密封閉，易守難攻。最初臺江內海與外界僅有兩處港道連接，主要港道位於大員與北線尾之間（即後來的大港），次要港道則在北線尾北端的鹿耳門峽（即後來的鹿耳門港）。當時臺江內海水深約六公尺左右，大小帆船多可航行其間，甚至大型軍艦亦能夠自由出入。至於其水域範圍，大抵在北自歐汪溪口（將軍山子腳西邊），南抵二層行溪口之間，包含今日的臺南市安南區、安平區全

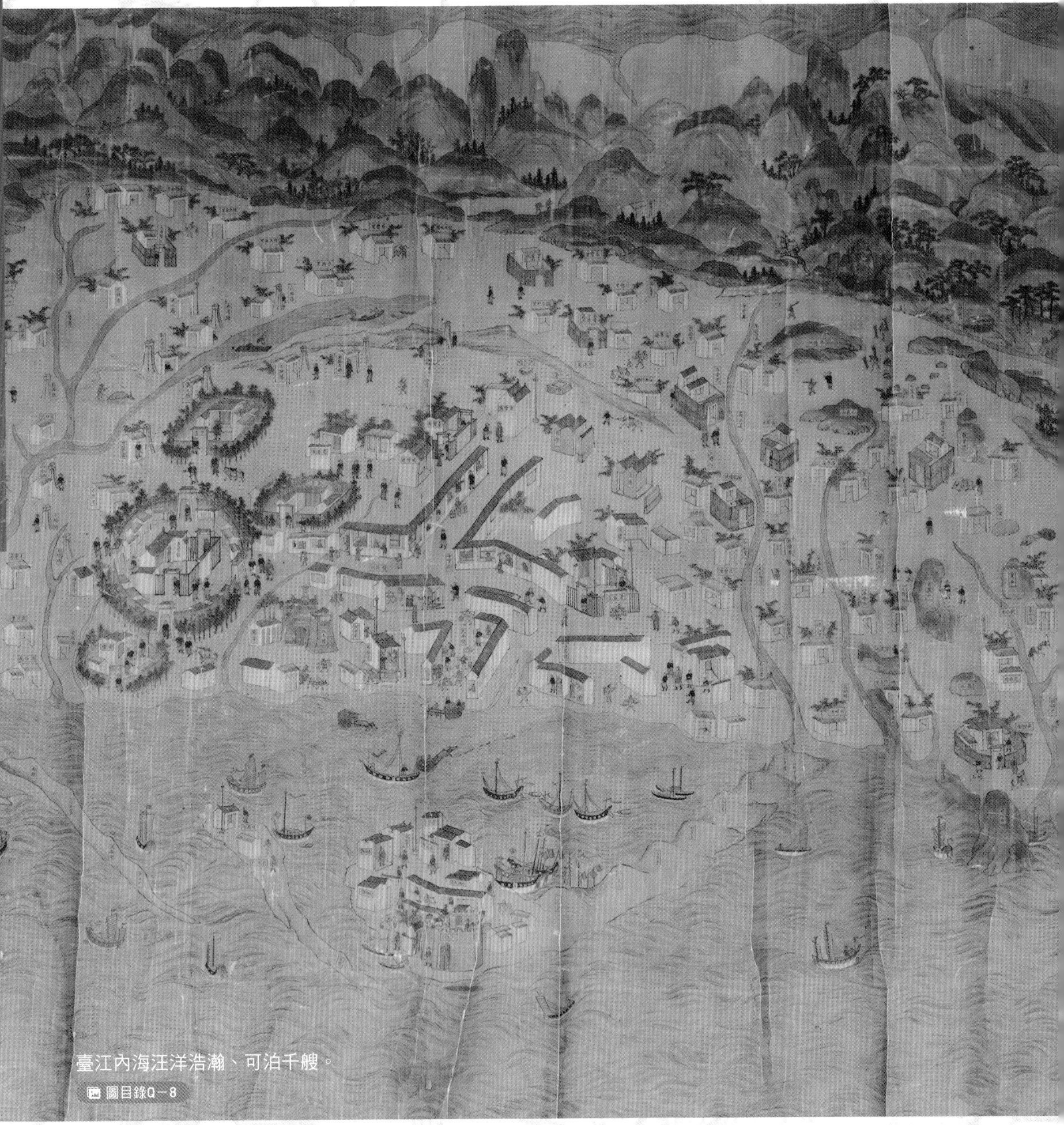
臺江內海汪洋浩瀚、可泊千艘。
圖目錄Q－8

部，以及部分的將軍、七股、西港、安定、新市、永康、北區、中西區、南區和高雄市茄萣區等，一直到十八世紀文獻仍記載臺江內海「汪洋浩瀚、可泊千艘」，可見臺江內海水域空間的寬廣遼闊。

有關荷鄭時期臺江內海的遺跡不多，其中已被列為市定古蹟的「大井頭」，在清初以前一直是府治與安平往來的主要渡口；又，德慶溪注入臺江內海之處，有「水仔尾❶」之稱（今臺南市中西區自強街南段），因此鄭氏時期興建的開基天后宮❷（小媽祖廟），也稱「水仔尾媽祖廟」，而清初在臺修造戰船的工廠（軍工道廠前身），最早也設置在水仔尾一帶；至於康熙初期著名的「臺灣八景——赤崁夕照」，也讓人想見當時赤崁樓濱臨臺江海岸的美景。

圖目錄O－5　臺南水仙宮主祀水仙尊王，該廟所在地過去是臺灣府城五條港之一的南勢港，是三郊的總部所在地，由當地商人合資興建。

自然與人為的堆積作用

然而，由於長久以來受到河川輸沙與海浪漂沙的影響，臺江內海水域空間早在十七世紀荷鄭時期逐漸被泥沙所填塞。而在清初以後，隨著漢人流向近山地區開墾，在過度開發山坡地、又缺乏水土保育觀念下，遂不斷釀成土石流及山洪暴發，也加速了下游溪流堆積作用的形成，讓臺江內海面積更為縮小。十八世紀中葉以後，臺江內海已處處浮沙漸起，海底遍布著堅硬沙石，船隻有觸礁擱淺的危機，因此當時在主要進出港口——鹿耳門港道，商船往往必須依賴「盪纓」、「招子」等旗幟標示工具，或得藉由「招船」引領出入，至於大商船更僅能停泊在鹿耳門港外海水深之處，再透過內海渡船以接力方式，將旅客、貨品運送至鹿耳門及府城五條港之間。

2016年接官亭碑亭因地震倒塌。圖目錄P－10

由於臺江內海周緣逐漸淤覆，使乾隆以後的海岸線逐漸西移。清初在大井頭附近的渡口，此時已西移到南河港安瀾橋附近，當時官府在此設置接官亭，以迎接清朝官員；而當時海岸在水仙宮一帶，形成一個灣頭地形，此為船舶輻輳之地，當時執府城商業牛耳的「三郊」總部「三益堂」，就設於水仙宮旁；又前述修造戰船的工廠（後正式稱為軍工道廠③），此時也由水仔尾改移至小北門外的臺江沿岸（廠口約在今臺南市成功路與海安路交會處）。

至於臺江周圍鹽場的遷移，更直接與臺江沿海泥沙堆積，造成鹽田遭沖坍損毀而被迫遷移，例如著名的北門「井仔腳鹽田」（瀨東場），最初是在臺江南岸的瀨口周圍，之後遷移至臺江北岸的佳里外渡頭，最後又因風雨損毀鹽田，才落腳至北門嶼今址。而在此一時間，臺江沿岸各地陸續出現有浮覆海埔，造成附近豪族居民侵占爭墾，甚至形成訴訟或械鬥衝突的情況，之後在許多地方都留下了〈嚴禁霸佔海坪示告碑〉等告示。

圖目錄Q－9　臺江內海沙洲水淺，大船無法靠岸，僅能用牛車接駁。

四草湖是臺江內海淤積而成，今為著名觀光勝地，可搭乘竹筏遊覽。

圖為康熙53（1788）年，臺灣府知府楊廷理立「嚴禁霸佔海坪示告碑」，此碑現存於佳里金唐殿內。

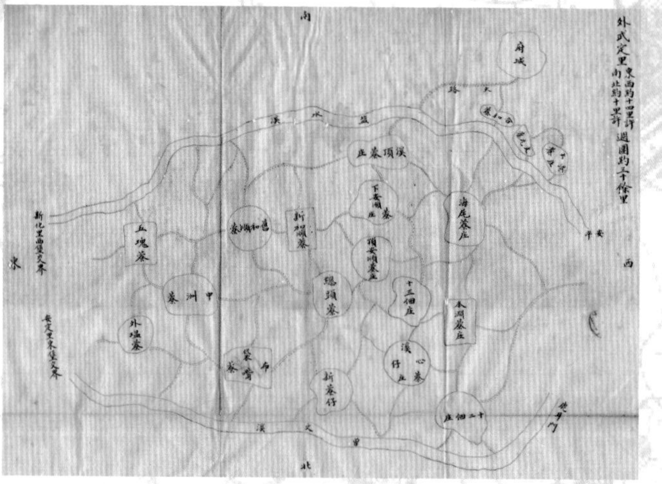

臺南外武定里臺江十六寮地圖。

圖目錄L－1

臺江水域的消失與二次移民開發

道光三（一八二三）年七月，臺灣西南地方連日豪雨成災，造成古曾文溪（灣裡溪）上游因山洪暴發、溪流改道，溪水在蘇厝甲（安定蘇厝）一帶沖潰堤岸，直入臺江內海，滾滾洪流挾帶大量泥沙、土石，加速了臺江內海堆積作用的形成，臺江內海原來已緩慢淤塞的水域空間，頓時因泥沙淤積而縮減、僅殘留下部分狹小水域，如四草湖、水晶湖及鯤鯓湖等，之後再加上後續移民築塭入墾的影響，逐漸形成一大片的海埔新生地，也就是今日臺南市安南區大部分的土地。

當時官府及商人為了減少臺江浮覆對商業或軍事造成影響，曾經在臺江浮覆地上開鑿了數條大小運河，包含連接國聖港與安平港間人貨運輸的「竹筏港水道」、提供軍工道廠修造戰船出入的「哨船港水道」等。至於曾經汪洋浩瀚的臺江內海，至此水淹土塞、波光不見，逐漸走入了歷史之中。

在臺江內海浮覆成為陸地以後，最初這片新生海埔地被稱之為「菅仔埔」，當時浮覆地上泥沙石礫堆積，且土地鹽分過高；加以海埔地勢低窪，河流縱橫、水塘遍布，容易受到天災水患的影響，甚至發生傳染疾病的問題，因此在臺江浮覆初期不太容易進行土地開發。然而，在臺江浮覆的隔年，也就是道光四（一八二四）年就有移民在浮覆地上搭寮築塭，可見即使生存環境險惡、天災人禍不斷，臺江浮覆地仍能吸引各地移民前來拓墾，特別是鄰近在今北門、學甲、將軍、佳里一帶的百姓居民。這些移民在來到臺江浮覆地之後，開發墾地、圈地築塭，胼手胝足、辛酸拓墾，在開發有成後，即在此地安身立命、落地生根，於是在「菅仔埔」土地上，陸續出現許多大小不一的聚落，包含日後著名的「臺江十六寮」，至今仍有耆老傳唱歌謠：

安身立命起草寮，地號出名十六寮
中洲五塊公親寮，和順南路陳卿寮
總理府衙溪頂寮，草湖布袋嘴新寮
總兵鎮守總頭寮，學甲溪南溪心寮
鹽田官衙本淵寮，大道公廟海尾寮

臺江浮覆地的開發，可說是最典型的「二次移民」開發史。◈

3 軍工道廠

雍正3（1725）年因為戰船的需求增加，在水仔尾設立船廠，後在乾隆41（1776）年蔣元樞撤舊廠，在小北門外設立「臺灣軍工道廠」，負責臺澎水師戰船的修造工作，其舊名稱為大廠口。

圖目錄C－7

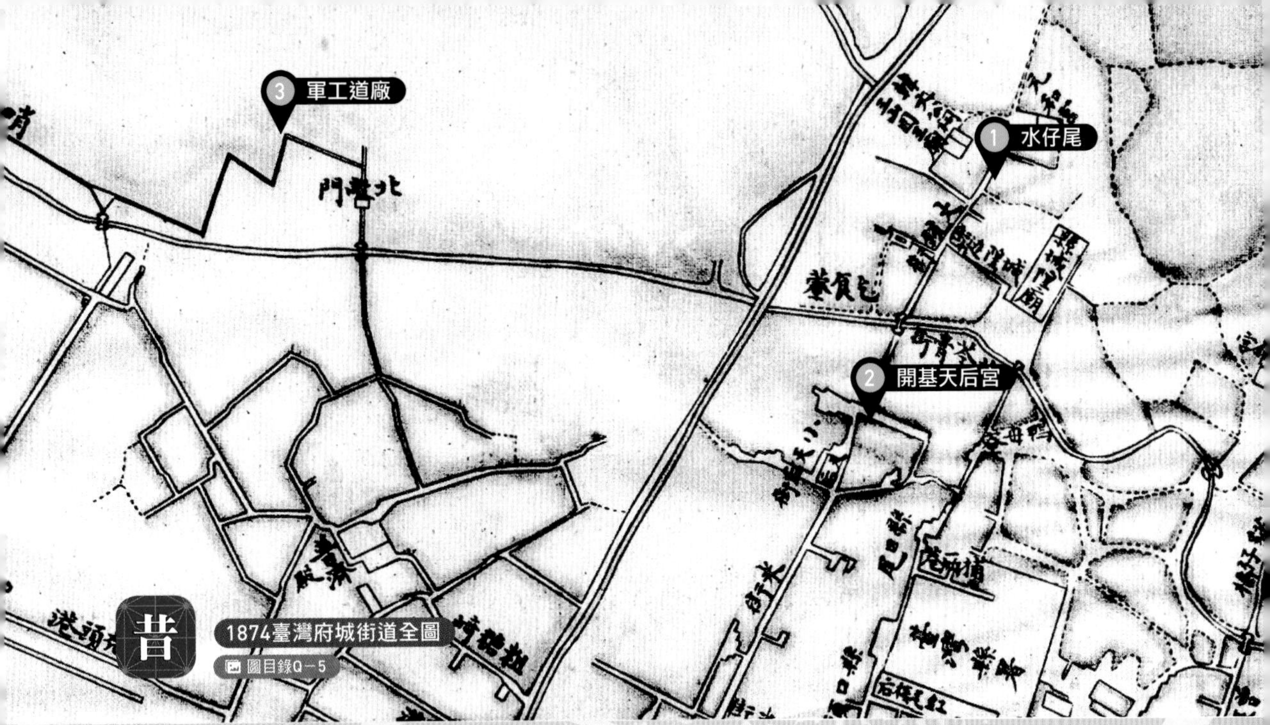

昔 1874臺灣府城街道全圖
圖目錄Q－5

1 水仔尾

德慶溪注入臺江內海之處，有水仔尾之稱，今自強街。

2 開基天后宮

為府城最早的媽祖廟，因此冠上「開基」之名。

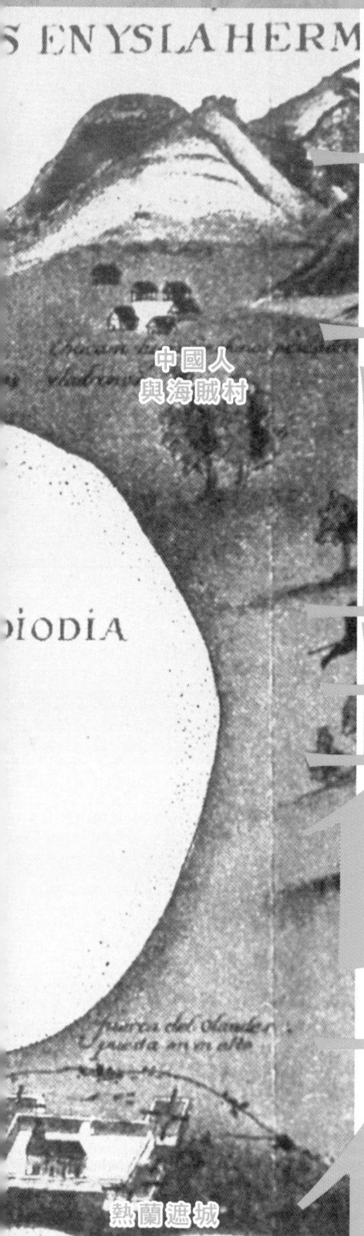

我們一直都在

西拉雅族文化復振與正名認同之路

文／段洪坤（Alak Akatuang）

西拉雅人在哪裡？

臺灣國高中歷史課本中，描述原住民的章節幾乎都只有一課，在短短五十分鐘之內，就必須將臺灣原住民的歷史文化介紹完畢，而且也僅介紹法定原住民族十七族為主，而「平埔族」卻是簡略帶過，甚至在介紹西拉雅族時，更僅以「大都已漢化、消失」作為最後的結尾，但事實上，西拉雅族未消失，依然保有豐富的文化，還有許多族人積極地復振，並訴求正名，讓全臺灣人都知道西拉雅族人不是活在教科書裡面的族群，而是精彩地生活在臺灣這塊土地上。

明朝陳第〈東番記〉所描述的「東番」就是居住在今安平附近的西拉雅族四大社「蕭壠」、「新港」、「麻豆」、「目加溜灣」。直到一六二四年荷蘭東印度公司帶領著軍隊在安平建立熱蘭遮城，統治臺灣，這批「紅毛番」最早碰見的「臺灣番」，也是西拉雅族的四

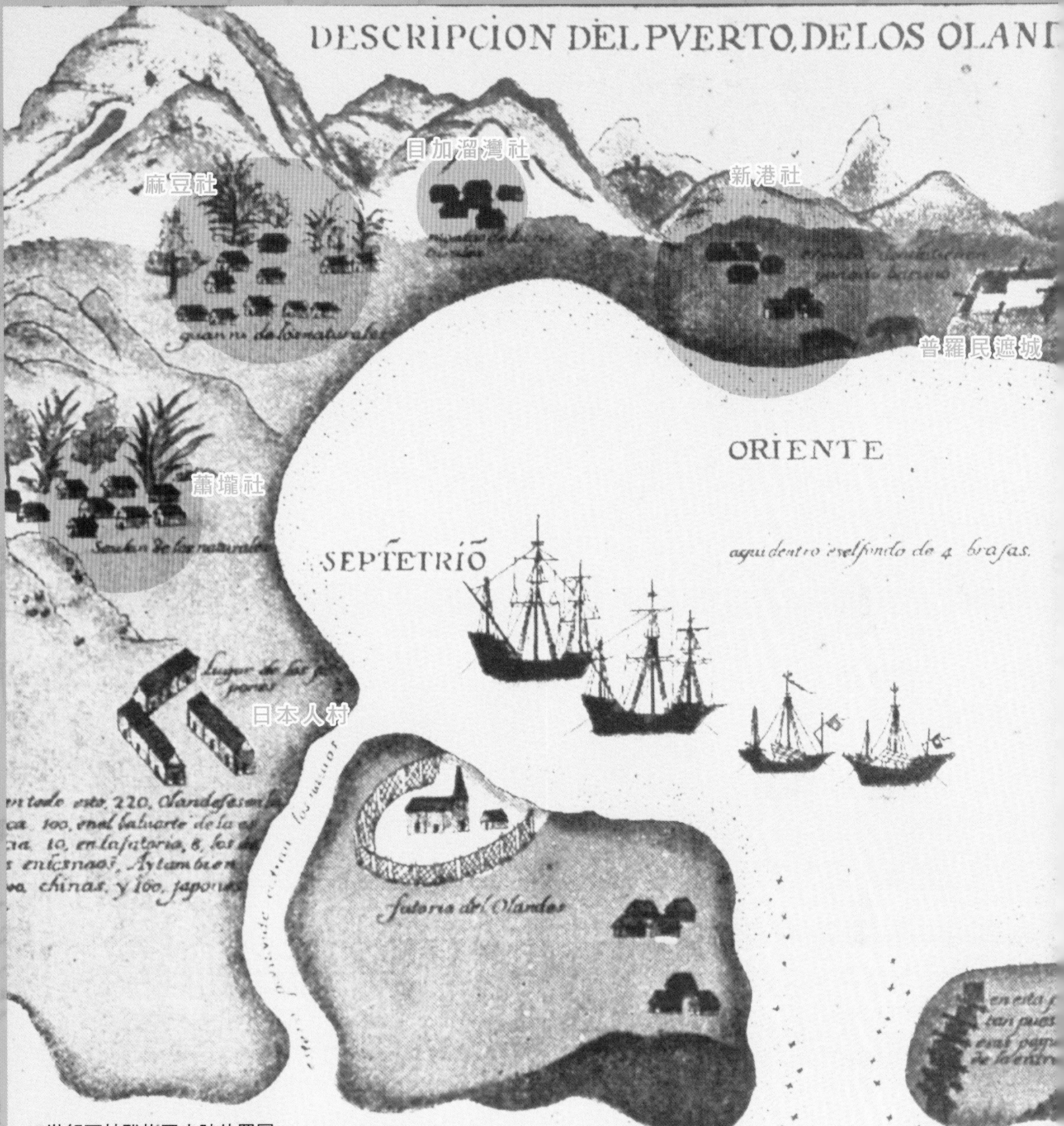

17世紀西拉雅族四大社位置圖

圖目錄0－8

大社族人。

來臺宣教的第一任牧師甘治士（George Candidius）進駐新港社後，於一六二八年撰寫一篇《福爾摩沙島的對話與簡短的故事》，是西方人描寫臺灣原住民社會組織、宗教及風俗習慣最早的一篇民族誌，文中提起他所深刻認識的部落有八個，分別是新港（Sinkan）、麻豆（Mattau）、蕭壠（Soulang）、目加溜灣（Bakloan）、大目降（Taffakan）、帝福鹿干（Tifulukan）、大歐龐（Teopan）、大武壠（Tefurang），且風俗、宗教、語言相近。甘治士所提到的這幾個村社，也都是屬於臺南地區的西拉雅族（除了大武壠以外）。

到了鄭氏時期，因土地被占領，四大族只好開始遷徙；清朝中葉，因為土地流失更往山區遷徙，又加上清朝番屯政策，四大社族人只好遷至淺山丘稜地，充當民兵，以防

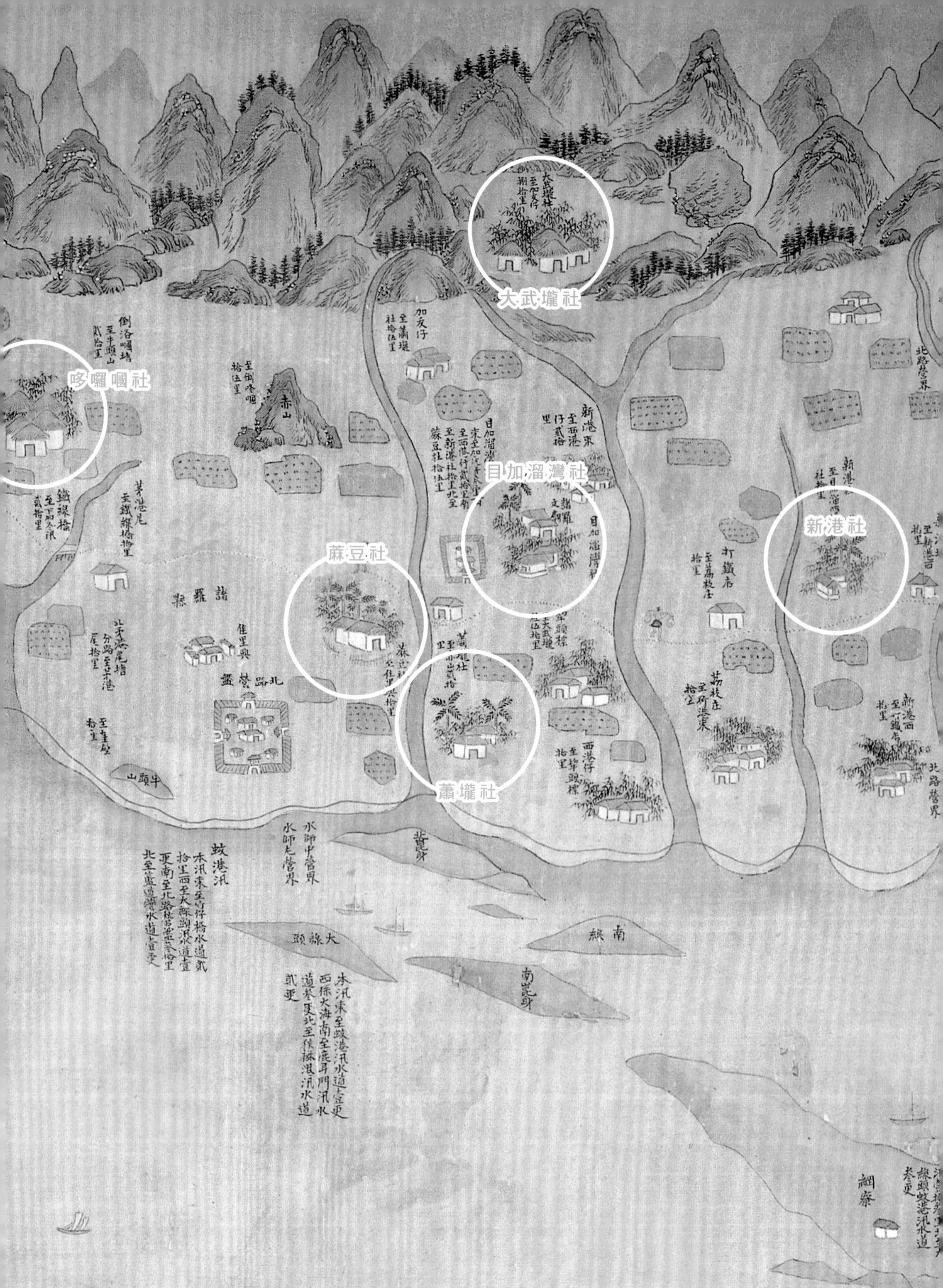

圖目錄0－9 清朝初期西拉雅族位置圖，現為國家重要古物。
從荷蘭到現今地圖中，可看出西拉雅族飽受外力統治因素，居住地從沿海被逼移到淺山邊緣。

"請往西拉雅族各部落瞧瞧，我們一直都在！"

止土匪亂黨聚集鬧事。大部分的族人到了日治時期都已在淺山及邊緣重新建立村社。

現今西拉雅族人多居住於白河區六重溪，東山區吉貝耍❶，官田區番仔田、社仔，大內區頭社❷和烏頭，玉井區望明和層林，楠西區灣丘，左鎮區中正里、菜寮、岡林、澄山、澄和，新化區五甲勢、口埤、九層嶺，是族人最主要居住地。有些新港社人甚至還遷居到高雄內門區，集中住在現今的溝坪、木柵、三平、內興，還有田寮區的狗氳氤、古亭坑、水蛙潭、打鹿埔也是新港社人遷移居住地。

到這些地方，可以仔細觀察一下，這裡的老一輩長相明顯異於漢人，皮膚較黑、五官深邃，尤其是大大的眼睛，是註冊標記，這樣的輪廓是代代相傳的，更是足以證明西拉雅人一直都在。

西拉雅「祀壺」信仰與振復語言

西拉雅族是最早遭受到外來政權統治的原住民族，但西拉雅族人非常堅強努力地維繫著自己的文化、復育自己的族語。

西拉雅族的顯性文化，展現在祖靈信仰上，各部落保持著所謂「祀壺」的祖靈信仰，以瓶、矸、甕裝水，上頭插著澤蘭、過山香或菅葉等，做為崇拜祖靈——阿立祖／太祖／阿立母的表徵，透過儀式的操作來跟Alid（祖靈）對話互通。

除了家戶中保有祖靈瓶信仰外，許多部落仍然保有大型的傳統信仰場所——公廨（Kuwa／Kuva），像白河六重溪部落、東山吉貝耍部落、大內頭社部落、官田番仔田部落以及佳里北頭洋部落，公廨依然是聚落裡最重要也是最神聖的信仰空間，有空可以到這些部落親自去看看公廨的信仰空間擺設，認識不同族群的文化。

"部落在、人在，文化就在。"

西拉雅族通常將代表阿立母的壺體放置家中壁角，其下會放置一塊石板或芭蕉葉，作為神座，也有放置於桌上，與神明、祖先牌位一起祭拜，以提高阿立祖的神格。

人類學家劉斌雄先生於1957-1962年間走訪西拉雅各部落，進行田野調查，此圖為北頭洋部落公廨，雖晃動稍糊，但依舊能看出柱上寫著「檳榔祭阿立祖」。

圖目錄0－1

西拉雅族「祀壺現相」的神體不現身，而以瓶、矸、甕裝水，經過法術處理，將水轉化具有法力，上頭插著澤蘭、過山香或菅葉等葉片，作為崇拜祖靈—阿立祖／太祖／阿立母的表徵。

圖目錄D－12

公廨又稱「公界」，早期多於在每年祭典前臨時搭建，因此建材多以竹枝、茅草為主，只有後、左右三面壁，無前壁及前門，有些為防動物、小孩闖入，會在前門搭上簡易柵欄，隨著經濟好轉，公廨多以水泥、磚瓦等建造，但空間上還是維持三面壁的特徵。

西拉雅祀壺信仰除了壺體之外，還包括許多祭祀元素，如檳榔、米酒、竹葩、動物頭骨（豬頭或鹿角），及花環。檳榔及米酒是太祖／阿立祖／阿立母的兵將所喜愛的供品，而竹葩懸掛動物頭骨、花環，則是舉辦夜祭等特殊祭典所留下的神聖物品。

西拉雅族五個部落夜祭日期

部落名稱	日期
白河六重溪部落	農曆9月14-15日
東山吉貝耍部落	農曆9月4-5日
大內頭社部落及 官田番仔田部落	農曆10月14-15日
佳里北頭洋部落	農曆3月28-29日

貼心小提醒：參加夜祭時，先詢問當地社區發展協會參加夜祭需注意項目，以防無意間觸犯任何禁忌。

吉貝耍部落夜祭祭儀程序

1 獻豬

豬是重要的祭品，將族人還願供奉的豬隻擺放於特製的竹架上，內臟置於旁，豬頭朝向大公廨，前放酒、檳榔、白布等供品。

圖目錄P－9

2 「敬酒禮」，請神降臨

尪姨口唸禱詞，請尪公、尪祖、太上老君、阿立母，天公一起降臨接受獻禮祭拜。請神完畢。

3 「過火禮」，謝願還願

尪姨點名各獻豬還願者，向阿立母報告，後點燃茅拂拍豬體，以示「過火」淨豬。

圖目錄P－3

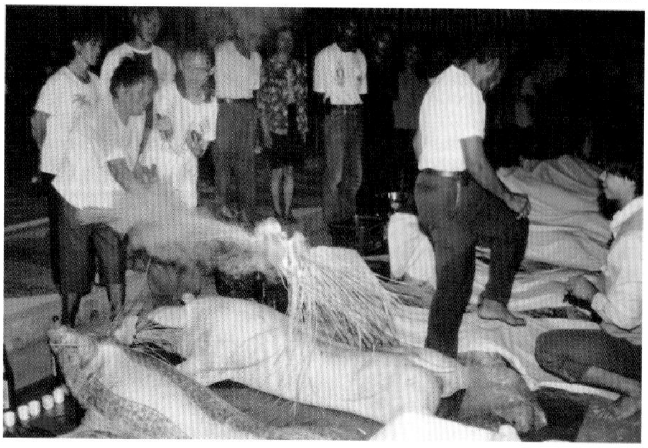

4 行「覆布禮」

在豬隻身上蓋上白布，防止其他神魂竊食之意涵，且還有防蚊蟲沾黏的效果。

圖目錄P－9

5

擲筊請示

在第五次敬酒祭拜後，尪姨或施加伴頭（向頭）會以檳榔剖半當「筊」，請示阿立母是否滿意今日的祭典，豬隻是否可以點收了。

圖目錄P－9

6

翻豬禮

尪姨以刀背敲打豬頭，掀開白布，群眾將豬體翻身，以刀身在豬隻各部位比劃後，代表點收完畢。

圖目錄P－9

7

牽曲祝賀

在吉貝耍部落有一定的禁忌，每年夜祭前的農曆八月十五日開完曲向後，方可練習吟唱，九月五日祭典結束則不得任意吟唱。

圖目錄P－3

西拉雅族正名歷程

時間	歷程	
1957年	修訂公告「平地山胞認定標準」，准許日治時期種族欄登記「熟」的平埔族群登記為「平地山胞」	未行文至縣政府，導致平埔族錯過登記時間，從此無法補登
1959年	開放第二次補登記	
1963年	開放第三次補登記	
1980年代	原住民正名運動始展開，平埔族也參與其中	
1990年	西拉雅族積極向中央爭取身分	
2006年	臺南縣政府承認西拉雅族為「縣定原住民族」	正名運動露曙光
2009年	縣政府受理西拉雅人補登記為平地原住民，並協助向中央尋回應有的身分及權利	
2016年	蔡英文競選政策提出「返還平埔族群完全的民族權利」	
2017年	行政院宣布修改「原住民身分法」，增列「平埔原住民」項目，但其「權利另以法律定之」。	正名希望再度落空

圖目錄P－3 西拉雅族語教材。

另外，上述的五個部落，每年都會舉辦傳統的祖靈祭典「夜祭」，拜豬、牽曲來答謝祖靈一年來的眷顧，而且成為了地方的盛事，也維繫了西拉雅族人的認同。

特別的是，吉貝耍部落夜祭在二〇一三年被文化部審定列為國家重要民俗活動。舉辦時間約在農曆九月四號深夜到五號凌晨四、五點結束，開始前，族人會將家中的「阿立母」請到大公廨一起熱鬧，待尪

Cap. j. fol: 1

Het H. Euangelium na [de beschrijvinge] MATTHEI. Het eerste Capittel.	Hagnau ka D'llligh *Matiktik ka na sasoulat ti* MATTHEUS. *Naunamou ki lbægh ki soulat.*
1 HET Boeck des Geslachtes JESU CHRISTI, des soons Davids, des soons Abrahams.	1 SOulat ki kavouytan ti JEZUS CHRISTUS, ka na alak ti David, ka na alak ti Abraham.
2 Abraham gewan Isaac. ende Isaac gewan Jacob. ende Jacob ghewan Judam / ende sijne broeders.	2 Ti Abraham ta ni-pou-alak ti Isaac-an. ti Isaac ... -pou-alak ti Jakob-an. t... cob ta ni-pou-alak ti Juda-an, ki tæ'i-a-papar'appa tyn-da.
3 Ende Judas ghewan Phares ende Zara by Thamar. ende Phares ghewan Esrom. ende Esrom gewan Aram.	3 Ti Judas ta ni-...alak na Fares-an na Zara-an-appa p'ouh-koua ti Thamar-an. Ti Fares ta ni-pou-alak ti Esrom-an. Ti Esrom ta ni-pou-alak ti Aram-an.
4 Ende Aram gewan Aminadab. ende Aminadab gewan Naasson. ende Naasson gewan Salmon.	4 Ti Aram ta ni-pou-alak ti Aminadab-an. Ti Aminadab ta ni-pou-alak ti Naasson-an. Ti Naasson ta ni-pou-alak ti Salm...n.
5 Ende Salmon ghewan Boöz by Rachab. ende Boöz gewan Obed by Ruth. ende Obed ghewan Jesse.	5 Ti Salmon ta ni-p... na Boös-an p'ouh-koua ti ... an. Ti Boös ta ni-pou-alak na Obed-an p'ouh-koua ti Ruth-an. Ti Obed ta ni-pou-alak ti Jesse-an.
6 Ende Jesse ghewan David den Koningh. ende David de Koningh gewan Salomon by de ghene die Urias	6 Ti Jesse ta ni-pou-alak ti David-an ka na Mei-sasou ka Si bavau. Ti David ka na M...i-sasou ta ni-pou-alak ti Salomon-a... p'ouh- A koua

CHAP. I. (1) THE book of the generation of Jesus Christ, the son of David, the son of Abraham. (2) Abraham begat Isaac; and Isaac begat Jacob; and Jacob begat Judas and his brethren; (3) and Judas begat Phares and Zara of Thamar; and Phares begat Esrom; and Esrom begat Aram; (4) and Aram begat Aminadab; and Aminadab begat Naasson; and Naasson begat Salmon; (5) and Salmon begat Booz of Rachab; and Booz begat Obed of Ruth; and Obed begat Jesse; (6) and Jesse begat David the king; and David the ki... begat
A

荷蘭牧師Gravius以新港語翻譯的聖經〈馬太福音〉。

圖目錄D－16

2006年臺南縣政府認定西拉雅族為「縣定原住民」，辦理族人補登記為平地原住民。

圖目錄P－3

姨或施加伴頭（向頭，似祭司）帶領助手及族人等，向阿立母行三向禮（以檳榔、米酒來祭拜祖靈的儀式）後，就正式展開肅穆的「夜祭」典禮。

西拉雅語，如何被喚醒

至於語言，雖然西拉雅族人目前都以閩南語為溝通語言，但是還是殘存著一些族語歌謠、單字、祭儀儀式族語，再加上近年來語言學家協助西拉雅族人復振族語，利用荷蘭時期牧師們所寫的西拉雅語本「聖經馬太福音」、「信仰告白」、「基督教信仰要項」，以及日治時期語言學家所採集的西拉雅族語，進行語言重建的工程，目前已將西拉雅語文法建構起來，出版族語教材，也推動族語教育多年，臺南市境內已經有十六所國中小學開設西拉雅語課程多年。這樣的努力能重新跟祖先對話，也讓大家看見西拉雅人的堅持。

西拉雅族正名之路

「西拉雅族是原住民嗎？」

西拉雅族雖歷經土地流失，從海邊遷到山邊，但族人、文化及語言都還在，怎麼不算是原住民呢？在政府錯誤的政策及行政疏忽之下，平埔族錯過登記「平地山胞」時間，在法律上喪失原住民身分及權利。所幸，八〇年代原住民正名運動熱烈展開，也影響西拉雅族開始找回自己的身分，舉行一連串的活動，鼓勵各部落同參與，如恢復夜祭，臺灣首次「平埔會親」等等。活躍的正名運動，讓臺南縣政府於二〇〇六年承認西拉雅族為「縣定原住民族」，踏出成功的第一步，並協助向中央爭取身分及權利。

可惜官司一路敗訴，直到二〇一六年蔡英文競選時，提出歸還平埔族權利等相關政策，正名運動暫露曙光，隔年行政院宣布修改原住民身分法，增列「平埔原住民」項目，但返還權利之事仍另外立法，讓族人大失所望，也讓臺灣原住民身分的劃分增添複雜且嚴重差別待遇的問題。

正名之路一直以來充滿荊棘與挫折，但西拉雅族人仍不屈不撓，以振興語言及文化為己任，等待機會，為族群發聲，爭取恢復原住民身分。

「西拉雅族」，對於大多數的臺灣人來說是熟悉的族群，但熟悉，也僅只是在教科書上看過，對他們的一切全盤皆不瞭解。來一趟臺南吧！去探訪北頭洋、頭社、吉貝耍等部落，聽耆老的吟唱，沉浸在西拉雅富有特色的文化祭典，進而增進對西拉雅族正名運動始末的認知與共鳴。◈

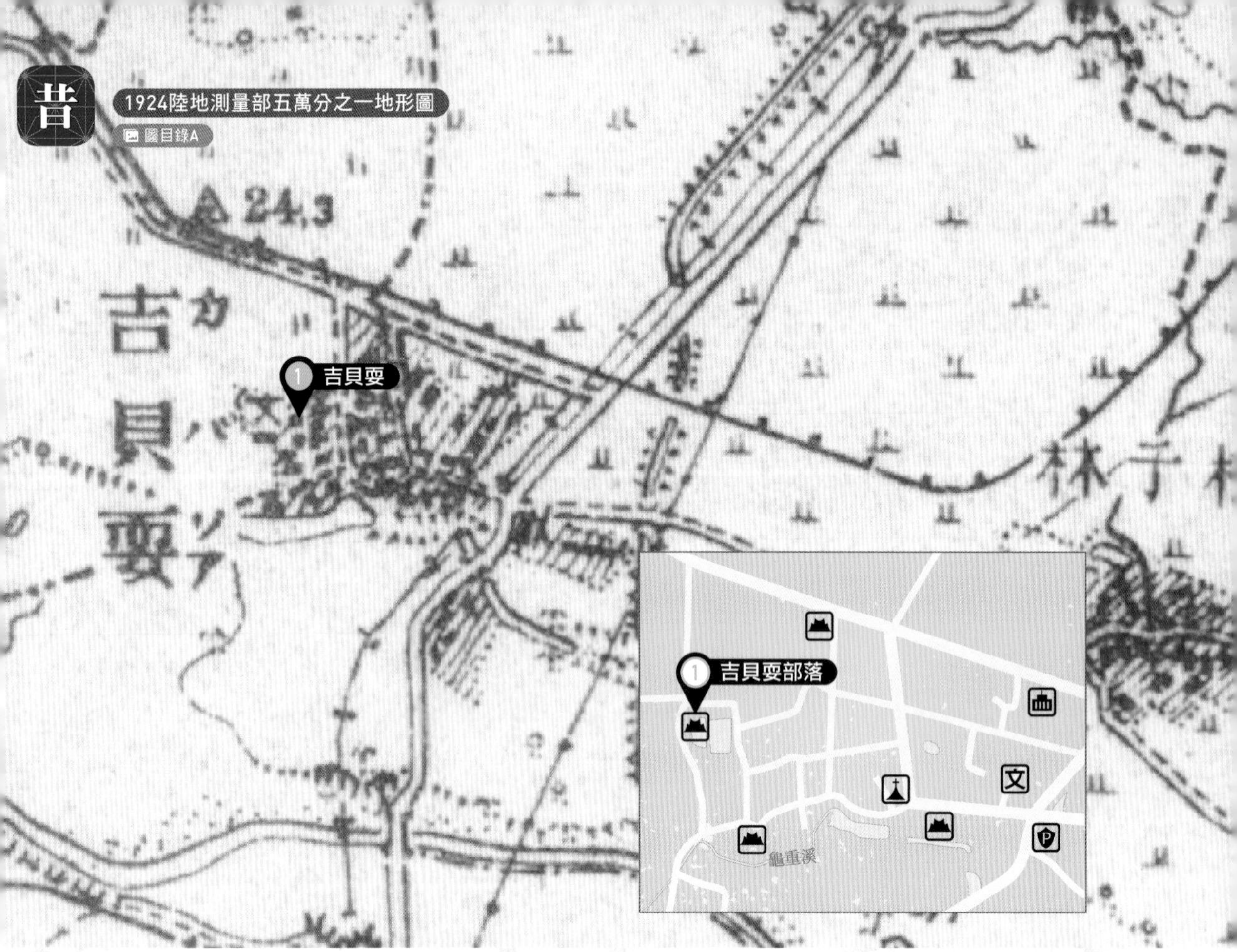

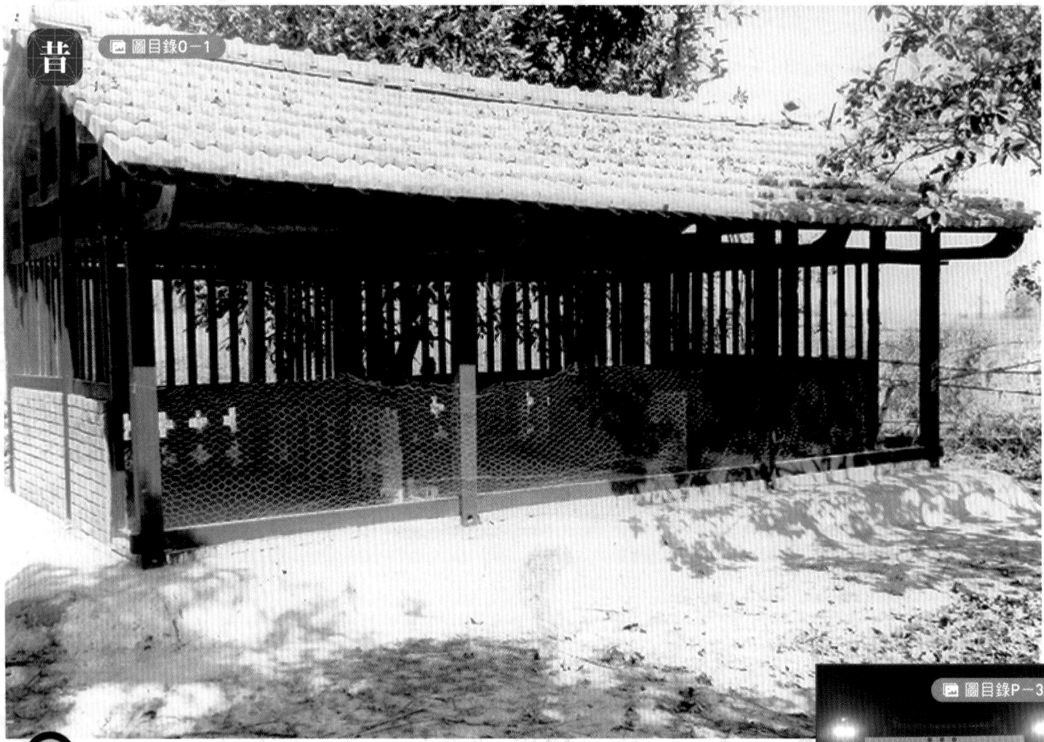

1 吉貝耍

蕭壠、麻豆、哆囉嘓、大武壠社所組成的吉貝耍部落，其夜祭展現獨特樣貌。2003年指定為國家重要民俗活動。圖為1962年吉貝耍公廨。

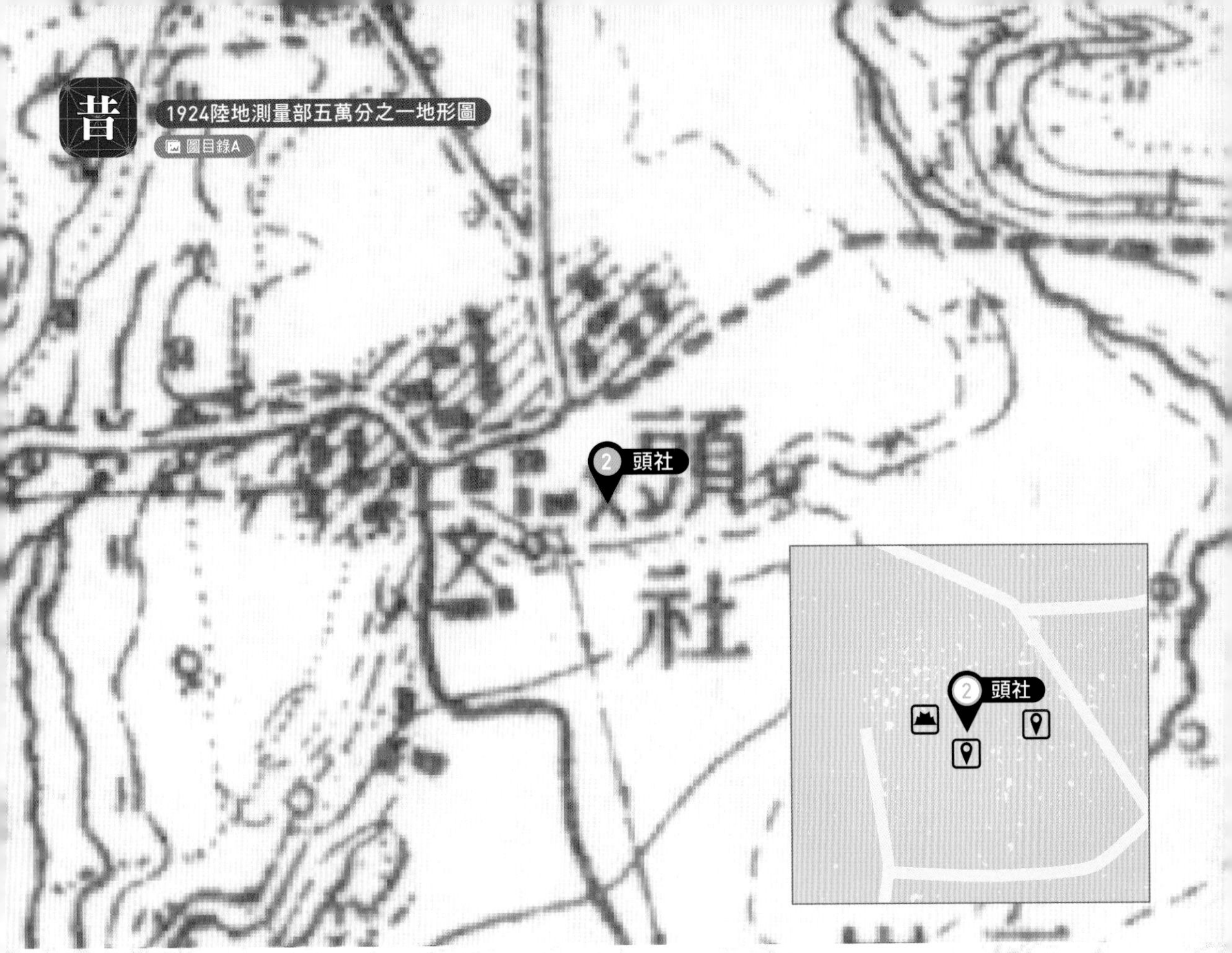

昔
1924陸地測量部五萬分之一地形圖
圖目錄A

昔
圖目錄D－12

圖目錄P－3

2 頭社

頭社是目加溜灣社、麻豆社、新港社、蕭壠社民入曾文溪流域山區的聚集地，其「太祖夜祭」與東山區東河村的「吉貝耍夜祭」，同列為臺南境內兩大平埔祭。

文／陳秀琍

南北通衢集中地

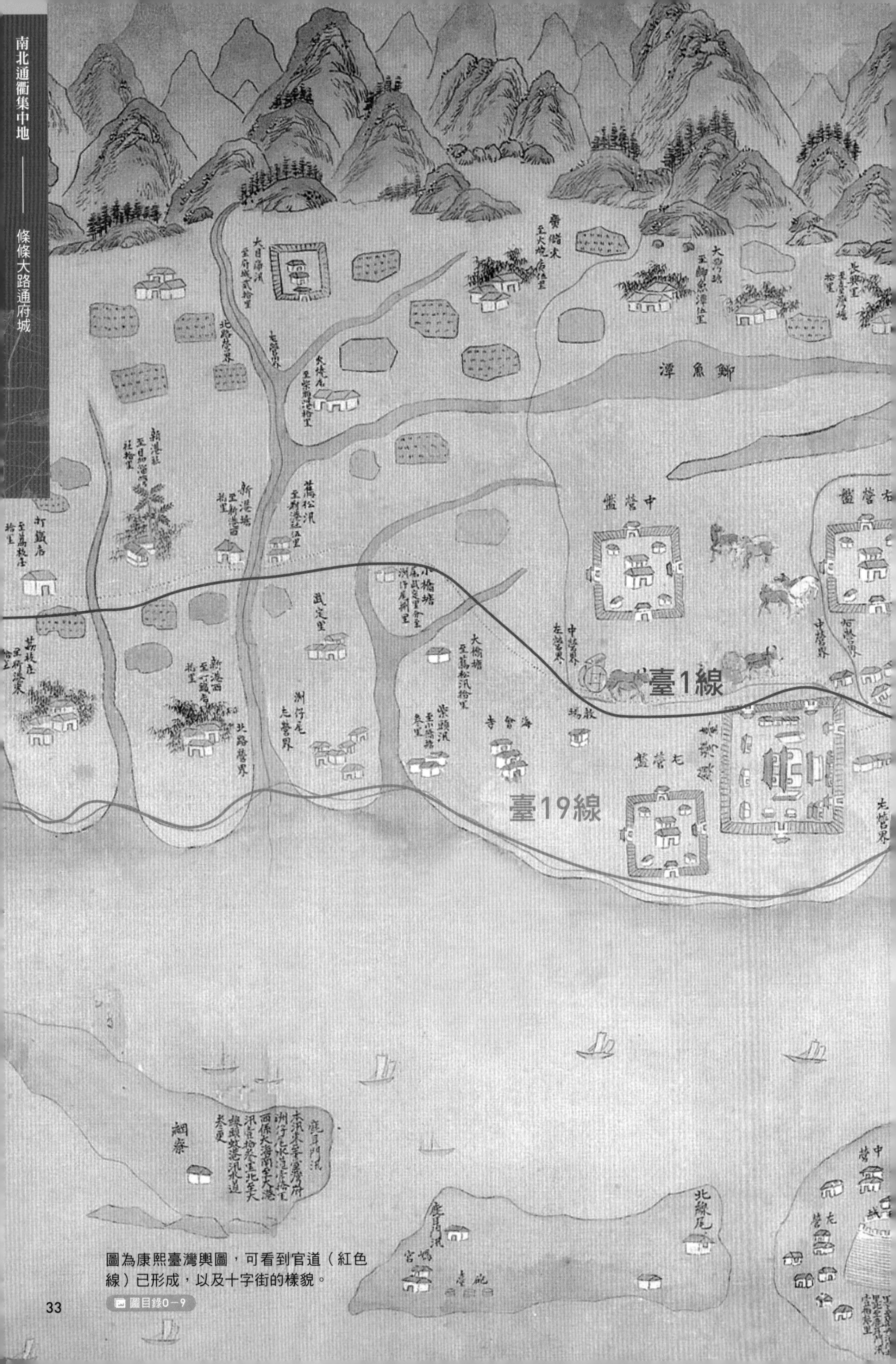

圖為康熙臺灣輿圖，可看到官道（紅色線）已形成，以及十字街的樣貌。

圖目錄0－9

圖目錄D－13 此圖為1931年左右的西門町，圖片左方有手壓鐵道路線，推測此路線為往安平的方向。

臺南，臺灣最古老的城市。在這裡，一個時代又一個時代相互層疊交錯。從平埔族群到漢人漁村聚落，進而有防禦城牆的建置，再經過日治市區改正擴增，每個時代刻劃了不同的城市樣貌，有些被抹去、有些被留下，時間積累了現今臺南的面貌。城市因人而有建築、因活動而有道路，道路是都市的脈動，在臺南，道路不止是道路，同時也是歷史的脈絡。

臺南舊城區道路於荷蘭時期以普羅民遮街與禾寮港街為基礎，至明鄭以此發展出十字街，向東西南北延伸出鎮北、西定、寧南與東安四坊，到清末已發展出一百六十一條街道。這些清代的街道成為臺南城當今巷弄的街道底蘊。而日治都市規劃，乃在清代舊城畫出棋盤道路，另加上圓環端點放射狀道路的連結，形成今臺南市區的現貌。

臺南八城門與道路

臺南從十七世紀到十九世紀長達二百多年間，一直是臺灣主要的政經中心。明清時期府城的街道集中於德慶溪與福安坑溪之間。臺南城是先有街廓發展後才建城圍繞保護，從荷蘭時期（一六二四）年到始築城柵的雍正三（一七二五）年，這百年之間，臺南街區已有相當的規模。至乾隆年間修築土城，所設立的八個城門則與進入府城的道路有一定的關連。

臺南八個城門，縱線官道接南北路，西接海路、東接山林墾拓的聚落。至日治時期因都市計畫新道路的開闢而陸續拆除城門，最先拆大西門，將原本發展於城外的西城五條港商區納入市區，原西城牆位址則成為道路路基。八個城門中現今留存大南門城、東門城、小西門（遷移至原小東門城附近）及外城門兌悅門。若以地圖套疊，不難發現城門在現今道路上的重要性。

三條縱線貫南北

在臺南八個城市入口道路中，其中有三條南北縱線對大臺南交通影響很大，分別是現今臺1線、臺19線與臺17線濱海道。其中臺1線為清代官道，源於清代臺灣府下設諸縣，這條路線作為官方公文傳遞及派駐官兵之用，而有此稱。

圖目錄Q－2 早期竹筏是臺灣河港的重要交通工具。

■臺1線與大小北門

在清代中葉前，連結府城北路的官道由大北門進出，出了城就是嘉義道；而往南的官道，則由大南門進出，出了城為鳳山道，通往鳳山縣。至十九世紀中葉後可能因為地理的變動改小北門進城，南路則改為小南門。日治時期以此路為基礎再修築拓寬，稱為縱貫道路，也就是現在臺1線。

清代官道由小北門進城，但日治後則於六甲頂走練兵場新闢道路（今公園路）接至花園町至大正公園（今湯德章紀念公園），走開山路（一九四〇年前因開山路全線未修築好，需由南門路轉府前路，再接開山路）出小南門城接今大同路往路竹高雄方向。隨著臺南都市擴大，市區道路擁擠，開闢了外環道路，後來臺1線就由六甲頂走外環道路中華路接至大同路，避開市中心，不進入舊城區內了。

■臺19線與小北門

由小北門入城的另一條重要道路則是今臺19線道（日治時期稱中央道路，今稱中央公路），與臺1線交會於六甲頂，往北連結臺南州佳里、鹽水、朴子、北港、最北到達彰化。因這條道路位於縱貫線與濱海道路中間，所以日治時期就稱為中央道路。和舊臺1線一樣，在六甲頂進入府城後，由公園路進入市區。除了走公園路外，也可以走西門路。一九一二年臺灣輕鐵株式會社❶（興南客運的前身）總站就設在今西門路與成功路口，往佳里的手押臺車路線就是由西門走到六甲頂，接中央道路此路線到佳里；至一九三〇年代巴士取代手押臺車，成為臺南海線客運的主路線。

■臺17甲線與大小西門

大西門自古就是安平連結臺南城的重要入口，原本從安平走水路進臺南城西五條港，由大西門進城，至光緒年間才修築安平道路。小西門則連結南部海線聚落一路至灣裡，再由灣裡往南連結高雄濱海聚落。日治時期臺南州開拓濱海道路（臺17線道的舊線，為今臺17甲線），濱海道路由外城兌悅門外側道路斜接民族路進西門路，南出小西門接至灣裡方向往高雄沿海地區。這段進入城區的濱海道路於民國七〇年代改道走金華路，後來再次改道外環中華西路，而原本的濱海道路則改名為臺17甲線。

往山海而去：東西向道路

除了上述三條臺南主要的縱線外，尚有橫向連結臺南城與山海線聚落的道路如下：

■臺20線與大北門

臺20線由湯德章紀念公園（原大正公園圓環）為起點出大北門至永康，並一路連結臺南新化丘陵一帶的山區如南化、玉井、楠西、大內地區，最遠到達臺東的關山。日治以湯德章紀念公園為中心，連結周圍道路，已成為市區重要交通節點。

時期由新化軌道株式會社經營新化至臺南的手押臺車路線，即為今臺20線的前身。

■ 182縣道與大東門

182縣道原為一九一二年臺南輕鐵株式會社所經營的手押臺車路線。由大東門出城後一路向東南山區連結歸仁、關廟、龍崎，延伸可至高雄的旗山、美濃山區聚落。

由大東門入城後，會走清代臺南最主要的道路——今民權路。民權路是臺南城內連結山、海的主要道路，可通達大西門，銜接城外的五條港至海線。這條城內道路自荷起，經明、清至日治初期（市區改正前），一直都是臺南輸送集散最重要的道路，即使經過都市計畫，歷經一九〇七年（本町一至四丁目）及一九二九年民權路一段（高砂町一至三丁目）道路拓寬，民權路一至三段仍保留原線，未像其他道路被新道路取代或切割改道。

大正公園圓環：臺南州道路中心

清代八個城門接收來自四面八方進城孔道，但入城後道路狹小又不規則。日治進行都市計畫，大幅改變道路的形態：城牆消失、道路棋盤化，並設立圓環做為轉軸點。自此四面八方的道路進到臺南市區道路的連結變順暢，主要道路端點集中於大正公園❷（今湯德章紀念公園）圓環——這裡位於當時臺南城接近中心的位置，有其特殊的地理性與政治性。

大正公園最早設立於一九〇七年，原本圓環中心設置了臺灣第四任總督兒玉源太郎雕像，故名兒玉壽像園，一九一六年臺南進行町名改制（正式實行為一九二〇年），才改名為大正公園。都市計畫中此圓環為臺南市的中心，周圍臺南州廳、市役所、博物館等公署林立，由原本四條道路規劃成七條，向外可連結臺南州主要道路，這七條道

臺南市郊外產業道路改修記念碑現存於南門公園碑林中。

1930年代後巴士逐漸取代手壓臺車成為客運主力。圖為銀座通林百貨前的巴士站牌。

圖目錄B－7

路開闢完備後將取代原本清代入城道，成為日治臺南市同時也是整個臺南州的道路核心。

這樣的計畫於一九三二年開始實踐，大舉開闢及修築臺南州產業道路，一九三四年完工，連結臺南州內二市十郡，拓寬及修築州內三條南北道路分別是縱貫線（臺1線）、中央道路（臺19線）、濱海道路（臺17線），據當時報載總長達八百里，臺灣總督中川健藏還特別南下實地開車視察路況。同年五月六日路祭的地點就在大正公園兒玉壽像前。

自此臺南州道路以大正公園為中心，路網規模已然形成。當時的西部縱貫道路（臺1線）、中央道路起點（臺19線）都匯集在大正公園，再透過大正公園圓環連結海運（從末廣町連結臺南運河、錦町連結安平及海線道路）、鐵路（大正町連結西部鐵道縱貫線），清水町則串連起臺南東區軍區及重要長官宿舍，最後完成的開山町則可連結西部縱貫線達到臺灣南北各地。

雖然出了市區，許多郊外道路仍是碎石子路，但有道路，車子就能運行。臺南市公共運輸路線在一九三〇年代即已發展完成，原本以手押臺車進行的公共運輸工具逐漸由巴士取代。為了紀念臺南州重要路網的形成，還設置記念碑，碑名為「臺南市郊外產業道路改修記念碑」。

臺南特別之處除了古蹟，還能由道路體現。道路因人的活動而修築，人走到哪裡路就到哪裡，透過地圖層疊看到臺南城市變動的脈絡，在百年地圖上的臺南城不止是紙上的線，更是立體存在，與我們此刻生活緊密相交錯的歷史資產。◈

昔
1917臺南市地圖
圖目錄A
往佳里手押臺車線
往安平手押臺車線
往喜樹手押臺車線
往關廟手押臺車線

昔
1921二萬五千分之一地形圖
圖目錄A
往佳里手押臺車線
往安平手押臺車線
起點始於西市場附近
往喜樹手押臺車線
往關廟手押臺車線

現今臺1、臺17、臺17甲、臺19、臺20、182縣道路線圖

圖目錄0－17

昔

1 臺灣輕鐵株式會社

1912年的臺灣輕鐵株式會社於1942年，改為興南乘合自動車株式會社，二戰後改為興南客運公司。現址為華南銀行。

昔

圖目錄D－4

2 大正公園

設立於1907年，時名兒玉壽像園，後於1916年改名為大正公園，現名為湯德章紀念公園。

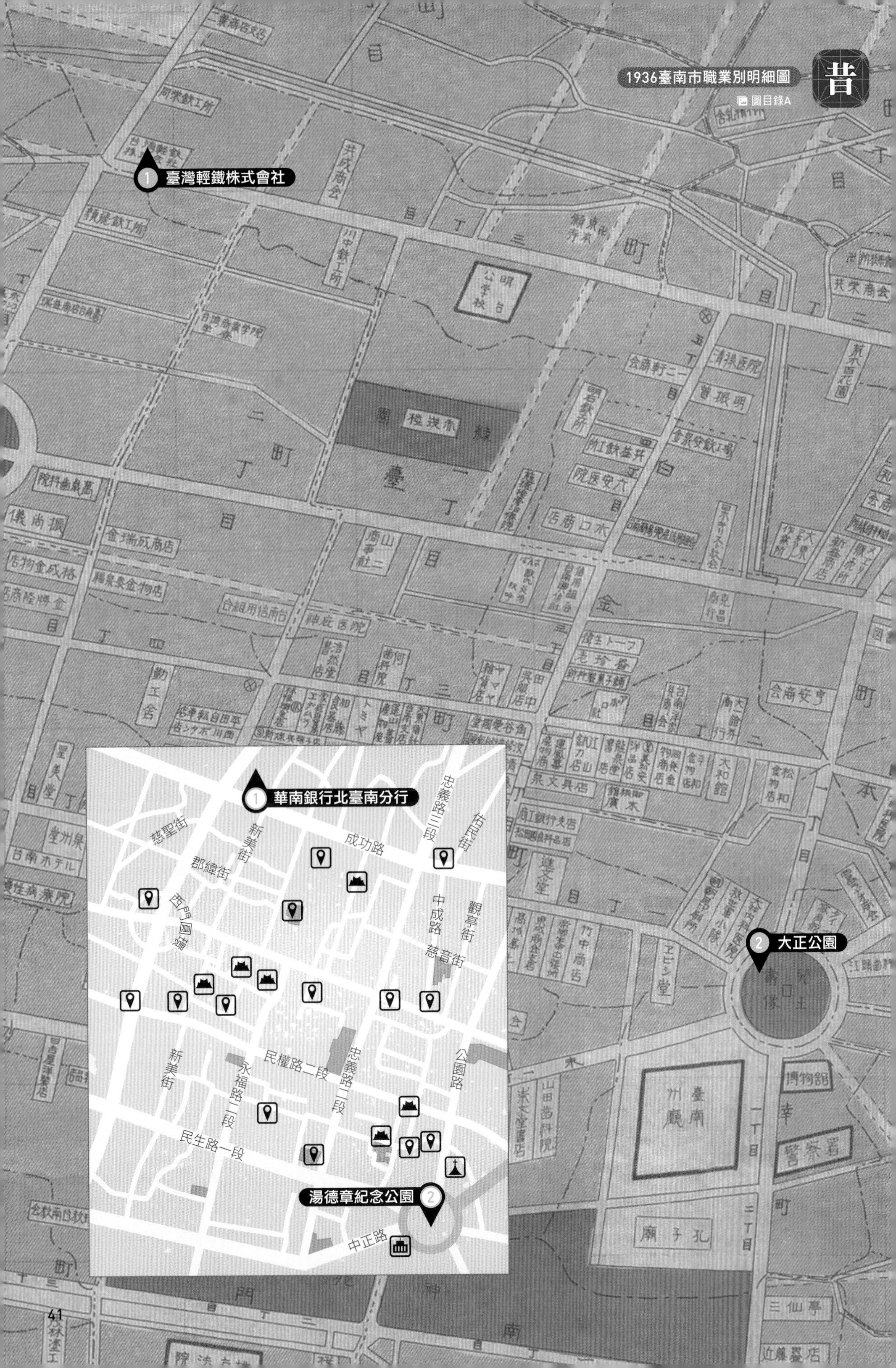
1 臺灣輕鐵株式會社
2 大正公園
1 華南銀行北臺南分行
2 湯德章紀念公園
成功路
忠義路二段
佑民街
慈聖街
新美街
郡緯街
西門圓環
中成路
觀亭街
慈音街
民權路二段
公園路
永福路二段
民生路一段
中正路

外來政權
交織地景

重回王城

追尋熱蘭遮城全貌

文／李佩蓁

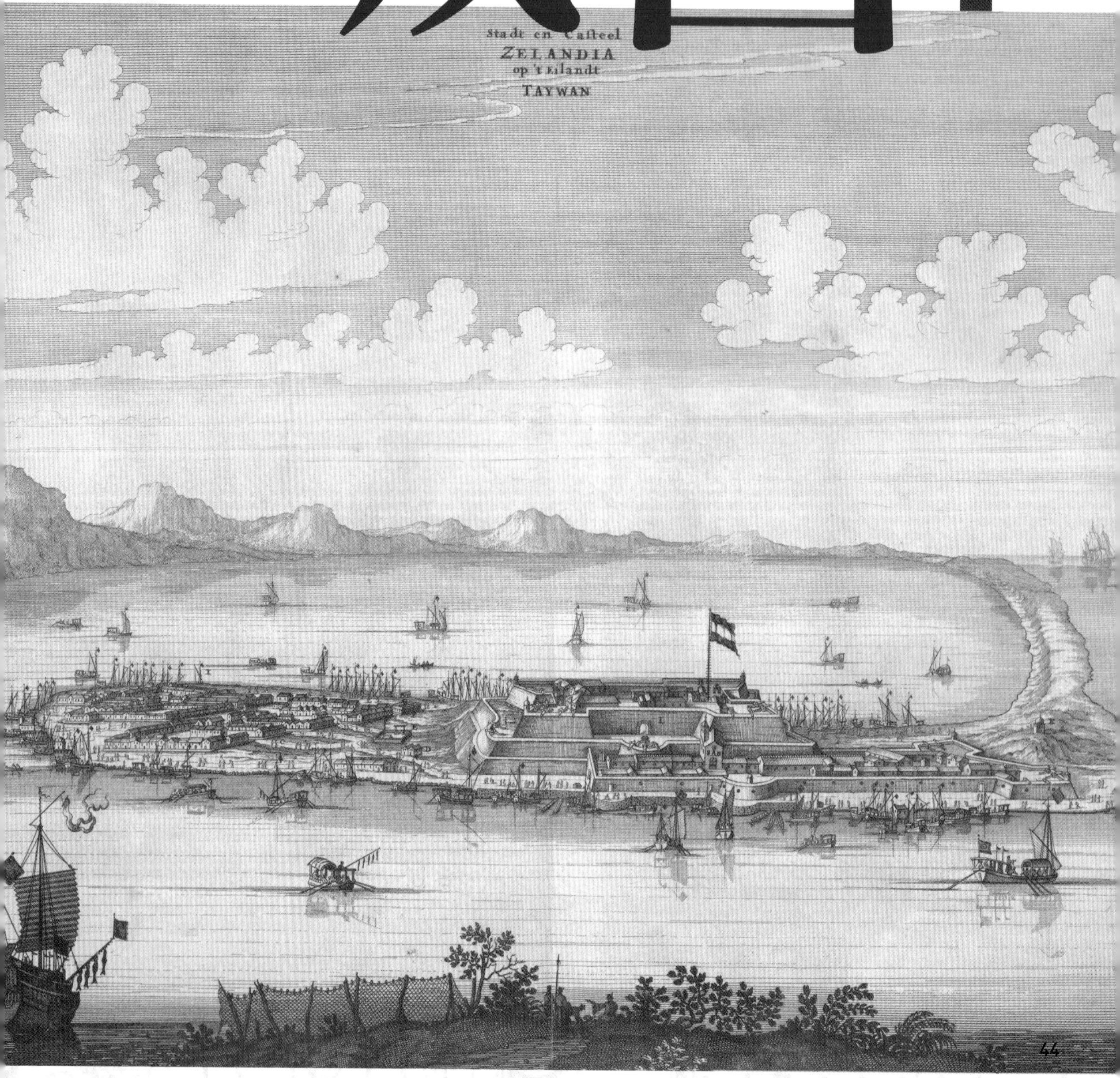

鳥瞰熱蘭遮城，左方為大員市鎮，有許多中國商船載運絲綢、特產來此貿易。

圖目錄Q－1

圖目錄Q－3　鄭成功坐在帳篷中接見荷蘭談判使者，要求荷蘭人投降並退出臺灣。

荷蘭東印度公司的遠洋船艦，多為中型、大型的三桅帆船，載運貨物並安裝大量火炮武裝以備交戰。

圖目錄Q－5

一六二四年，荷蘭東印度公司（簡稱VOC）決定在稱為「大員」的沙洲上設立貿易據點並建立市鎮，一六三〇年建立防禦性的堡壘熱蘭遮城。

沙洲上的荷蘭城堡

該城有四個稜堡，堡壘之下，朝海的方向，另有兩個稜堡，大員長官的住宅、彈藥庫都有高牆圍繞，與堡壘的主體連接。大員市鎮呈現繁榮的國際貿易景象，來自中國的帆船載來生絲和各種土產，日本船則在此裝載歐洲貨、香料、棉織品、印度貨、米、糖、生絲運回日本，荷蘭商船則分別裝卸前往日本或巴達維亞的商品。

不過，當鄭成功的船隊出現在大員市鎮的海岸時，VOC經營的貿易榮景便畫下句點。鄭成功在一六六一年迅速地占領了大員市鎮和對岸的普羅民遮城，並長期圍攻熱蘭遮城。大員長官揆一終於在

位置請對照p.49的地圖

昔

❶ 熱蘭遮城

攝影家約翰・湯姆森於1871年來臺拍攝的熱蘭遮城遺址，城堡毀於三年前的英軍攻擊。

圖目錄Q－7

一六六二年二月投降，交出熱蘭遮城。在鄭氏三代駐守下，熱蘭遮城被稱為王城，大員市鎮也改稱安平鎮。到了清朝康熙皇帝在一六八四年將臺灣納入版圖後，安平鎮只是一個駐軍防守和漁民捕撈的村落。直到近兩百年後，安平被外國商人爭取作為通商口岸，往日的國際貿易盛況才逐漸回到這個聚落。

正式開港

雖然當時臺灣官員並不願意開放安平作為通商口岸，但最後仍屈服各國以天津條約據理力爭。一八六五年一月一日，稅務司麥威爾（William Maxwell）和海關職員必麒麟（William Alexander Pickering）來到安平設立海關，正式開港。根據必麒麟的回憶，在安平港外海，就可見到形同廢墟的熱蘭遮城❶。安平只是一個小漁村，而海關辦公室一開始是租用漢人的住屋。最晚在一八七一年，臺灣道允許安平海關可填築熱蘭遮城西側，沿著王城西小港的海埔地，建造海關官舍和碼頭。

曇花一現的洋行貿易

開港之後，許多洋行在安平展開長期經營的規劃。首先在一八七一年，怡記洋行向臺灣道申請了毗鄰安平海關旁的海埔地，填築了地面上的小溪，蓋起行屋和貨棧。由此開始，熱蘭遮城廢墟的北邊，形成洋人居留地。怡記洋行之旁又陸續有和記洋行、水陸洋行填築海埔地。水陸洋行在一八七九年退出安平，並將土地轉賣原駐在安平的職員Julius Mannich，他自立門戶開設了東興洋行❷。德記洋行❸則在一八七九年才申請填築海埔地起蓋行屋。

到了一八八〇年，這群洋商更決定捐款建築安平外灘，將和記、東興和怡記洋行❹周圍的泥濘地建成堅實的道路，並且有一座木

英國領事關防，內文為「大英欽命駐鎮臺灣通商領事官關防」。 圖目錄B－12

圖目錄Q－10 英國領事館於1885年在安平設立，1910年撤除。

橋跨過軍工廠港道連接德記洋行。就這樣，安平的洋人居留地成為適宜的居所，大多數的洋行職員只有在「糖季」才會前往打狗哨船頭，大半時間則寧願待在安平。這麼一來，英國領事駐在打狗似乎不太適宜，於是在一八八五年，安平也設立了英國領事館。

隨著開港，洋行也陸續進駐。在一八六五年，最早在安平設行的是天利洋行（James & Neil MacPhail & Co.），海關職員必麒麟也轉任到天利洋行工作。然而天利洋行買辦涉及偽造海關官印並捲貨潛逃，這家洋行也因而倒閉。直到一八六九年，怡記洋行（Elles & Co.）、德記洋行（Tait & Co.）、和記洋行（Boyd & Co.）、水陸洋行（Brown &Co.）陸續在安平開業。

但是，洋行在安平展開國際貿易的腳步並不順利，主要癥結在於「樟腦」出口問題。自十八世紀以來，在臺灣負責造船的軍工廠匠首擁有樟腦專賣權，但開港通商後，洋商認為條約並沒有明定樟腦為違禁品，應可自由交易。然而一八六七年，天利洋行倒閉後轉任怡記洋行代理人的必麒麟和買辦購買樟腦時，卻遭地方官員沒收。怡記洋行透過英國領事表達抗議並索賠，適時在鳳山縣也發生基督教徒遭侵擾之事，使得英國領事認為英人有財產、生命危險之虞，召來軍艦占領安平。雖然武力占領原意在恫嚇，但臺灣鎮總兵試圖調派士兵奪回安平，導致英艦不但砲擊安平，英軍更與清軍發生小規模衝突，並且炸毀設在熱蘭遮城的軍械庫。在「安平事件」後，英國領事和清朝官員終於擬定「樟腦條款」，同意樟腦從此可自由交易。

不過，安平開港帶來的國際貿易盛況沒能延續到日治時期。由於二十世紀初期，全島縱貫線鐵路完工，再加上臺灣總督府集中建設基隆和打狗兩港，安平的商機大不如前，洋行一家一家撤離，最終，安平英國領事館也在一九一〇年撤除，安平再一次褪入平淡。◈

2 東興洋行

今為安平外商貿易紀念館。

3 德記洋行

右方為英國領事館，左方為德記洋行，前方航道可通往府城軍工廠的哨船港。

圖目錄O-7

4 怡記洋行

右前方為怡記洋行，中間為海關，前方航道為洋行運河。

圖目錄B-18

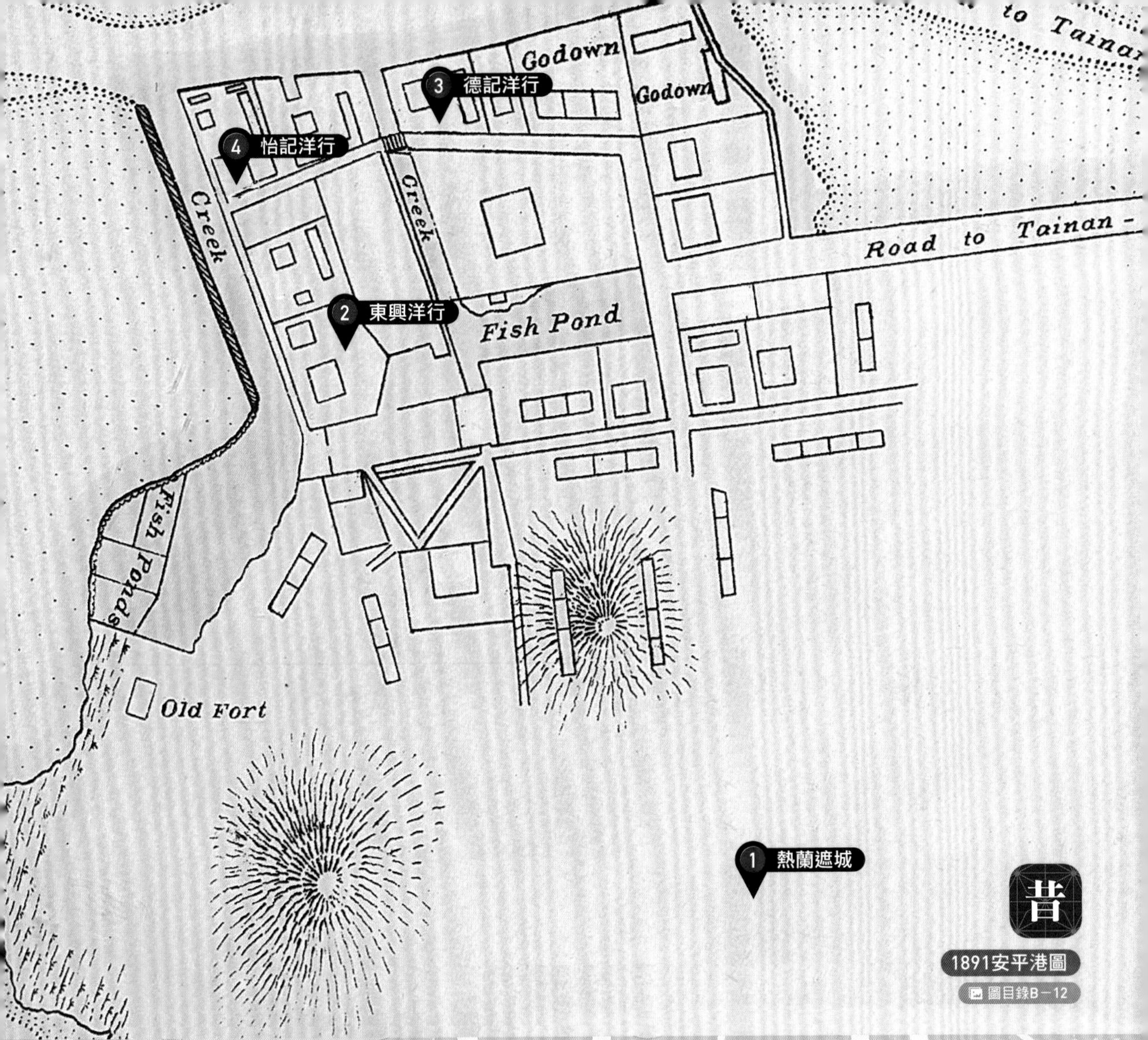
to Tainan
Godown
Godown
3 德記洋行
4 怡記洋行
Creek
Creek
Road to Tainan
2 東興洋行
Fish Pond
Fish Ponds
Old Fort
1 熱蘭遮城

昔

1891安平港圖

圖目錄B－12

4 怡記洋行舊址
P
古堡街118巷
3 德記洋行
古堡街90巷
古堡街
王城路
古堡街
文
古堡街
安北路
古堡街81巷
王城路
國勝路125巷18弄
國勝路
2 安平外商貿易紀念館
安北路
安平路850巷
1 臺灣城殘跡
國勝路35巷

悠遊古城

臺南市區歷史溯源

文／蔡侑樺、鄭安佑

昔

1874臺灣府城街道全圖

圖目錄Q—5

府城創建之初

臺灣府城（臺南）是漢人政權在臺灣最早的政經中心。漢人素有建城防禦之習性，因此有了「城市」之名。但一如多數臺灣其他城市，府城市街發展早於城池建造。十七世紀已有漢人在此墾拓，至雍正三（一七二五）年方有第一代木柵城出現，至乾隆五十三（一七八八）年改建土城。歷史背景加上地形因素，塑造府城城垣以不規則形蜿蜒包覆市街，於重要聯外道路處則開設城門，藉以保護並維持城內所進行的各種經濟活動。因取八卦之意象，乾隆四十（一七七五）年時，府城已有八座城門❶－❽。道光十二（一八三二）年，張丙事件發生之後擴建外城，分別於東、西外城各設置城門三座，在西外城為拱乾、兌悅❾、巽坤門、東外城則為永康、東郭、仁和門，形成十四座城門之城池規模。

十字大街與五條港

清康熙年間的老地圖中即可見到臺灣府城的十字大街，當時尚未建城。東西向大街一般稱為「府城大街」，即是今天的民權路，南北向道路大致沿著今忠義路發展。由這十字大街，將府城劃分為東安坊、西定坊、寧南坊、鎮北坊四坊。

> ”一條街變成兩條街，依各段聚集的經濟活動，衍生出武館街、竹仔街、帽仔街、鞋街、草花街、針街、打鐵街等不同名稱。“

東西向大街的坊橋頭街、嶺後街為大街之一，藉由街名可得知其地理位置。坊橋頭以西是大街的精華地段，十八世紀前半在街道中央已出現一排店鋪，使得一條街變成兩條街，依各段聚集的經濟活動，衍生出武館街、竹仔街、帽仔街、鞋街、草花街、針街、打鐵街等不同名稱。

相對於大街為熱鬧的市集空間，大街西邊的五條港則是海外貿易的重要區域（大約在金華路和西門路之間）。這些河港因為海岸逐漸淤積而形成街道。街道紋理至今仍留存在臺南市裡，如今新美街上的開基武廟往西望的西門路３００巷和越過西門路（也就是清代城牆位置）的西門路３０７巷，即昔日內關帝港街和外關帝港街。而和平街大致上就是過去的南河港，接官牌坊及風神廟即位於今和平街與康樂街交叉口，透過南河港道交通，是送往迎來地方官員重要歷史場所。

市區改正與延續至今的空間紋理

臺南府城經過日治時期的市區改正，除了幾條幹線道路之外，許多原有市街空間形成街巷，被隱藏在由馬路包圍的大街廓中。多處歷史古蹟，即在轉入巷弄後，才能見到豁然開朗的廟埕空間。

這些蘊含在街巷空間紋理中的歷史，構成臺南獨特的都市移動路徑和空間體驗。更重要的是，這些空間承載著居住在這裡的人們的記憶，而這些記憶不因為政治翻騰而被抹滅，而持續以地名的形式與日常生活密切結合在一起。米街就是這樣的一個例子，早在嘉慶年間的臺灣府〈城池圖〉，已可見到米街的存在。

米街即是今天新美街的其中一段，清領時期往北可通往小北門。

今&昔

位置請對照p.50－51的地圖

圖目錄P－12

1 小北門

今已消失，原址位於西門路與公園北路路口附近，其城門「鎮北門」門額現存於成功大學校內。

昔 圖目錄B－23

2 大北門

今已消失，原址位於臺南公園範圍內及北門路上，出城後可通往大目降（今新化）。

圖目錄O－7 昔

3 小東門

已消失，近日遺蹟重新出土，位於成功大學光復校區與成功校區之間，出城後，可與出大北門道路會合，前往大目降。

圖目錄P－12

今&昔

位置請對照p.50－51的地圖

昔 圖目錄C－12

4 大東門

現存。位於府城大街東端，面向東側原野，是最重要的城門之一。道光16（1836）年左右在大東門東側建有外廓，今僅留存巽方砲臺為東外廓城之見證。

圖目錄P－12

5 小南門

已消失，原址位於南師附小一角及開山路上，是過去通往鳳山縣最重要的通路，其城門門額現存於成功大學校內。

昔

圖目錄D－8

圖目錄P－12

（臺南）舊都の面影　南大門
An Old Castle Gate of Tainan, Formosa.

圖目錄B－3 昔

6 大南門

現存，臺灣僅存的甕城門。過去要前往灣裡、喜樹地區，必經此門。

圖目錄P－12

圖目錄C－12

7 小西門

已移建於成功大學光復校區，原址位於府前路與西門路交叉口附近。

圖目錄P－12

圖目錄D－8

8 大西門

已消失，原址位於民權路與西門路交叉口。

圖目錄P－12

9 兌悅門

現存，道光16（1836）年興建西外廓城唯一見證。

圖目錄P－12

竹仔街改正前後的街貌。

今日新美街和民族路路口被稱為「石精臼」，石精臼即過去碾米、販售之所，過去臺灣府城周邊地區的稻穀都要運到此地作加工。今日，石精臼與不遠處的西門圓環仍然是小吃和人群聚集的地方。更往西邊，則是以前傾倒碾米後剩下的米糠的地方，叫做「粗糠崎」（今慈聖街、西門路二段365巷一帶）。

米是臺灣社會重要的糧食作物，在臺南，相關的地名還有連接大北門（今臺南公園附近）的米市街，米市街又稱市仔頭街，今天在北門路巷內的福隆宮就叫做市仔頭福隆宮。從米市街走過總爺街，則又可以通往大街。

雖然根據日治時期商工調查，米街上已經沒有米店聚集，部分賣米的店家集中在五條港區域，有些碾米工廠則設置在大街的東段（日治時期為高砂町）。戰後，因為碾米設備和交通運輸的進步，以及市區對噪音的管制，碾米工廠更為遠離臺南的舊城區。但是在這些變化之下，不變的仍然是人在都市空間中持續不輟為了謀生所付出的努力。

葉石濤先生曾說：「臺南是一個適合人們作夢、幹活、戀愛、結婚、悠然過活的地方。」散步在一條條歷史街道中，有諸神庇佑一代一代的眾爐下，有廟前大樹可以乘涼，有老店傳承工藝技術，有美食陣陣飄香。經過歷史陳釀的臺南古城，等著大家前來品味醇香。◎

”臺南是一個適合人們作夢、幹活、戀愛、結婚、悠然過活的地方。

——葉石濤“

當時臺南城牆的一部分，目前南門段及東門段尚有殘跡。 圖目錄B－24

圖目錄P－9

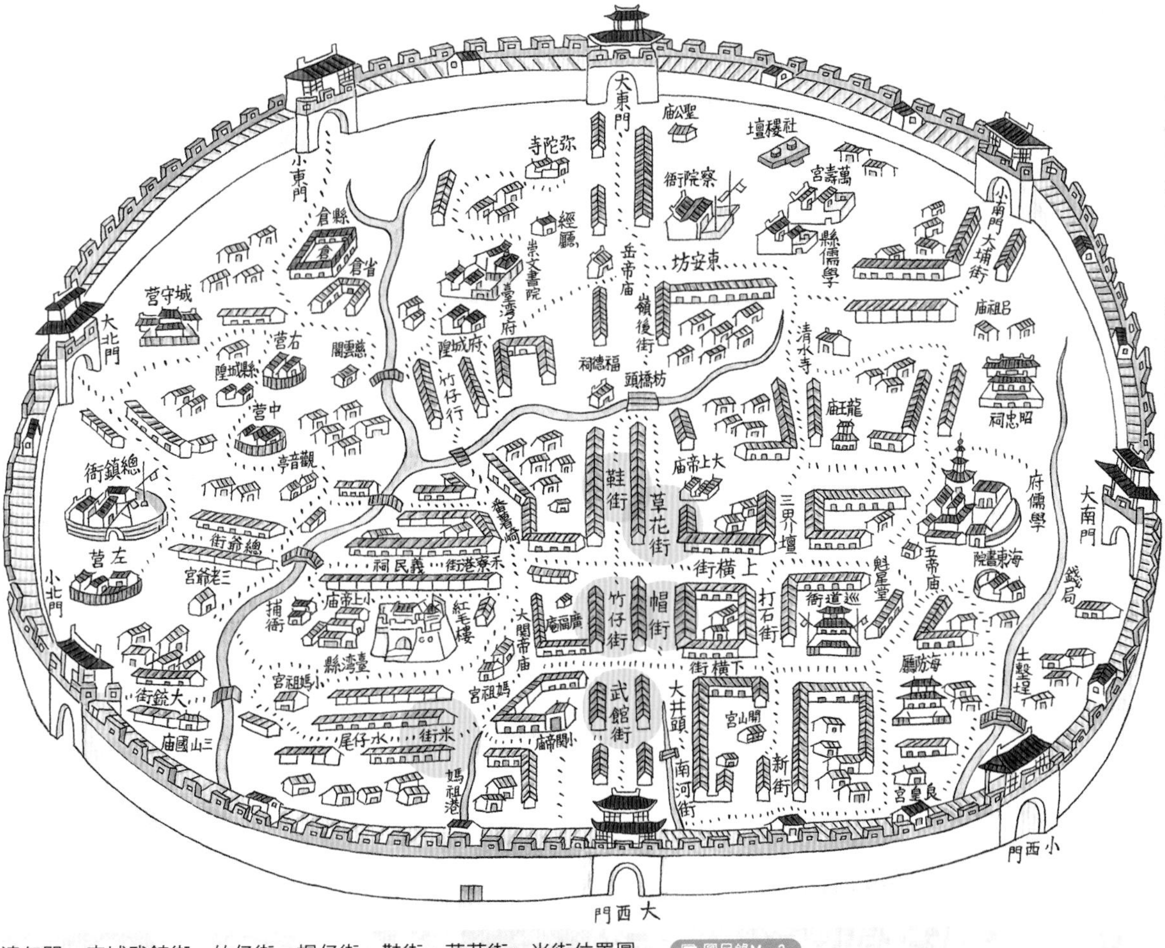

清年間，府城武館街、竹仔街、帽仔街、鞋街、草花街、米街位置圖。 圖目錄M－2

舊城再生之路

從五條港到海安路

文／鄭道聰

新運河連接安平港至末廣町新築商店街屋。

「一府、二鹿、三艋舺」。這句大家耳熟能詳的俗諺，道出了清代臺灣最大的三個港口城市。

但很少人知道「一府」的港口在哪裡，一般都以為是安平港，因為清同治四（一八六五）年天津條約迫使臺灣府在安平開港，讓洋人來建設商行，進行貿易，造成臺灣府城港口只有安平港的印象。其實當時洋商在安平設據點，進行貨物買賣時還是來到府城西門外的港區，那時此地已稱為五條港，這是當時臺灣府最大的港口，也就是如今我們所熟悉的海安路一帶。

五條港之起

府城西門外港區稱「五條港」，這是清代晚期才出現的名稱，但在康熙年間，府城航運渡口就已經形成街市。清初因臺灣實施海禁，船隻只准許從廈門沙坡尾對渡至臺灣府城外的鹿耳門，兩地渡口設有文、武汛口。「文口」由文職海防人員，查驗船籍、船員及搭客載貨等情形；「武口」乃武職之水師汛兵實行臨時盤查，看有無違禁品。從廈門航渡海峽到臺灣的航程，需在鹿耳門查驗來往船隻、人員、貨物，船再進入臺江內海抵達赤崁臺地，最後在大井頭渡口上岸。

大井頭是府城街坊初建之時最重要的水源地，康熙五十九（一七二〇）年《臺灣縣志》記載：「大井，在西定坊。來臺之人在此登岸，名曰大井頭是也。開闢以

今&昔

位置請對照p.65的地圖

1 大井頭

原為大井旁的渡口，為府城重要碼頭，但隨著臺江內海逐漸淤積，大井頭與海的距離越來越遠，現已不復存在，僅剩碼頭旁的大井。

2 開基武廟

1669年所建，為全臺首間關帝廟，被稱作開基武廟、小關帝廟。歷經修建，仍保留原有建築形制，空間格局從山川殿、天井、拜亭連接正殿，井然有序。

3 大天后宮

舊稱東寧天妃宮，原址為明寧靖王朱術桂府邸，後捨宅為媽祖廟，1683年因施琅奏請，康熙晉封天妃為天后，並由禮部派員來臺祭祀，是全臺最早由官方興建且列入祀典的天后宮。

昔

圖目錄0－7

位置請對照p.65的地圖

圖目錄B－3

4 普羅民遮城

原為荷蘭人所建，鄭成功在此設承天府，至清初時漸傾圮荒廢，至同治、光緒年間陸續興建大士殿、海神廟、文昌閣、五子祠及蓬壺書院等建築，1944年重修始成今貌。

圖目錄P－9

5 接官亭

接官亭初建於乾隆4（1739）年，乾隆42（1777）年臺灣知府蔣元樞修建時增設石坊，為來臺官員及渡臺之人上岸之地。

6 水仙宮

祀水仙尊王，位於五條港中心地區，為清代三郊主祀廟宇，建於康熙年間，歷經多有修建，日治時拆廟二、三進為防火用地，現建築為原山川殿，雖僅一進，仍見輝煌氣派。

圖目錄Q－2

由於原五條港運河淤塞，日人挖掘新運河取代五條港航運功能。新運河從臺南田町接往安平。

圖目錄C-3

來，生聚日繁，商賈日盛，填海為宅，市肆紛錯，距海不啻一里而遙矣！」大井頭位於今民權路與永福路口，最初先民在臺地斜坡內海邊緣上岸，後因內海逐漸淤淺浮覆，先民遂挖掘港道、填海為宅，在海埔新生地上建立街市。從方志文獻及各廟碑記所載可知，大約在康熙三十年至五十年之間，府城的上岸渡口即從大井頭❶、開基武廟❷、大天后宮❸、普羅民遮城❹的位置，延伸至鎮頭渡、接官亭❺一帶，即今康樂街、和平街、金華路段，以水仙宮❻為中心，這是府城港口最初的地理變遷，從大井頭渡口南北發展出十幾條港道，也是清代「一府」主要的港區。

府城三郊，合力開創五條港

在府城西郊外港區聚集經營貿易的商人稱為郊商，「郊」是臺灣及福建廈門、泉州地區商人特有的稱呼。且因與廈門對渡，由於藉季風航行的關係，從事廈門以北各地港口貿易的商人稱北郊，以蘇萬利商號為首；廈門以南的則稱南郊，以金永順商號為代表；後來又出現專事運糖至廈門販售的商團，以李勝興商號為首，被稱做糖郊。這是府城三郊集團，在其組織之下又細分出從事各類貨品買賣的組織，如藥郊、紙郊、布郊、綢緞郊、茶郊、杉行郊等；或以來源地區分有泉郊、廈郊；或以工作屬性，如水郊、油郊、染郊等。這些郊商組織運作、營銷買賣所形成的商業習慣與民俗活動，仍有許多保留至今，是臺南市最有特色的傳統文化。

臺灣府城郊商最初獨占兩岸貿易，盛極一時，至乾隆四十九（一七八四）年之後，鹿港、八里先後開港，臺灣西部進入全面開發，郊商擴大營運至全島貿易，府城仍維持「一府」之經濟地位，港區繁華熱鬧。至道光三（一八二三）年因風雨帶來的淤沙使臺江浮覆，先民為維持航運，乃挖掘運河從西門外港區至安平北方延伸到鹿耳門港，後因再度淤塞，又而延伸到七股國賽港，港區的航路也匯集成五條主要的港道，以接運河航運，五條港名詞於焉出現在文獻之中。但後因臺灣經濟重心逐漸北移，兩岸航運又為洋商所奪，貿易盛況不若從前，遂漸衰退。直到日本時代，三郊被納入臺南商業組合，此時已非清初掌握海峽兩岸貿易活動的商業集團。

西門外的五條港區也因港道淤塞，失去航運功能而淪為排水溝，日本人在原港道安平路的南邊挖掘新運河，以連接安平港同時開通田町、末廣町（中正路）、新町一帶的街道，擴大臺南市的商業區。

原先清代五條港街道因港道的關係呈東西走向，南北僅有小路相通，日本治臺實施市區改正，即在港區規劃格子式的道路。約在一九三五年前後開闢一條九米道路，貫穿港區，從福住町（大廠口）穿越永樂町（民族路、民權

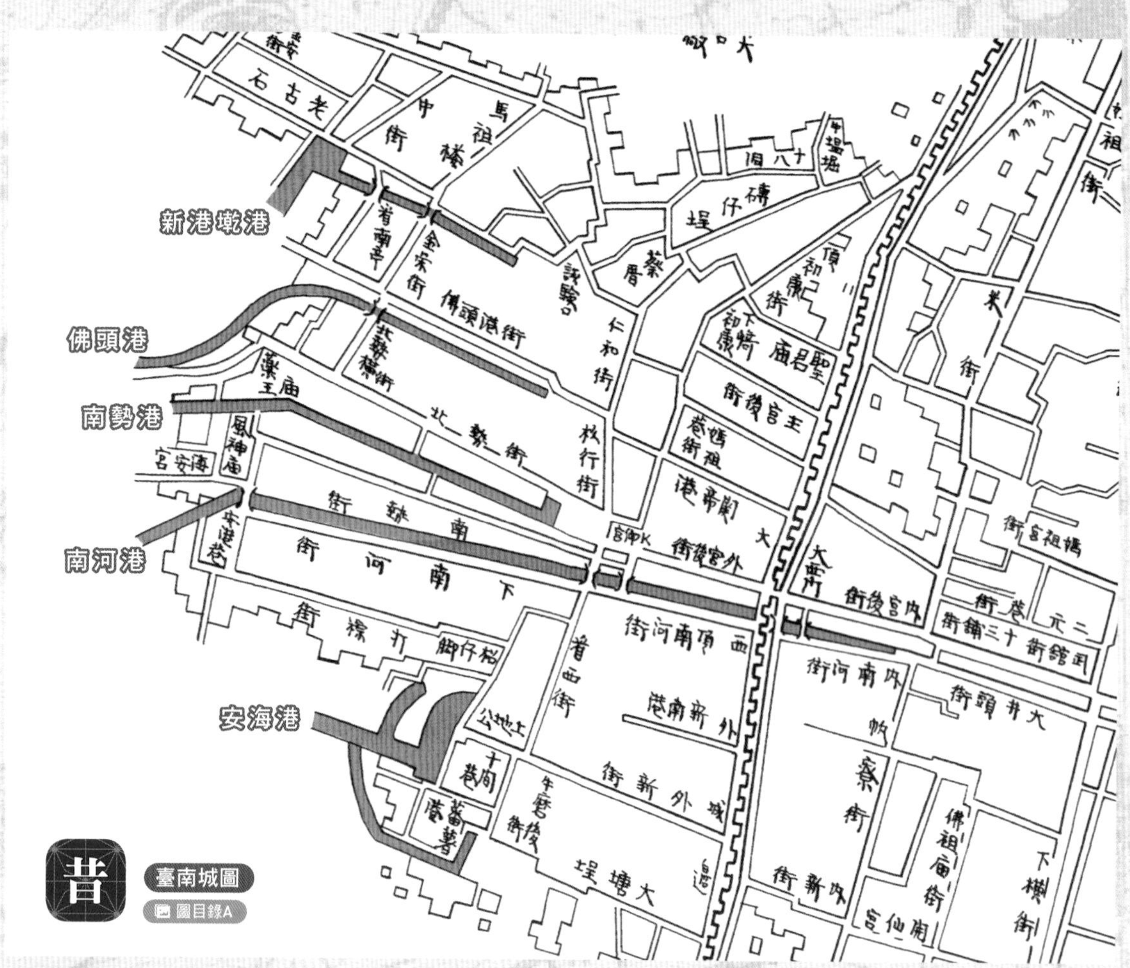

五條港道名稱及起始點			
港名	介紹	起點	終點
新港墘港	五條港中最晚淤塞的港道。因運送水肥到城外的魚塭區，也稱「屎溝墘港」。	文賢路、臨安路口	成功路立人國小後
佛頭港	又名禿頭港，因港道較寬，為清代府城端午龍舟競渡所在。	今協進國小西南角，在臺南景福祠分為王宮港、媽祖港與關帝港三條港道	三條港道各自延伸至廣安宮、大天后宮與開基武廟
南勢港	經營兩岸船隊貿易船隊的碼頭工人許氏一族勢力範圍。	今協進國小西南角	臺南水仙宮
南河港	中心港道，昔日來臺官員在此登岸進出府城，在接官亭送往迎來。	今民生路二段與金華路四段交會處	大井頭附近
安海港	位在五條港之南，為糖與石材進出的港道，猶存大糖埕地名。	今民生路二段與金華路四段交會處	過海安路後分成三條港道，分別是北邊的松仔腳港、居中的外新港與南邊的番薯港

路）到港町（民生路）、田町（中正路）、濱町（府前路），使五條港商業活動連接新市區，從水仙宮市場串連西市場❼、淺草商場、青果市場、盛場（沙卡里巴）、世界館及田町、末廣町商店街，使得臺南市西邊的街區呈現熱鬧景象，這條道路在戰後由臺南市政府定名為海安路。

老街活化，再創第二春

海安路及周邊街區是南北百貨買賣集散的重地，以及各項手工藝品加工製造的場所，因勞動人口密集，商業活動旺盛，從一九四〇年代至九〇年代，海安路上百業興盛、人潮擁來熙往的熱鬧景況持續了五十年，一直到一九九三年實施「臺南市海安路地下街工程」才戛然而止。

海安路的拓寬，不但將五條港的歷史紋理攔腰砍斷，也打散原本聚集在這一地帶許多歷史悠久的民生百業。原本地下街工程欲將臺南市西區作為都市化及商業發展的跳板，然而因施工不良、工程設計不符需求等種種因素，自開工至全面通車前近十年（一九九三年中至二〇〇二年底）期間，使得西區的都市發展、商業活動停滯，又被稱為「沒落的十年」。

在此期間，一九九九年赤崁文史工作室設立於神農街上，藉由創造城鄉新風貌的經費，啟動神農街再生計畫，倡議修護老屋，維持老街歷史風貌，獲得許多市民支持，因此在二〇〇三年海安路通車之後，市政府決議配合街道景觀改善及相關都市計畫以爭取中央補助，改稱「臺南市五條港再生計畫工程」，並於二〇〇四年實施「海安路街道美術館」連續五期計畫，希望藉由藝術裝置，將海安路拓寬之後於兩側零碎的畸零地及殘破的建築物進行美化展示，以展現都市良好的風貌景觀。這個計畫由於宣傳得宜，施作品質獲得好評，遂引起廣大的迴響，使得海安路重新成為市民休閒生活的場域。

二〇一七年市政府因應海安路的發展，配合周邊街道神農街、正興街及國華街興起的復古風及文創風等產業，特又規劃「臺南市海安路（府前路－民族路）暨中正路區域景觀改造工程」。

五條港從清代的貿易港區到近代的民生街區，歷經現代化的破壞、改變與重建，至今尚留存著一些歷史遺跡，這些街道、廟宇、民俗、產業、工藝，是否能夠得到妥善的保存與活化，仍需要市民與年輕一代的持續關注。◈

神農街再生計畫，維持老街歷史風貌。

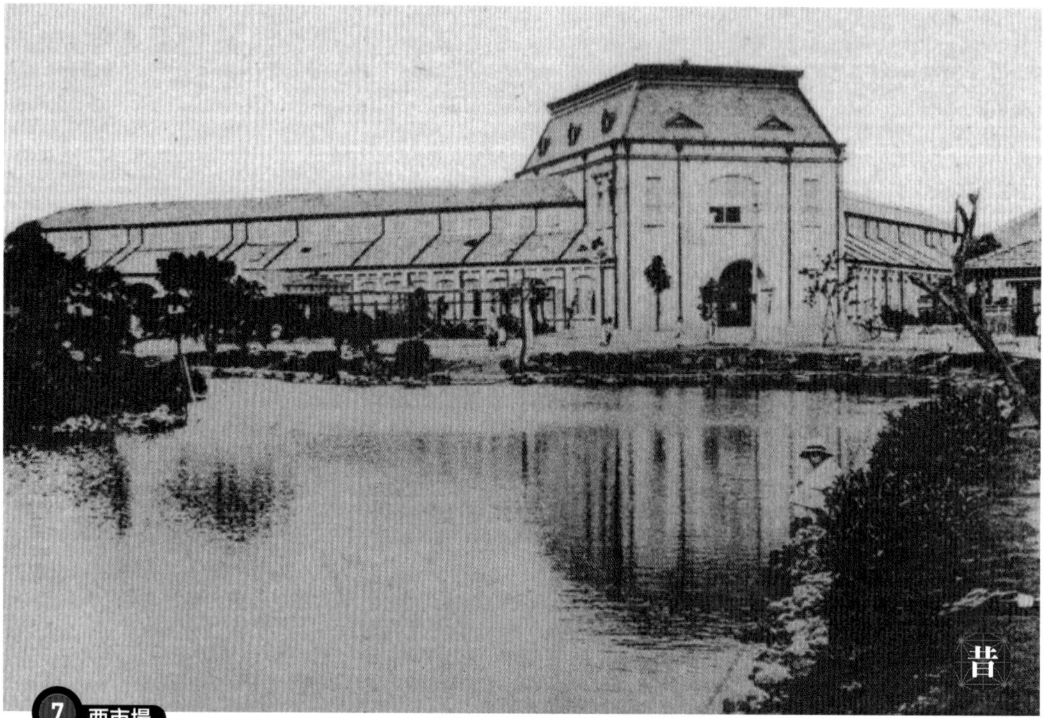

7 西市場

原木造建築建於1905年，後毀於風災，1912年新築市場。從圖片看是由正面馬薩式屋頂的本館延伸出兩側挑高雙簷的排屋建築，當時販賣各種華洋食材，又稱大菜市。從照片看建築西南外側還有臺江殘餘的濕地。

圖目錄0－7

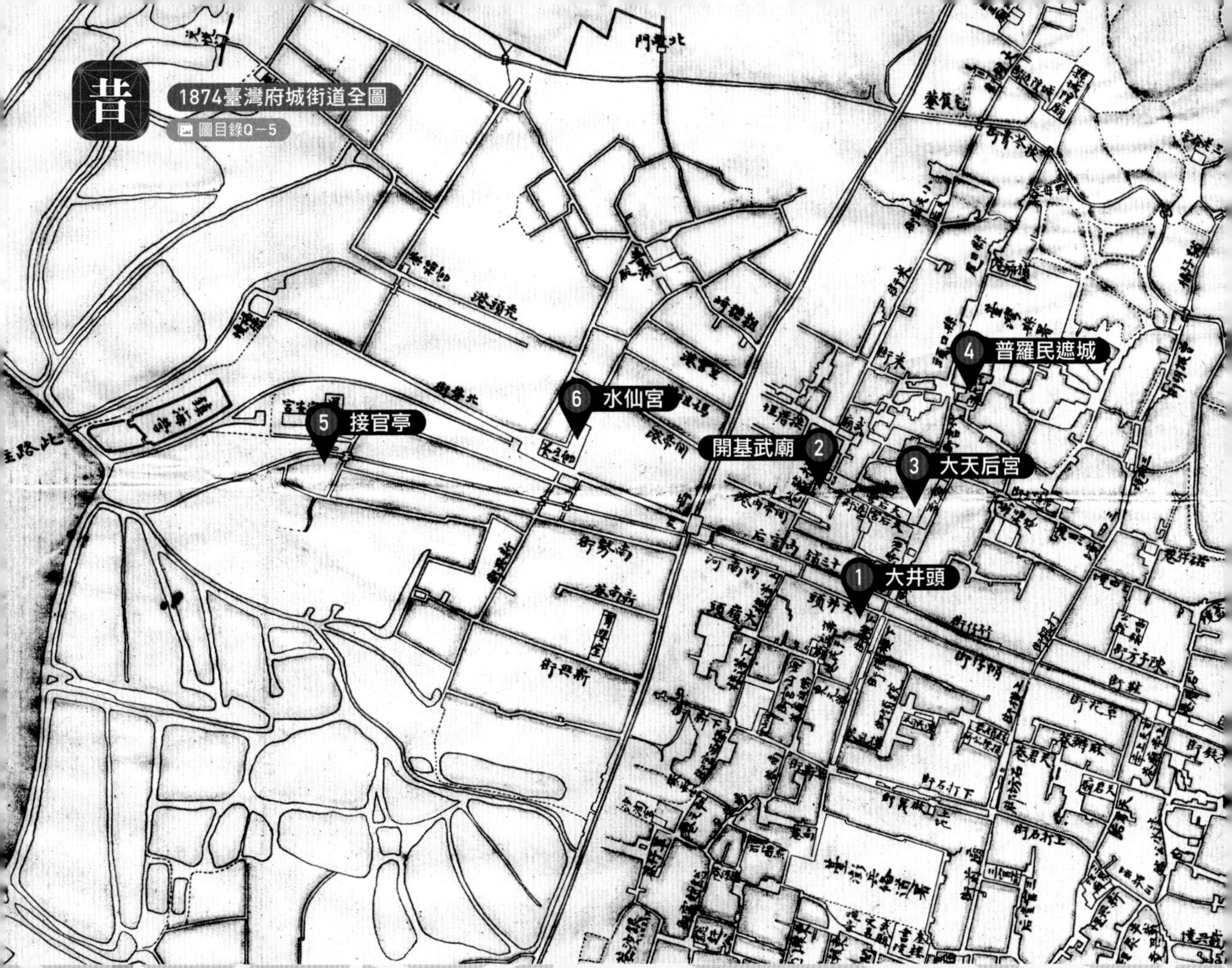
昔
1874臺灣府城街道全圖
圖目錄Q－5
4 普羅民遮城
6 水仙宮
5 接官亭
開基武廟 2
3 大天后宮
1 大井頭

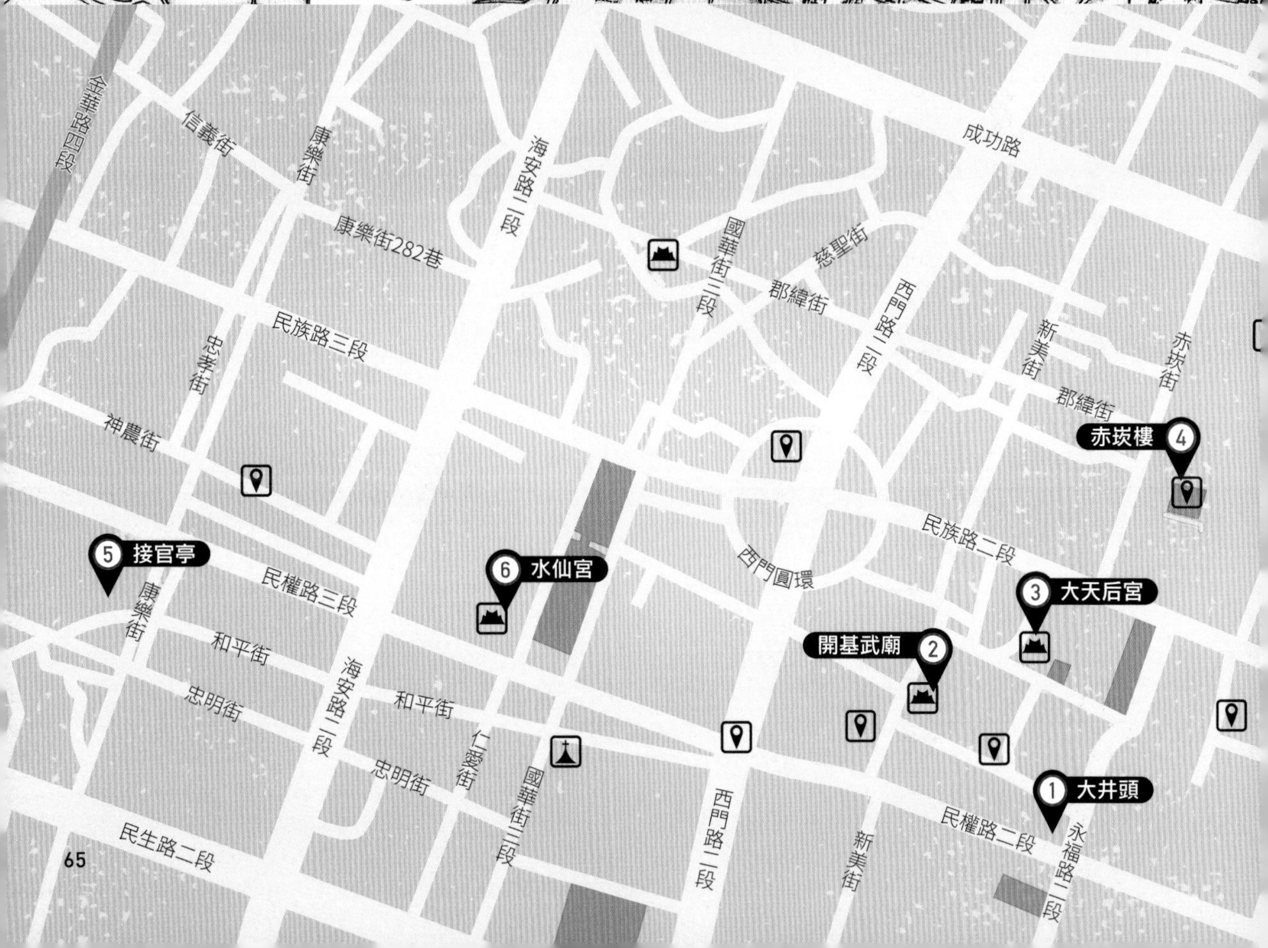
金華路四段
信義街
康樂街
海安路二段
成功路
康樂街282巷
國華街三段
慈聖街
郡緯街
西門路二段
民族路三段
忠孝街
新美街
赤崁街
郡緯街
神農街
赤崁樓 4
民族路二段
西門圓環
5 接官亭
6 水仙宮
民權路三段
康樂街
3 大天后宮
和平街
開基武廟 2
忠明街
海安路二段
和平街
仁愛街
國華街三段
忠明街
西門路二段
1 大井頭
民權路二段
永福路二段
新美街
民生路二段

臺南市區改正

流轉城市

文／嚴婉玲

臺南從荷治時期建置熱蘭遮城與普羅民遮城，成為政治與商業中心開始，即是人口聚集稠密之處，鄭氏時期更劃分出東安、西定、寧南、鎮北四坊，清朝時期的市街原則上沿此劃分繼續發展，確立作為臺灣府治的政經中心地位，並逐漸築起城牆與城門。即使在清領末期歷經臺灣府治北遷，日治初期行政區域歷經數次變革，從臺南縣到臺南州，舊臺南城一直都以南部最大城市，穩居地方行政中心的位置。

而日治時期臺灣總督府引進西方都市計畫的歷程也非一蹴可及，而是歷經數個階段，從局部改善且著重於公共衛生與交通事項開始，從而對城市有整體性的想像，並逐步建立都市規劃法令基礎。在這樣的背景下，一九一一年更提出奠定今日臺南舊城區規模的文件「臺南市街市區計畫及其地域決定」。

初來乍到的旅人通常會在舊城區蜿蜒的巷弄間迷路，像高雄市區一樣筆直的棋盤式道路並未出現在這

日治時期臺南市全景。
圖目錄D－4

裡，地圖上幾個圓環所環起的舊城區其實布滿各種不規則的街區，這是當時為了盡可能順應已經發展數百年的舊市街裏路而設計出的折衷方案，也因此讓臺南成為最晚提出市區改正計畫的城市。讓我們從臺南車站出發，在幾個圓環間漫步，從此刻回望百年前的市區改正，至今形成了什麼樣的舊城風貌吧。

圓環串起的城市

清領時期，外地與臺南主要透過官道連結交通，日本領臺之後，隨即規劃縱貫線鐵路，於城內設置臺南驛❶，而原本完整的城廓也因為鐵道鋪設通過而部分拆除。一九〇〇年即建成的第一代車站成為新的臺南門戶，「進城」的概念從進入城門轉為從車站進出這座城市。而現在所看到的臺南車站則是於一九三六年落成，為日治時期唯一的兩層樓車站建築。

從臺南車站出來，第一眼會看

位置請對照p.73的地圖

1 臺南驛

右圖為第一代車站；左圖為第二代，二樓為鐵路旅館，正修復中。

昔
圖目錄B－3

昔
圖目錄C－10

昔
圖目錄O－7

2 大正公園

因位於大正町而得名，為日治時期輻輳市區各地的重要地景，1997年改名為湯德章紀念公園。

昔
圖目錄D－4

3 臺南州廳

在戰爭的轟炸中大部分屋頂及結構被炸毀，戰後修復後做為臺南市政府使用，1990年代市政府搬遷，此處重新修復，並重現馬薩式屋頂，現為國立臺灣文學館。

圖目錄P－1

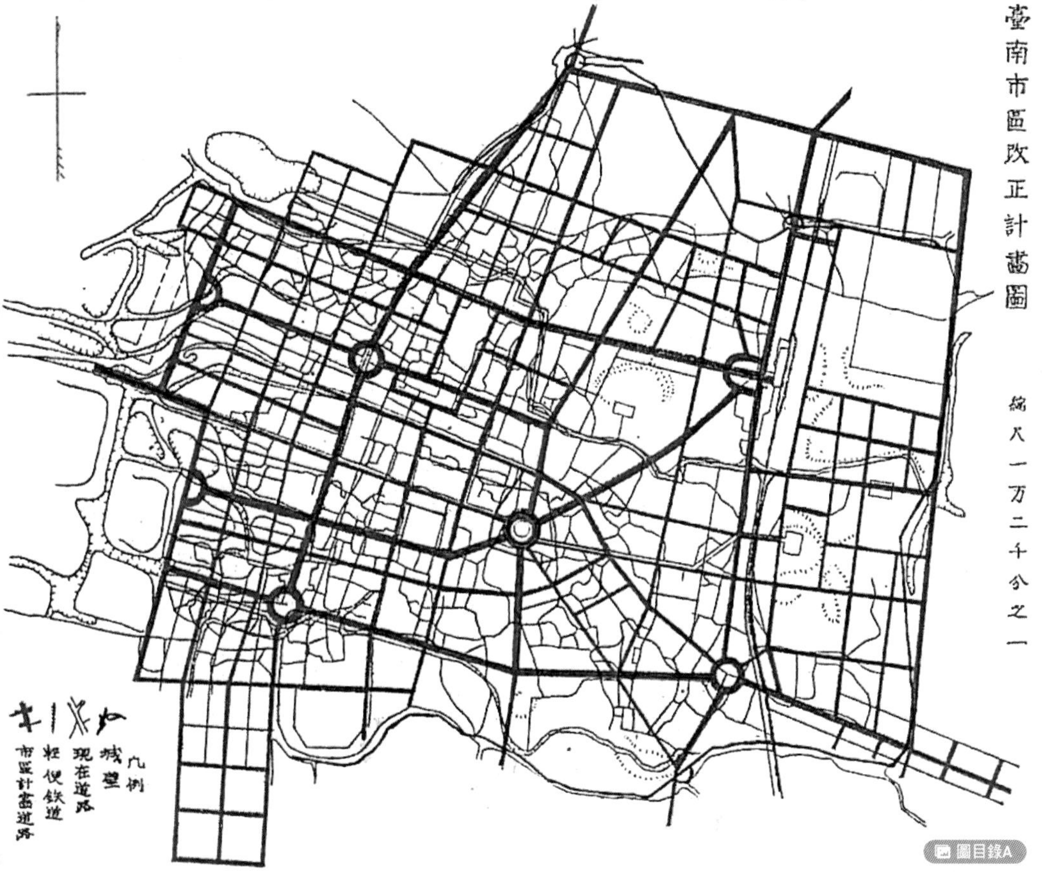

圖目錄A

1911年臺南市區改正計畫圖，從地圖中得知圓環與半圓環為交通要衝，發展出與臺南舊城不一樣的風貌。

到的就是匯集五條馬路的站前圓環（舊稱明治綠園），在一九一一年提出的「臺南市區計畫改正圖」中共有五個圓環分踞市區四角及中央，還有兩個「半圓環」在市區的西緣。而這些圓環所輻集的通衢大道則重新設計了臺南的交通地貌。以往分隔內外的城牆逐段被拆除，城市的邊緣不再以具體的牆面表現。圓環成為重要的交通節點，不論是車站、官署都設置於圓環周邊，方便不同方向往來的人群聚集，人車在一個個圓環之間流轉。

承載世代記憶的大正公園

位居城中的樞紐圓環並非車站前的圓環，而是大正公園❷（現已改名湯德章紀念公園）。有趣的是，曾置放於其中的幾尊雕像具現了幾個世代的政治記憶。

一九〇七年，拆除附近的街道放置了兒玉源太郎的壽像，一九一一年的市區改正計畫把這裡打造成市區最重要的政經樞紐，周邊環繞州廳以降的官署及商社。戰後這尊石像遭拆毀，卻神奇地在二〇一五年找到殘存的兒玉頭像。

在威權年代，這裡被改稱民生綠園，並立上一尊孫中山銅像。遺憾的是，一九四七年二二八事件之時，此處卻留下恐怖且傷痛的記憶，戰爭前後活躍於臺南政壇的湯德章律師被軍隊逮捕，遊街後在此槍斃。為了撫平這樣的傷痛，在一九九〇年代的平反浪潮中，這裡豎立起湯德章胸像並更名紀念。而孫中山銅像也在二〇一三年被獨派人士拉倒。

昔日官署變身為藝文重鎮

大正公園周邊最華麗也最重要的官署，當屬建築師森山松之助所設計的臺南州廳❸。其後方是州會❹，再往前走一些則是與臺北菊元百貨幾乎同一時期風光開幕的林百

位置請對照p.73的地圖

圖目錄B－15

5 林百貨

俗稱五棧樓仔，是日本商人林方一投資，1932年開幕，為臺灣第二家大型百貨公司，2013年維修完成，以文創百貨展現世人面前，開創21世紀新摩登時代。

4 臺南州會

戰後沿用為臺南市議會，曾作為臺南市議政史料館。

圖目錄O－17

貨❺，由於其高樓建築，也被在地人戲稱為「五棧樓仔」，去林百貨搭流籠，是城裡孩子的摩登嗜好。

林百貨的斜對面則是日本勸業銀行臺南支店❻，走回圓環的路上會經過剛修復完成的曾為警察會館、派出所及消防隊聯合辦公室合同廳舍❼，這棟建物最明顯的特徵即為中央高塔，利用這裡便可瞭望臺南市區發生火災處，不管戰前戰後均進駐了消防隊。

順時針繼續沿著圓環走就可看到被戲稱為「胡椒管」的臺南測候所❽。繞著圓環回到州廳旁，我們看到州廳的另一側對面是一九三一年落成的臺南警察署❾。此處早期為東安坊二王廟，後改建為龍王廟，一九三〇年代因闢建新路，廟被迫拆毀，龍王像移祀大天后宮。

觀察大正公園周邊的公共建物的用途與式樣，我們似乎稍可想像這個從荷蘭時期就是熱鬧市街的舊城區，如何在殖民政府的手中從一個充滿傳統閩南移民社會建築語彙的空間（早期的廟宇、牌坊甚至兩廣會館），逐漸轉換成殖民者一手打造的現代城市中心。而這個治理的圖像不僅包括政治功能，更從對天氣的掌握、治安維護、金融交易甚至民主制度的初步嘗試等等全面性的介入、規範民眾的日常生活。市區改正的意義絕非創生新城市，而是如何在舊有的城市紋理中以權力劃設新空間。

臺南公園踏青去

看完官署，不妨去臺南公園❿走走，位於市區北緣的大公園建成於一九一七年，層層堆疊了幾個時代的遺跡。建園之前，清領時期蓋起大北門，附近因有文元溪可供運貨，形成了熱鬧的市集（市仔頭），旁邊的福隆宮也因此香火鼎盛。

一九一一年的市區計畫中，把這裡劃設為臺南第一個現代意義的公園，為了供市民遊憩而設計，同時

今&昔

位置請對照p.73的地圖

昔 圖目錄O－7

6 日本勸業銀行臺南支店

多立克柱廊的設計，即使位在多棟西式建築的公共建物群中，仍顯得別具異國風情。現為土地銀行臺南分行。

7 合同廳舍

1930年為慶祝昭和天皇登基，興建六層樓高高塔，稱為「御大典紀念塔」，而後作為消防瞭望臺使用。1937年時，於兩側擴建磚造的合同廳舍（聯合辦公廳舍），今規劃為消防展示館。

昔 圖目錄B－3

圖目錄D－4 昔

8 臺南測候所

為臺南最早的西式建築之一，1898年即建成，作為觀測氣候的技術官署，十八邊形的特殊建築形制主要是為了支撐中央圓塔風力計。

昔 圖目錄B－14

9 臺南警察署

今臺南市美術館一館。

圖目錄P－1

昔 圖目錄B－3

10 臺南公園

至今仍為市民重要的休憩去處，涼亭、球場使用頻繁，甚至因位於車站旁交通易達，成為東南亞移工於周末的聚集處。

複合了熱帶實驗林區的功能。園內除了原有的自然景觀燕潭外，也建造不少人工景觀，建園百年紀念時便復舊了一處飛瀑園景。而原設於龍王廟旁，為表揚名士林朝英捐資興學而建的重道崇文坊，在面臨拆除之際，經林朝英的後人向日本政府陳情後，自費遷移至燕潭北邊重建保存。

每一個時代的都市計畫都是承繼過去的脈絡並朝向未來發展，這座城市從自然形成聚落到歷經數個政權的規劃與發展，而後的都市計畫有沒有可能讓居住於其中的民眾參與更多，非由統治者決定，也許是我們在公園大樹下納涼時，可以邊喝綠豆湯邊思考的事情。

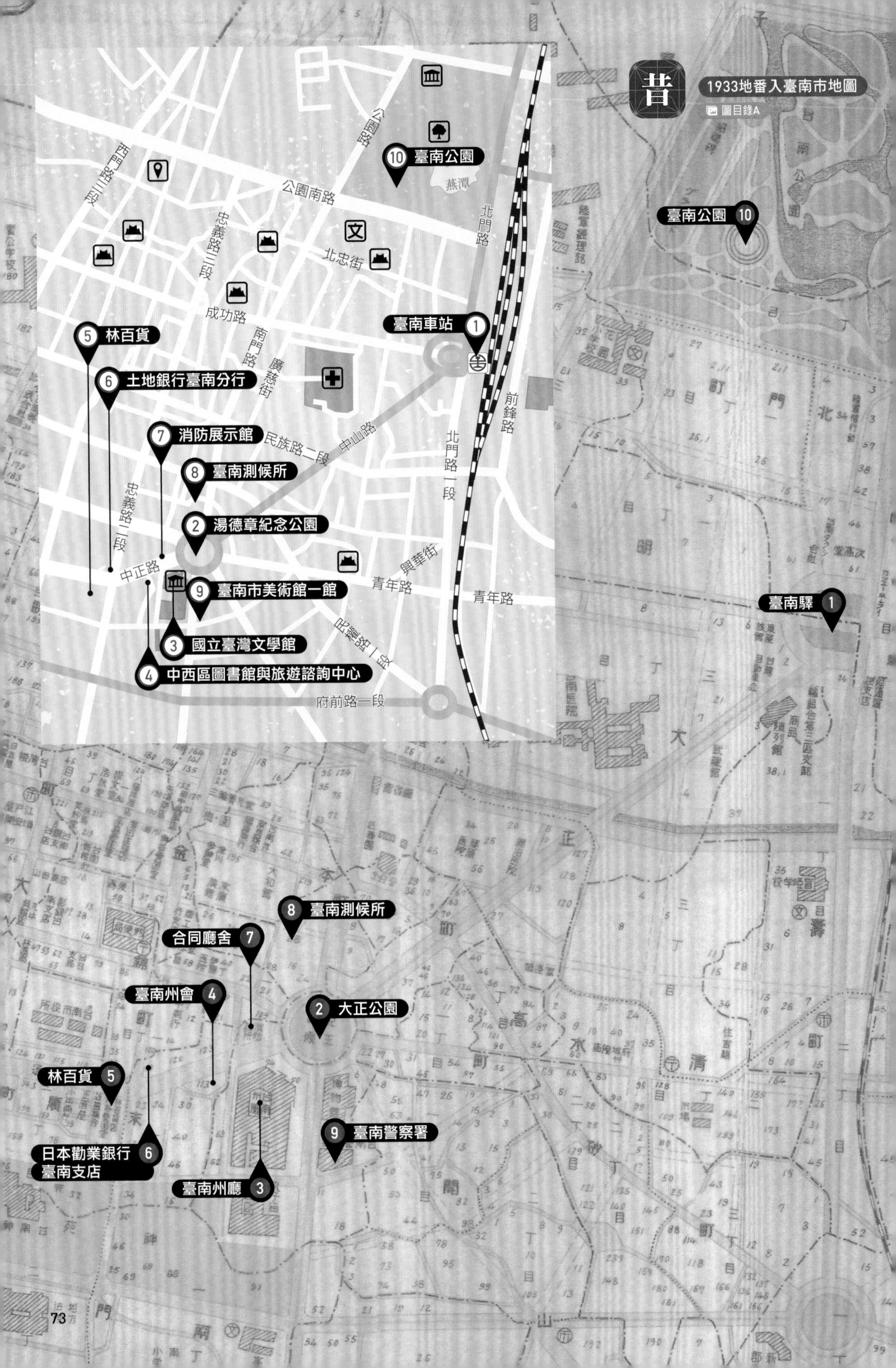

昔
1933地番入臺南市地圖
圖目錄A
10 臺南公園
公園路
西門路二段
公園南路
燕潭
北門路
忠義路二段
北忠街
成功路
1 臺南車站
南門路
廣慈街
5 林百貨
6 土地銀行臺南分行
前鋒路
7 消防展示館
民族路二段
中山路
8 臺南測候所
北門路一段
忠義路二段
2 湯德章紀念公園
興華街
中正路
9 臺南市美術館一館
青年路
青年路
3 國立臺灣文學館
民權路一段
4 中西區圖書館與旅遊諮詢中心
府前路一段
臺南公園 10
臺南驛 1
8 臺南測候所
合同廳舍 7
臺南州會 4
2 大正公園
林百貨 5
9 臺南警察署
日本勧業銀行 6
臺南支店
臺南州廳 3

翱翔青空下

臺南飛行場多重的身分轉換

文／曾令毅

臺南飛行場的誕生

臺灣民用定期航空始於一九三六年一月，開通日本福岡到臺北松山航線。同年八月，臺灣島內定期航空西線開辦之際，當時臺南與高雄能使用的民用飛行場都尚未興建，故先規劃前鎮的「高雄海軍用地」作為起降之地。但因為海軍與高雄州方面對於此地另有工業用地之規劃，使得民用高雄飛行場遲遲無法定案興建。為此，臺南州方面乃先行利用製糖會社於臺南州新豐郡永寧庄鞍子及十三甲一帶所屬用地，興建第一代民用臺南飛行場❶，並於一九三七年八月公告使用。然而，該飛行場在啟用不久後，隨即因為飛行場用地與周邊設施轉讓給海軍作為大型航空基地之用。因此，臺南州方面又於永康附近另覓一塊用地，準備興建新的民用臺南飛行場。

位於永康的臺南飛行場，於一九四〇年一月廿日竣工，並於當日正式啟用，開場典禮後，臺南州國防義會航空團所屬飛機即在此進行「初飛行」，也成為臺南高等工業學校及各中等學校該航空團學生練習滑翔機主要場地。臺南佳里出身，一九四〇年下旬考上陸軍少年飛行兵，並於戰爭末期派赴緬甸「加藤隼戰鬥隊」的傳奇臺籍飛行駕駛許崙墩，就讀臺南二中時便曾在此飛行場練習滑翔機飛行技巧。

一九四一年日美開戰前夕，日本為因應戰爭所需的空中運輸，將所有民用定期航線全數轉為軍用，永康臺南飛行場成為軍用定期航班起降之地。隨著戰事持續往南推進，臺灣逐漸由航空部隊的前線攻擊基地，轉為訓練部隊的後方基地。

一九四四年五月，以培訓海軍航空練習生為主的虎尾海軍航空隊成立後，隨即於八月成立永康派遣隊，並進駐臺南飛行場，訓練飛行練習生操作九三式陸上中間練習機，並將此地改稱為「永康飛行場」。不過，一九四四年十月遭受「臺灣沖航空戰」的衝擊，以及其後盟軍接連轟炸後，導致永康派遣隊的練習機受損嚴重，迫使該隊於一九四五年二月解散，撤出機場轉往基隆。自此，永康飛行場逐漸荒廢，逐漸在臺灣航空版圖之中。

臺南海軍航空基地與航空隊

一九三七年，原為民航使用的臺南飛行場，在一九四〇年初永康的新臺南飛行場啟用後，便轉為海軍軍用，並開始大範圍擴建。擴建目的是為了讓其後成立的臺南海軍航空隊進駐，以和其他駐臺陸海軍航空部隊共同執行橫渡巴士海峽攻略美領菲律賓的任務。

根據時任海軍高雄施設部部長，主導興建臺灣所有海軍設施的上野長三郎大佐的回憶，一九四一年九月聯合艦隊司令官曾下達「急速擴

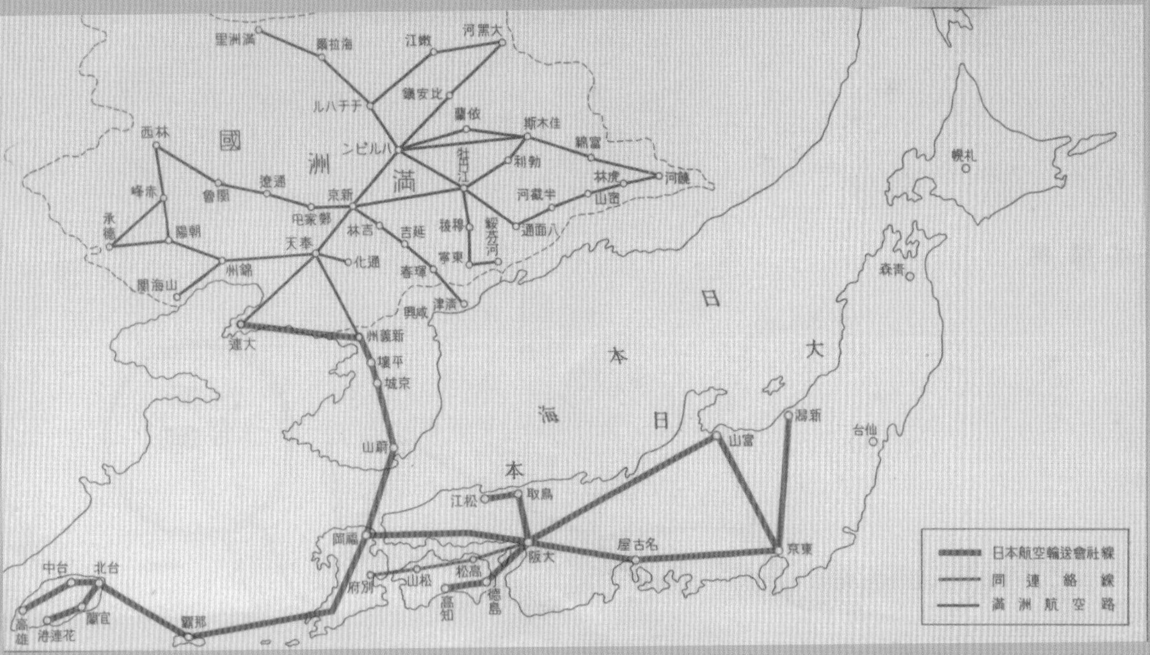

圖目錄P－8　1936年日本航空輸送株式會社營運全航線。

1 臺南飛行場

第一代飛行場於1937年啟用，後因應戰爭，轉為臺南海軍航空基地，戰後由中華民國空軍接收使用，為軍民合用機場，2011年核定為出入國機場，列為兩岸直航機場之一。

許崙墩就讀臺南二中時參加航空社團，1938年選進臺南州國防義會航空團，後考上陸軍少年飛行兵學校，畢業後成為日本軍人中臺籍飛行駕駛第一人，而後編列於加藤隼戰鬥隊，戰後繼續擔任與飛行相關的職務，退休後仍熱愛飛機，開設模型店，不久閉店收場，轉投入社會教學活動，2008年逝世。

圖目錄P－8

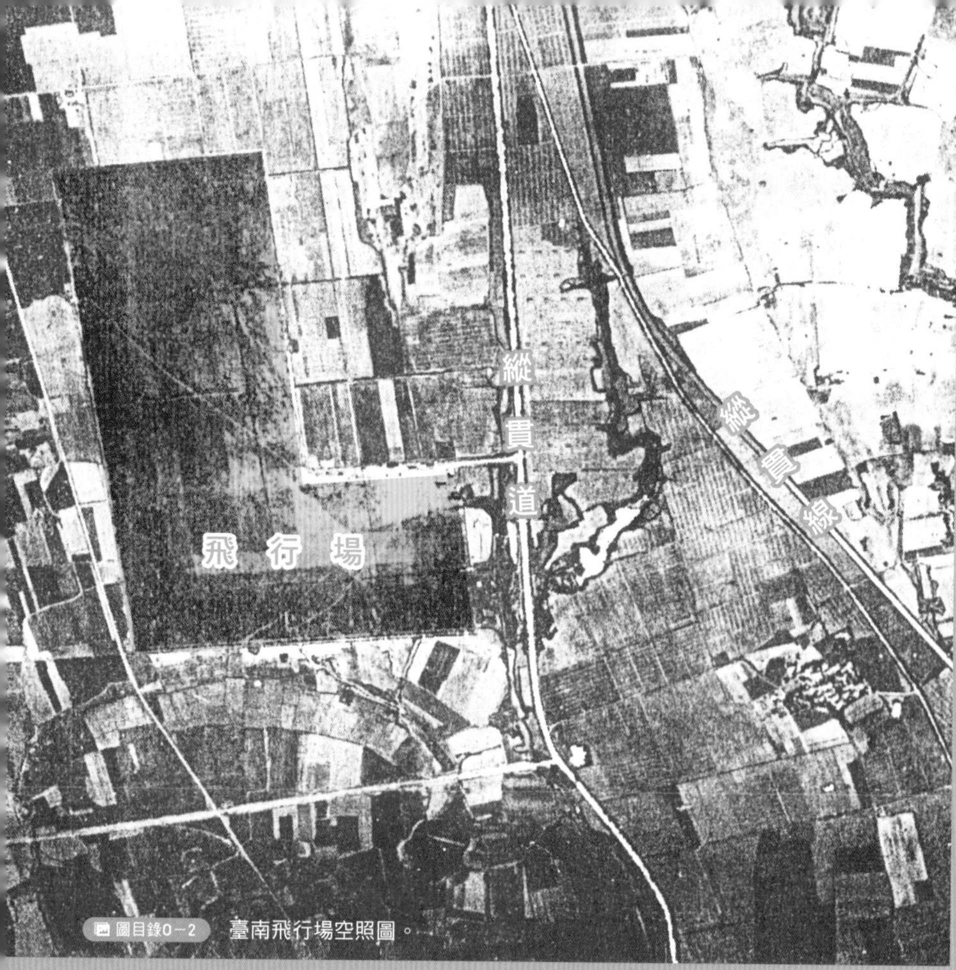

圖目錄0－2 臺南飛行場空照圖。

> 臺南海軍航空隊最具即戰力，
> 且是從臺灣出發中最為主力的航空戰隊。

張整備飛行場」訓令，將原有海軍航空隊基地的飛行場進行整建擴張（主要是高雄與臺南），且最遲須在十月末完成，以因應戰爭時海軍各航空部隊所需。當時日本因美英荷等國的經濟制裁，使得石油等燃料資源頗為短缺，連帶影響鋪設跑道的煉油副產品瀝青嚴重不足，因此上野靈機一動，利用臺灣本地製糖業的大量糖蜜，作為鋪設跑道的代用材料。由此可知，當時海軍航空部隊在陸上基地的基礎設施與相關準備，整體來說並非十分完備。

最強海軍航空隊集結

一九四一年十月一日臺南海軍航空隊成立，為日美開戰前最後成立的海軍航空隊。該隊成立後即編入第十一航空艦隊的第廿三航空戰隊，使用基地為臺南飛行場。

一九四〇年初，臺南飛行場轉為軍用後，因逐漸轉向南方作戰，海軍開始大範圍擴建飛行場，不僅位於縱貫鐵道西側的機場範圍擴大，甚至往縱貫鐵道東側擴張，以因應臺南海軍航空隊成立後的大規模編制進駐。

據資料顯示在開戰前，臺南飛行場是為了南下進行菲律賓航空作戰，除原本臺南航空隊所屬的零式戰鬥機、96艦上戰鬥機、陸上偵察機外，尚有第廿二航空戰隊司令部分集結的零戰及96艦上戰鬥機若干架，以及附屬於航空母艦的第一航空戰隊所屬艦上戰鬥機移至臺南航空隊基地，從戰機種類及停機數量來看，可瞭解飛行場腹地之廣闊。

由於臺南海軍航空隊成立時間晚，故成員大多是具豐富經驗且戰功彪炳的王牌飛行員，例如坂井三郎、笹井醇一、宮崎儀太郎、吉野俐、太田敏夫等人，可無需耗費多時訓練，僅在開戰前進行巴士海峽海域的偵察飛行與演練。換言之，臺南海軍航空隊應是最具即戰力，且是從臺灣出發中最為主力的航空戰隊。

民航公司於1975年結束運營亞航，轉賣給美國怡心公司，亞航女秘書們在臺南亞航基地候機室外合影。

圖目錄J－1

1942年，臺南海軍航空隊王牌飛行員們於巴布亞新幾內亞拉包爾合影，第二排左一為太田敏夫、左二是坂井三郎。

圖目錄Q－12

戰後的臺南航空站

戰後，日本臺南海軍航空基地由中華民國空軍接收使用至今。除原本的軍事用途外，尚有開辦民航業務，例如早期的民航空運公司、遠東航空的運報（送報紙）班機等。不過在當時，臺南機場民航站的管理經營，均由航空公司辦理，直至一九七五年民航局成立臺南民航候機室。一九九三年成立臺南輔助站，由高雄國際航空站派員管理與督導，隔年一月成立丙種航空站，業務獨立運作，直接受民航局督管，一九九七年九月升格為乙種航空站，二〇一一年六月核定為出入國機場，列為兩岸直航機場之一。

另外，這座機場除了是臺南空軍基地、民航局臺南航空站外，尚有於韓戰結束後成立，以維修飛機為主要業務的亞洲航空公司，該公司為當時美國在臺投資資本額最高的公司，其業務除肩負美國協防臺灣的軍機維修，以及執行美方特種任務外，也使當時的臺灣成為東南亞美軍軍機維修的一大重鎮，不僅造就臺南、高雄等地的就業機會，也培養許多本地優秀的航空工程及機械人才。如今，該公司褪去冷戰時期的神祕色彩，轉型從事民航客機與部分直昇機的維修業務。

臺南飛行場的歷史，因臺灣民航的肇始而開啟，期間歷經多重身分轉變與不同階段的建設，留下了許多彌足珍貴的戰爭軍事遺跡，這些代表著臺灣航空在臺南天空下遺留的足跡，值得我們認識與珍惜。◎

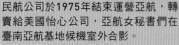

圖目錄J－1 亞洲航空公司早期廠區。

1975年，亞航轉賣給美國怡心公司，2年後臺美斷交，亞航業務一落千丈，財務困頓，母公司也不理睬，因此採取苦肉計，租用牛車，來呈現亞航窮到只能用牛車拉飛機，才讓母公司撥款紓解困難。

圖目錄J－1

臺南航空發展大事記

1936年1月 臺灣民用定期航空，日本福岡至臺北松山航線開通。

1936年8月 臺灣島內定期航空西線開通。

1937年8月 第一代民用臺南飛行場公告使用。

1940年1月 位於永康的新臺南飛行場落成。

1940年 第一代民用臺南飛行場轉為海軍使用。

1941年10月 臺南海軍航空隊成立。

1941年12月 太平洋戰爭爆發（日美開戰）。

1944年5月 虎尾海軍航空隊成立。

1945年2月 第二次世界大戰結束

昔

1940臺南飛行場平面圖

圖目錄0-2

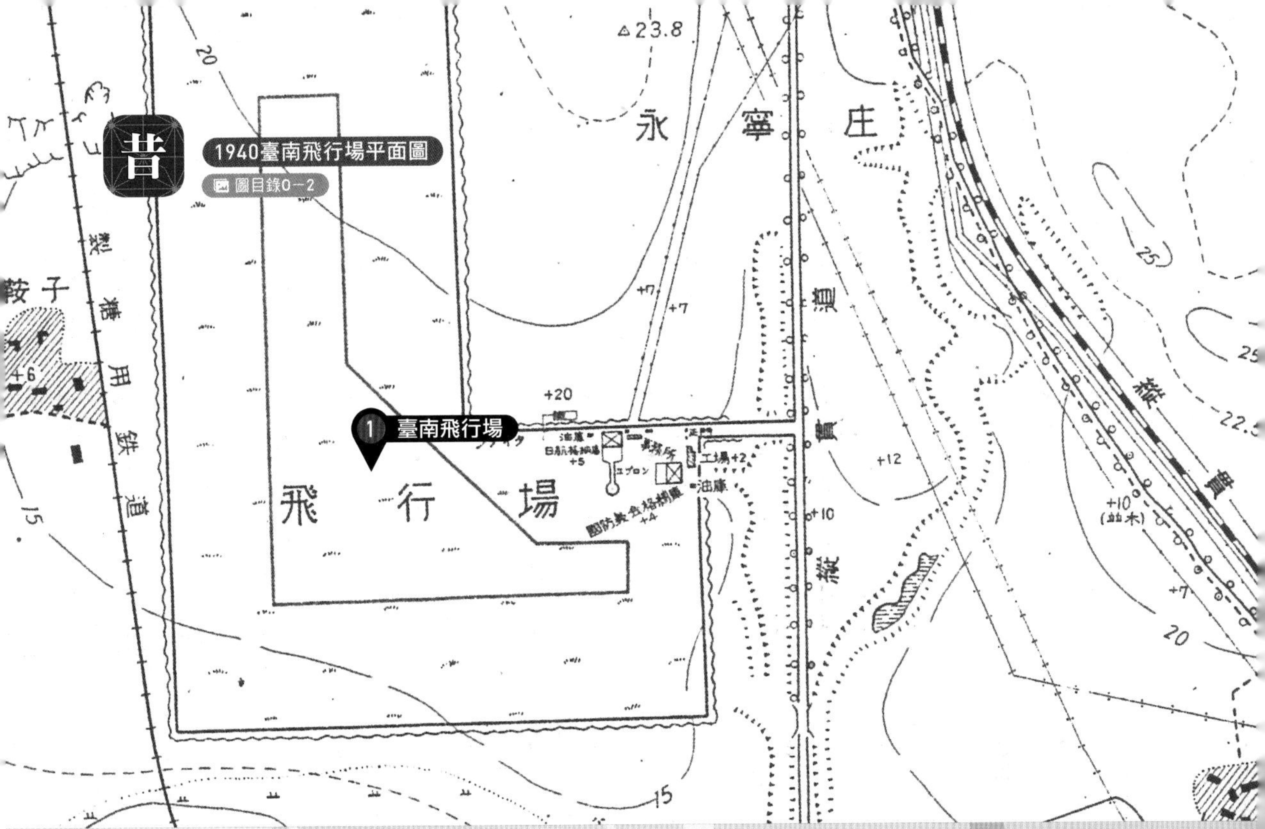

1975年

民航局成立臺南民航候機室。

1993年

成立臺南輔助站，由高雄國際航空站管理督導。

1994年1月

成立丙種航空站，直接受民航局督管。

1997年

升格乙種航空站。

2011年

核定為出入國機場，列為兩岸直航機場之一。

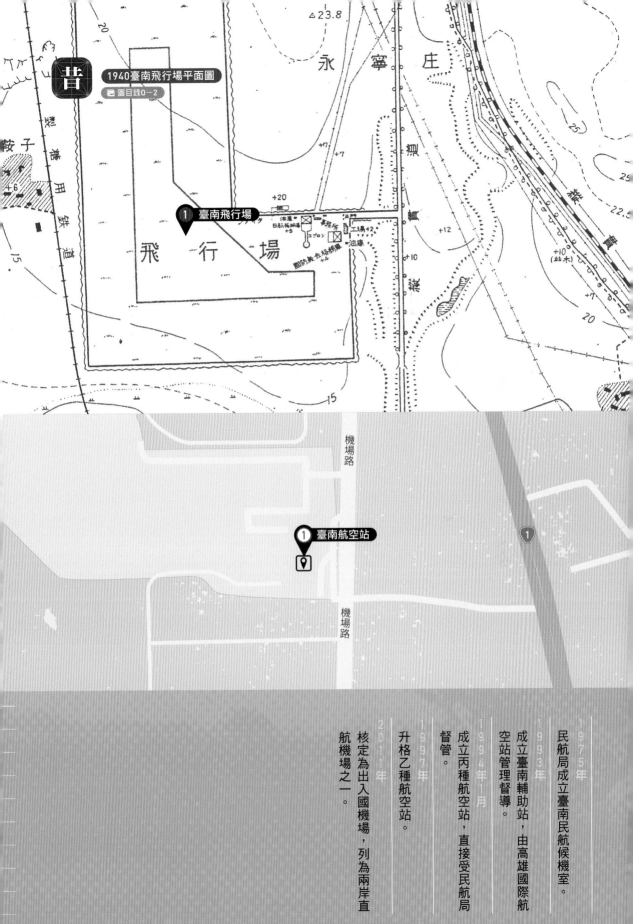

大成坊

文化記憶
城市櫥窗

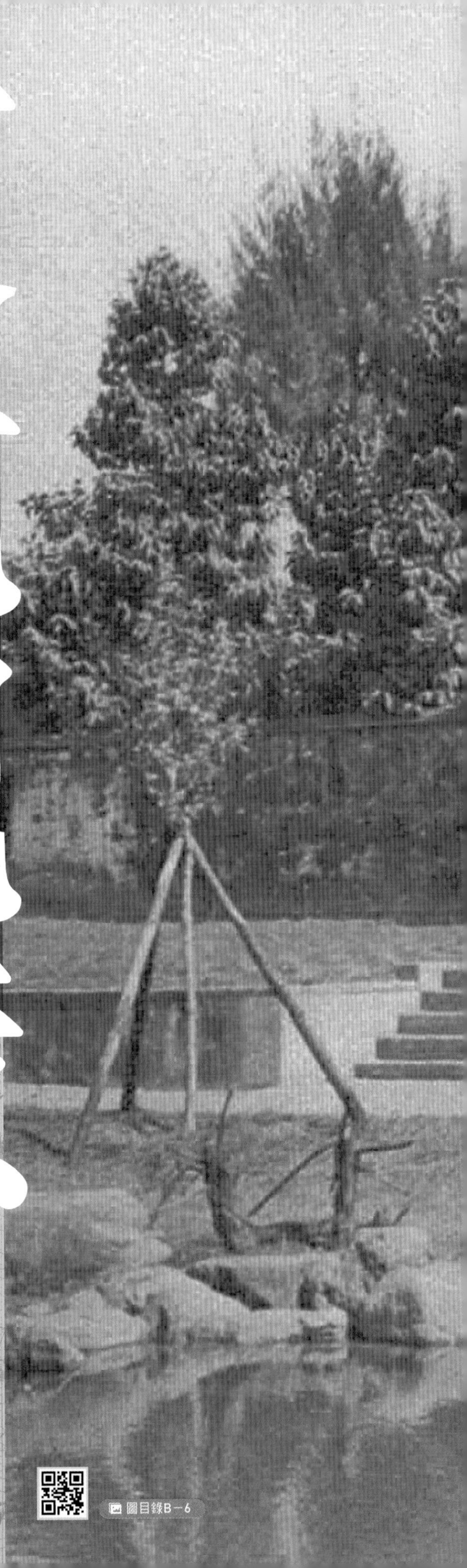

圖目錄B－6

臺南博物館巡禮

整座城市就是博物館

文／蘇峯楠

博物館的英文museum，源於希臘神話裡主掌知識與藝術的女神繆思（Muses）。十七世紀起，歐洲出現公眾開放的museum；十九世紀，日本使節團訪問歐美，首次接觸museum，並以漢字「博物館」稱之，成為今日大家熟知的名詞。不管museum或博物館，都透露出這是一處兼具典藏、保存、研究與展示文物的知識殿堂。

博物館初體驗

臺南往昔為全臺政經中心，也是最大城市，各類物品往來集散於此，並發展精緻的物質文化，所以也不乏有蒐藏文物者。不過，那仍屬於私人收藏，沒有對外開放展示。臺南最早的文物收藏與開放展示館舍，應是一八九九年北勢街（今中西區神農街）的「臺南縣物產陳列所」，為「殖產興業」方針的一環，用商工產品展示模式，向民眾介紹與推廣商品訊息。要說真正帶有社會教育與研究職能，並首次以「博物館」為名的館舍，應是位於莊雅橋吳家宅第的「臺南博物館」（以下簡稱「南博」）。

莊雅橋吳宅是十九世紀有名商號「吳昌記」的宅第，有各房住家、祠堂，還有名為「宜秋山館」的雅緻庭園，是城內典型的富紳大院。一八九五年臺灣改隸之際，北白川宮能久親王在臺身染重疾，逝世於臺南吳宅南邊廂房。一八九九年，當局以「御遺跡」名義整修，一九〇一年底完工，保留室內格局，展示能久親王相關遺物，並也徵收吳宅南邊民房，闢建鳥居、拜殿、神苑等，稱為御遺跡所❶。

御遺跡所北邊宅第則規劃為博物館，一九〇二年正式運作。成立目的可見規程第二條：「本館蒐集古今內外物品及圖書紀錄，提供一般公眾綜覽，目的是為了啟發其智識，並促進農工商業之進步。」由此來看，南博可說是承接了北勢街的物產陳列所，繼續推動「殖產興

業」策略；另一方面，則是政府藉由博物館這種近代教育機構，在新領地臺灣形塑「文明開化」場所，實行對人民的教化與規訓。

南博正式開館時，引發熱烈參觀潮，光是前三天，入館人數就迅速突破五千人，在博物館初體驗的過程中，臺灣人正以自身傳統經驗試著接觸近代新事物，不只端詳新時代，也端詳身處在新時代的自己。

圖目錄B－23

1 御遺跡所

1910年整修完工，而後擴建為臺南神社，戰後遭拆除。

圖目錄P－1

圖目錄B－23

御遺跡所內完整保留北白川宮能久親王辭世時使用的床鋪。

位置請對照p.90－91的地圖

2 兩廣會館

原為在臺兩廣官紳同鄉辦事處，日治時期為臺南博物館，戰時遭焚燬。

3 商品陳列館

1927年從臺南博物館獨立運作，已改建為高等法院臺南分院。

圖目錄P－1

4 臺灣史料館

臺南第一座以歷史為主題的博物館，設在安平舊稅務司署。

臺灣文化三百年記念會主要展場「史料展覽會」，設在南博舊址莊雅橋吳宅。

圖目錄D-18

華麗古建築裡的博物館

日後正常營運期間，南博每天參觀人數穩定，藏品數量也有擴增趨勢，吳家宅第已無法符合其空間需求。一九二二年，御遺跡所要進行臺南神社擴建工程，南博便進駐龍王廟街的兩廣會館❷。

兩廣會館原為兩廣地區人士在臺灣的同鄉辦事處，外觀是臺灣少見的嶺南風格，屋頂上的交趾陶裝飾相當絢麗奪目。日治初期，兩廣會館先後由官民俱樂部、中學校、幼稚園、防疫組合等單位使用，再化身為博物館，館內規劃六個展間，一九二三年底開幕。一九二三年，館內一、二號室自然史展區，被劃為「教育博物館」；三至六號室農林與美術工藝區，另劃為「商品陳列館」。一九二七年，商品陳列館❸搬入大正町新館舍，南博則更名為「臺南州立教育博物館」。

歷史館的出現

一九三〇年十月底至十一月初，臺南市役所舉辦「臺灣文化三百年記念會」，主要展場「史料展覽會」就設在南博舊址莊雅橋吳宅，另有「產業展覽場」設於商品陳列館，教育、衛生、花卉、水族等展區則在市區其他地方。活動結束後，當局以史料展覽會為基礎，在安平舊稅務司署（今熱蘭遮城博物館）成立臺灣史料館❹，是臺南第一座以歷史為主題的館舍。

一九三五年秋天，臺灣總督府舉辦「始政四十周年臺灣博覽會」，臺南被選定為「特設臺灣歷史館」展覽地，共有四個會場。第一會場位於商品陳列館，展出此次特別購買、複製或新製的展品，當中也包含委託小早川篤四郎、顏水龍等畫家繪製，並由村上直次郎、山中樵、岩生成一等學者擔任顧問的「臺灣歷史畫」系列作共二十二幅；第二會場位於安平臺灣史料館；第三會場位於大南門臺南放送局旁，特別建造古碑陳列場❺，展示從府城各地蒐集來的四十五塊各式碑刻。第四會場則是臺南神社御遺跡所，展示能久親王相關遺物。博覽會結束後，臺灣史料館無法容納這次活動的大量展品，因此決定蓋全新的館舍。經數次討論規劃，最後在大正公園圓環邊建造臺南市歷史館❻（以下簡稱「歷史館」），一九三六年底動工，隔年七月告竣，十月一日開館。建築由市役所土木課設計，風格上偏向和洋折衷，甚至受現代主義影響，但仍以斗拱這種古典建築裝飾元素，凸顯該館的歷史主題特質。館內共兩層樓，一樓為展示古文物，二樓主要陳列小早川篤四郎的歷史畫。

南博與歷史館，分別位居在政經機關齊聚的大正公園邊，兩館各以不同位置、外貌與主題彼此相互輝映，也展現出這座古都當時的近代城市風貌。

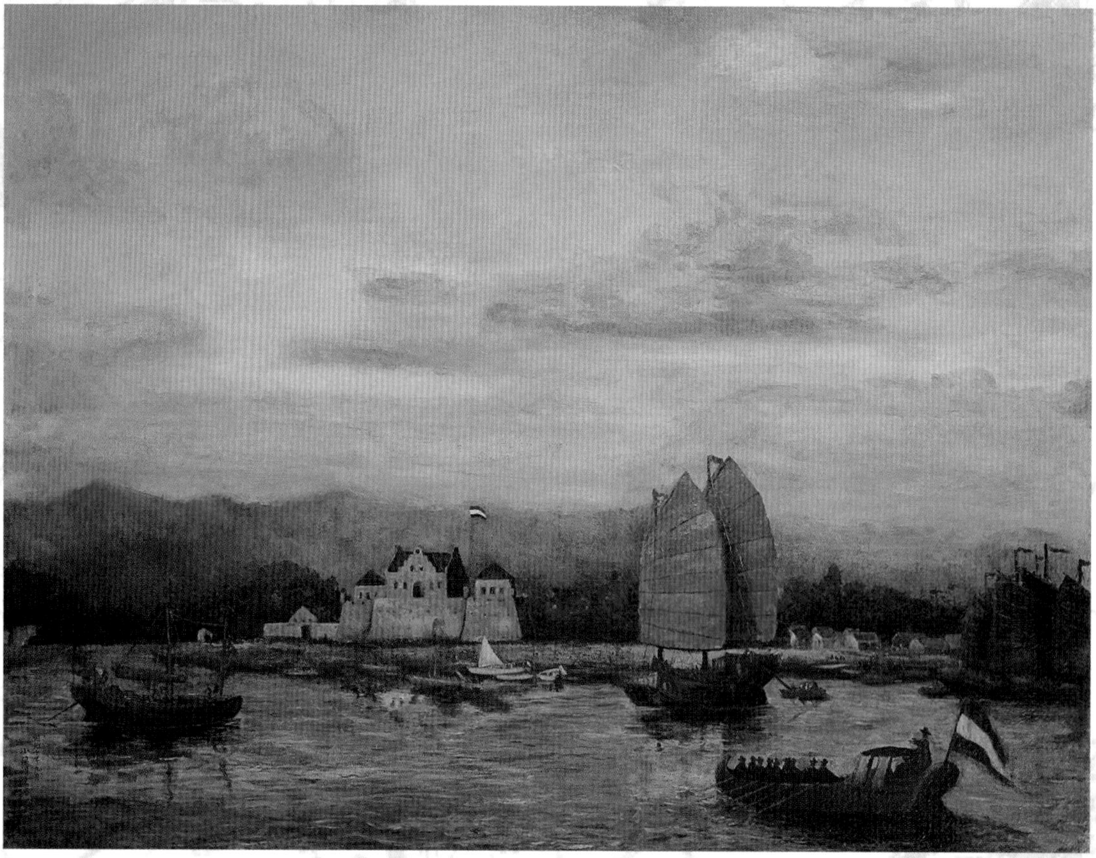

圖目錄O－12　小早川篤四郎繪製臺灣歷史畫「夕照的普羅民遮城」。

戰火洗禮之後

一九四〇年代，二次大戰進入白熱化，但博物館依然運作，不過，隨著戰情吃緊，歷史館也不得不暫時閉館，並將部分館藏移到南邊棧房與開山神社。

一九四五年一月，歷史館開始遷往赤崁樓，準備重新開館。然而三月的美軍大空襲，卻將臺南市中心街廓炸得滿目瘡痍，歷史館也慘遭重創，館內文物全毀。已移到赤崁樓的文物，則幸運地留存下來。另一邊的南博也難逃此次厄運，炸彈引發的火勢延燒到兩廣會館，那座華麗的古建築因此焚毀，僅剩部分展櫃與動物標本藏品保存於州立臺南一中。

終戰後，歷史館以「臺南市立歷史館」之名在赤崁樓重新開館。雖然館藏大半毀於戰火，但在管理員（角色接近館長）石暘睢持續調查與蒐集下，歷史館藏品在戰後初期的累積成果仍相當豐碩。一九六一年，再遷到延平郡王祠旁新落成的鄭成功紀念館，之後館名改「民族文物館」；到了二〇〇三年，又再

臺南市歷史館一樓為展示古文物，二樓主要陳列小早川篤四郎的歷史畫。圖目錄B－14

今&昔

位置請對照p.90－91的地圖

圖目錄D－22　昔

5 古碑陳列場

原展示45件古碑，戰後又增添18件，共63件，現稱為大南門碑林，被選為臺南市歷史建築十景與臺灣歷史建築百景之一。

圖目錄P－1

昔　圖目錄B－14

6 臺南市歷史館

1937年開館，戰時慘遭美軍空襲，部分館藏付之一炬，現為中西區公所。

圖目錄P－1

7 鄭成功文物館

臺南市立歷史館遷館於現址，館名數次更動，2003年重新修繕，定名為鄭成功文物館。

圖目錄P－1

臺灣歷史博物館以保存維護臺灣的歷史文化資產為己任，建構臺灣人共同的歷史記憶。

改名為鄭成功文物館⑦。歷史館的館舍焦點逐漸轉移到鄭成功身上；而原本的城市歷史館，似乎已漸受淡忘。

當代博物館持續綻放

解嚴後，新一批當代博物館陸續出現，它們回頭找尋臺灣在地文化，也處理更多元的議題。而在臺南，一部分當代博物館，跟兩廣會館裡的南博一樣，也在古老建築中孕育而生。

一九九七年，原在舊州廳辦公的臺南市政府，搬遷到安平永華路新廈；舊州廳則在隔年登錄為古蹟，二〇〇三年搖身成為國立臺灣文學館，並選擇一九二一年十月十七日臺灣文化協會成立的這天開館，展現臺灣數百年來的文學結晶。

府前路上的臺南地方法院⑧，建於一九一二年的歐洲古典式樣建築。二〇〇一年法院遷往新廈，舊館規劃為司法博物館，二〇一六年開幕，展示原建築空間形貌，以及百年來臺灣近代司法制度的發展。

二〇〇七年成立的國立成功大學博物館，是臺灣第一座公立大學博物館，原為日治時期臺南高等工業學校本館⑨。日治時期興建的臺南山林事務所，轉變為葉石濤文學紀念館，展示出身府城的作家葉石濤生平與創作歷程。

從二〇一一年開始籌備的臺南市美術館一館，進駐原臺南警察署⑩，延續著兩廣會館圓環邊的博物館故事；而近期已開館的二館，也回到南博最初所在地的莊雅橋旁，以新穎的五角形鋼構格局，象徵臺南鳳凰花的在地意象。

這些新成立的博物館，都由古老的百年建築守護著。

更晚近點的博物館，則以全新外貌跟觀眾見面。志在保存臺灣人民與土地故事的國立臺灣歷史博物館，歷經近二十年籌備時間，二〇一一年開館。以海、鯤鯓、干欄式建築、穀倉等歷史元素，勾勒出具現代特色的建築樣貌，也表達要跟這塊土地長久對話的永續願景。

奇美集團創辦人許文龍的博物館夢，萌芽於他小時候到兩廣會館參觀南博的舊時記憶，在八十幾年後，夢想終於成真，設立奇美博物館，與大眾分享他多年的珍藏。

博物館與古都的互生

百餘年來，臺南的博物館，在不同時間及地點，發揮各自任務，但都在這座城市裡熱絡發展，仿若是城市生命史的一部分。可以這麼說，不論何時，博物館與城市雙方都相互提供養分，滋生成長。◈

位置請對照p.90－91的地圖

圖目錄B－18 昔

8 臺南地方法院

於1912年落成啟用，巴洛克式繁複豪華風格，非對稱手法的空間處理，呈現多樣的建築美學，現為司法博物館。

圖目錄P－1

昔 圖目錄B－16

9 臺南高等工業學校本館

今成功大學，1933年本館完工，作為行政中心，戰後曾為閱覽室、校史室與校友中心，2007年改為成大博物館。

圖目錄B－15 昔

10 臺南警察署

於1931年落成，牆面原為土黃色，但在1970年代，為統一識別，被漆上紅漆。2015年，為配合美術館計畫開始整修，逐步恢復其原色。

圖目錄P－1

昔
1933地番入臺南市地圖
圖目錄A
1 御遺跡所
2 兩廣會館（臺南博物館）
3 商品陳列館
5 古碑陳列場
6 臺南市歷史館
8 臺南地方法院
9 臺南高等工業學校本館
10 臺南警察署
昔
1976臺南市街圖
圖目錄A
FU
CHIEN
SHAN
臺灣銀行臺南分行
臨水夫人廟
開山派出所
延平郡王祠
CHIN
業 YEH
臺南道館
TA 街 PU 埔 ST. 大
總工會 市商會
省立臺南女子中學
天主教臺南
RD.
樹 林 街
7 鄭成功文物館

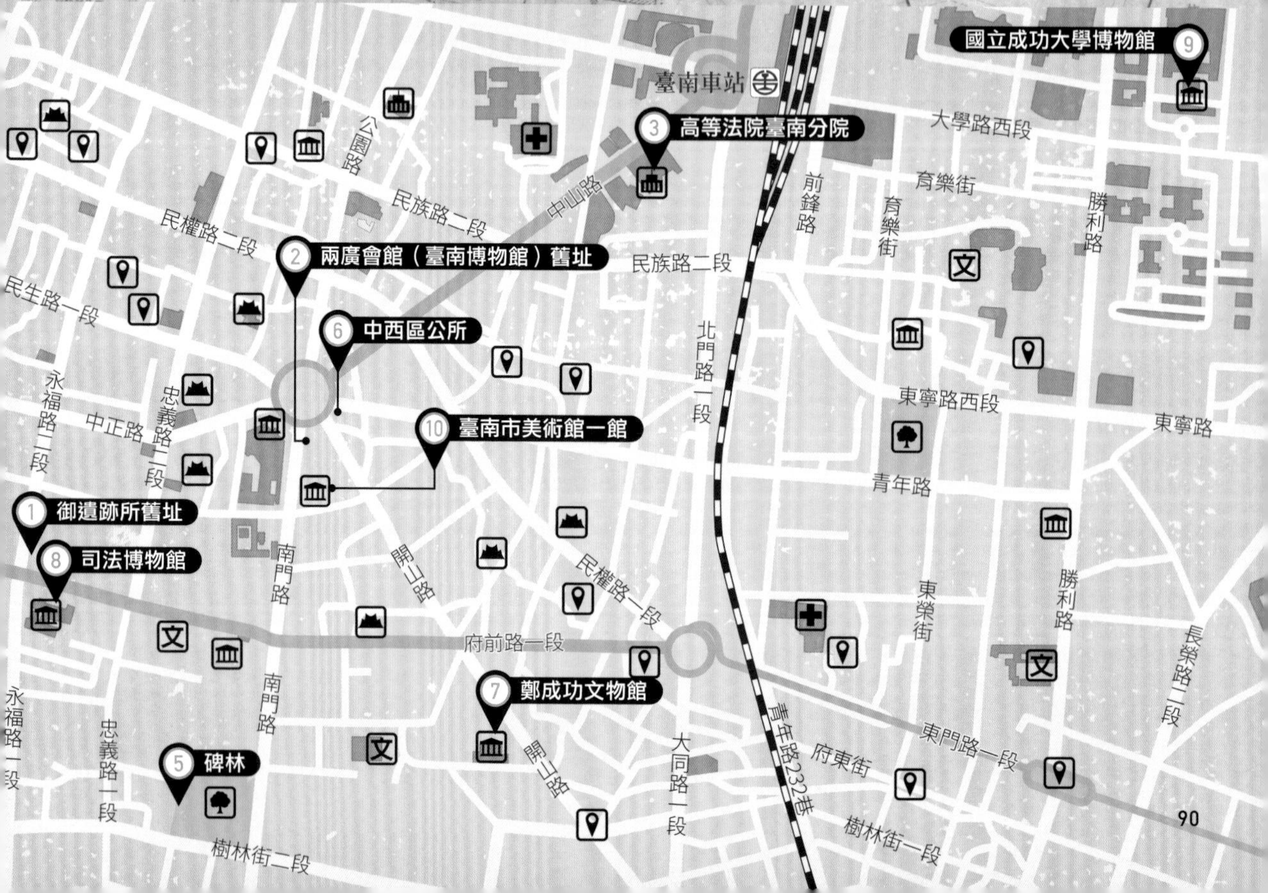
臺南車站
1 御遺跡所舊址
2 兩廣會館（臺南博物館）舊址
3 高等法院臺南分院
5 碑林
6 中西區公所
7 鄭成功文物館
8 司法博物館
9 國立成功大學博物館
10 臺南市美術館一館
公園路
民族路二段
民權路二段
民生路一段
中山路
永福路二段
忠義路二段
中正路
南門路
開山路
民權路一段
府前路一段
北門路一段
前鋒路
育樂街
大學路西段
勝利路
東寧路西段
東寧路
青年路
東榮街
長榮路二段
東門路一段
府東街
青年路232巷
大同路一段
樹林街一段
樹林街二段
永福路一段
忠義路一段

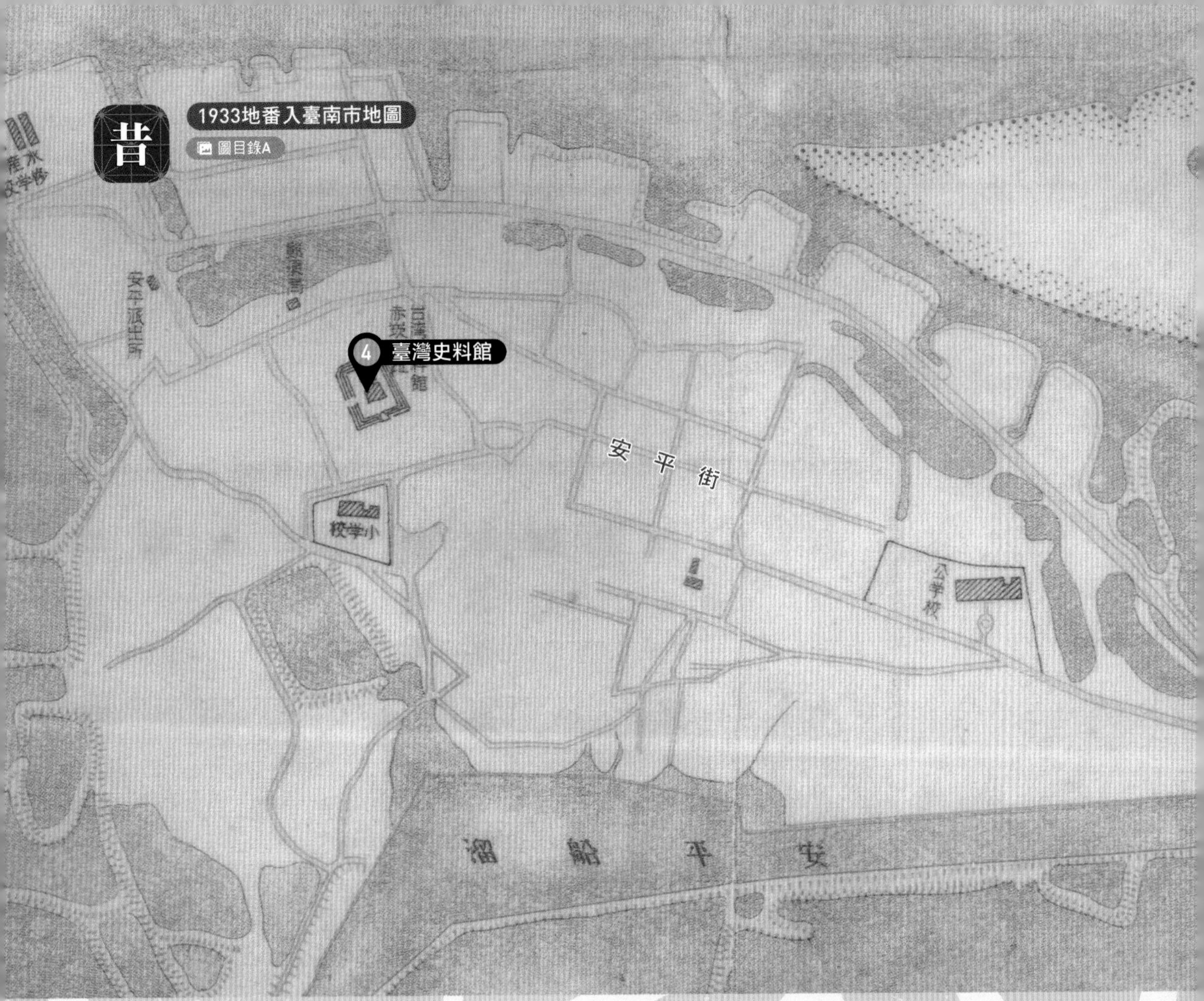
昔
1933地番入臺南市地圖
圖目錄A
4 臺灣史料館
安平街
小学校
公学校

安北路125巷
國勝路
國勝路35巷
古堡街
中興街
中興街
4 熱蘭遮城博物館
延平街104巷
國勝路31巷2弄
國勝路31巷2弄
古堡街
延平街
國勝路

迢迢上學路

臺南囝仔的求學之道

文／郭怡棻

蟬聲鳴噪，赤紅鳳凰花燃的六月天，披著一襲黑袍方帽的臺南大學畢業生，總會在師長的帶領下，從位於城南的校區步行到孔廟❶，依循古禮祭祀孔子，結束後才返校參加畢業典禮。這項全臺僅有的畢業祭孔儀式，已經傳承逾一甲子，當時南大是培養南臺灣初等教育師資的師範學校，畢業生在即將出校門執掌教鞭之際，行走到祖師爺處鞠躬稟告學成，宣示持續貫徹「學不厭、教不倦」精神，可以想像最初規劃者的用心良苦。

換個角度看，這條從臺南大學回溯全臺首學的祭孔與學習之道，卻是一條漫長悠遠的路途，從現代回望過去，從新式學校回推到傳統「左學右廟」，悠悠忽忽，四百多年迢遙時光轉瞬即過。一六六五年，鄭經掌政，採用陳永華建議，援引中國立廟興學啟迪民智的傳統，在承天府寧南坊建造祭孔子的文廟和經史講學之所的明倫堂，並舉行科舉拔擢人才。這是臺灣有孔廟之始，同步也開啟臺灣儒學教育先聲，故有「全臺首學」之稱譽。這塊「金字招牌」至今仍高懸在臺南孔廟入口。

臺灣興學始於臺南

鄭氏家族統治臺灣僅短短二十二年，施琅領著清軍攻臺之後，清廷將全臺行政區域劃為一府三縣（臺灣府及臺灣縣、鳳山縣、諸羅縣）。當時臺南是臺灣的行政中

今&昔

位置請對照p.100－101的地圖

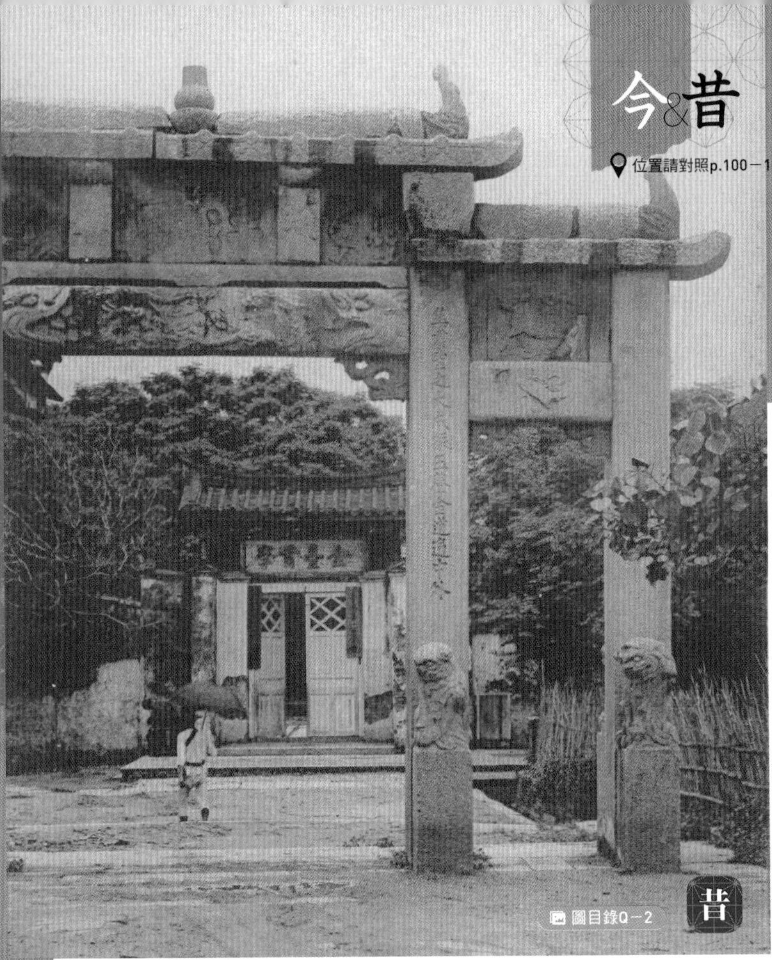

昔

圖目錄Q－2

1 孔廟

孔廟東側出口，原本是一座乾隆年間的石造牌坊——泮宮坊，日治時期為開闢道路（今南門路）而東移。目前主要出口是外側懸有「全臺首學」匾額的東大成坊。

圖目錄P－1

樞，也是全臺文教中心，官學或民學多從臺南開始再推行到各地。清代臺灣的教育機構主要有儒學、書院、社學、義學和書房。「儒學」是政府設立的地方學校，也是地方教育行政機關，旁側必定有文廟，讓學子能時常受到聖賢的薰陶而重道勵學。一六八四年首先在東安坊設置「臺灣縣儒學」，隔年於明鄭孔廟舊址擴建「臺灣府儒學」，都是培植本地科舉人才的搖籃。官府也在鄉村地區設置「社學」，提供民眾啟蒙教育；之後社學廢弛，由私人募集，免收學費的學校「義學」取而代之。臺灣民間則流行私人興辦的「書房」，亦稱「私塾」，來教授子弟讀書識字。「書房」由讀書人自己設帳授徒，或是鄰里集資共同聘請老師。

而介於官學與民學之間的「書院」，是由民間自辦或與地方政府合辦，課程除教授科舉應試之經史子集，更以廣泛藏書、德學兼具的主講者，引領學子探討學問、修養人格。施琅入臺時曾創建西定坊書院，這是全臺第一所以「書院」為名的教育機構，其性質比較接近施行基礎教育的義學。直到一七〇四年，首座規模完備的崇文書院，由臺灣府知府衛台揆改建臺灣府義學而成。而後海東書院也在孔廟西側建立，委請臺灣府儒學教授授課而有「全臺文教領袖」之稱。清領時期，不論是官民辦理的書院，或是官方設立的儒學、社學、義學，均起源於臺南，臺南囝仔的上學之路開始得比別人早，也造就臺南文風鼎盛、人文薈萃的城市底蘊。

全臺第一所中學在臺南

相較於深受儒家文化影響的中國傳統教育機構，在十八、十九世紀的歐洲，新成立的民族國家為培養具有近代知識與生產勞動力的「國民」，發展出透過教育灌輸人民國家認可的意識形態，並在固定的時間與場所裡，由老師採固定

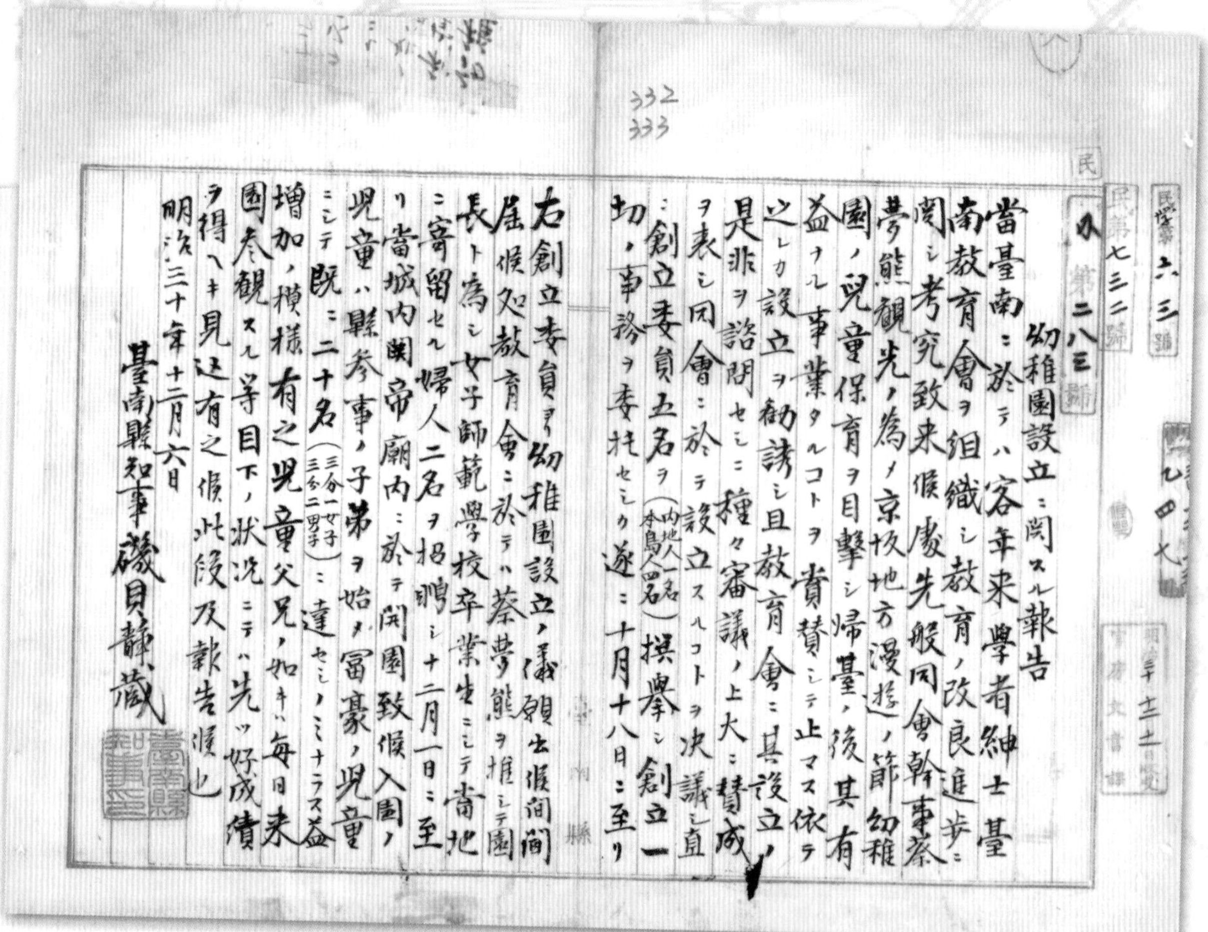

幼稚園設立ニ関スル報告
當臺南ニ於テハ客年来學者紳士臺南教育會ヲ組織シ教育ノ改良進歩ニ関シ考究致来候處先般同會幹事蔡夢熊觀光ノ為メ京阪地方漫遊ノ節幼稚園ノ兒童保育ヲ目撃シ帰臺ノ後其有益ナル事業タルコトヲ賞賛シテ止マス依テ之レカ設立ヲ勧誘シ且教育會ニ其設立ノ是非ヲ諮問セシニ種々審議ノ上大ニ賛成ヲ表シ同會ニ於テ設立スルコトヲ決議シ直ニ創立委員五名ヲ（内地人一名本島人四名）撰舉シ創立一切ノ事務ヲ委托セシカ遂ニ十月十八日ニ至リ右創立委員ヨリ幼稚園設立ノ儀願出候間屆候処教育會ニ於テハ蔡夢熊ヲ推シテ園長ト為シ女子師範學校卒業生ニシテ當地ニ寄留セル婦人二名ヲ招聘シ十二月一日ニ至リ當城内関帝廟内ニ於テ開園致候入園ノ兒童ハ縣參事ノ子弟ヲ始メ富豪ノ兒童ニシテ既ニ二十名（三分一女子 三分二男子）ニ達セシノミナラス益増加ノ模様有之兒童父兄ノ如キハ毎日来園参觀スル等目下ノ状況ニテハ先ツ好成績ヲ得ヘキ見込有之候此段及報告候也
明治三十年十二月六日
臺南縣知事磯貝静藏

祀典武廟裡祭祀火神的六和堂，曾設有全臺第一所幼稚園。1897年，臺南教育會幹事蔡夢熊訪日後，眼見當地設置的新式幼稚園對兒童保育頗有助益，號召眾人共同創辦。

圖目錄L－2

課表對學生集體授課的學校。這種近代新式學校在日治時期大舉引進臺灣。在此之前，英國長老教會於一八八五年創辦「長老教中學」，這是臺灣第一所中學校。兩年後，教會為了改善臺灣婦女社會地位低落的處境，在新樓（今臺南神學院慕林館址）創設「長老教女學校」。這兩所由教會開辦的西式學校，揭開新式教育在臺南發展的序幕。不過，由國家創立教育國民的近代學校，則在日本殖民臺灣之後才全面開展。

一八九六年，總督府在全臺各地設置國語傳習所，希望短期內訓練出一批會說日語的臺灣人來協助日人施政。當時，臺南國語傳習所就設在臺南府學的大成殿中。一八九八年「臺灣公學校令」發布，普設教授臺人子弟國語和國民道德的公學校。臺南國語傳習所改為臺南公學校，後更名為臺南第一公學校❷（今南大附小），並在今永樂市場附近設置第二公學校（今

今&昔

位置請對照p.100－101的地圖

昔　圖目錄D－23

② 臺南第一公學校

前身為臺南國語傳習所，1917年遷入樹林街現址。臺南師範學校成立後，成為南師學生實習的學校。

圖目錄P－1

圖目錄D－4　昔

③ 女子公學校

近代教育的特色之一，是女性也能和男性一樣到學校受教育。有「嘉義媽祖婆」之稱的前嘉義市長許世賢，即畢業自1912年創立的臺南女子公學校。該校在1928年改稱明治公學校。

立人國小）。隨著就學人數增加，又陸續設立第三、第四公學校（今進學國小、協進國小），及女子公學校③（今成功國小）等。

出身臺南學甲，戰後曾擔任臺北市長的吳三連說，他的父親因為公學校設有鞦韆等遊戲玩具而反對他上學，經好友勸說後，才在吳三連十三歲那年讓他入學。主要原因，還是認為讀書識字有益，「至少官文書下來，要曉得到底官府是要殺頭或要賞賜！」

日治初期，臺灣孩童仍同步接受新式教育與傳統漢文教育，家住孔廟附近的臺南名醫韓石泉，七歲就著拎著香燭、紅蛋到私塾拜師，卻因不習慣而中輟，八歲則進入第一公學校就讀。那時學校仍設在孔廟內，每天早上鐘聲響起，他才不疾不徐穿越家門走進孔廟上學。放學後，再到父親設在天壇的尚志齋書房記誦古文、習字作文與演練珠算寫信等。日後，書房隨著總督府的整頓而逐漸式微。

學校內的遊戲設施不但可訓練學童四肢靈活度，培養社交能力，但在家長眼中，卻會讓孩子沉迷其中，忘記讀書的玩具。 圖目錄D－25

> 在公學校裡可以盪鞦韆、唱兒歌、做體操，對臺灣人來說既陌生又新奇。

臺人日人一起上學去

為了提供在臺日人子弟教育，總督府另外設立小學校。日治時期在臺南共設有花園尋常高等小學校❹（今公園國小）、南門尋常高等小學校❺（今建興國中）、安平尋常小學校（今西門國小）。臺人與日人不僅讀不同學校，使用教材也不一樣，直到一九二〇年代，受到將內地法制延長到臺灣以同化臺人的風氣影響，一九二二年公布「新臺灣教育令」，標榜取消差別待遇和隔離政策，規定「常用國語者」讀小學校，「不常用國語者」讀公學校，才開闢了臺日共學之道。臺南出身的作家與實業家邱永漢，因為母親是日人而得以就讀南門小學校。儘管如此，初等教育的族群界線仍十分明顯，很少有臺灣孩童鑽過窄門進到小學校。

日治前期，殖民政府擔心提升臺人教育將有害統治，嚴格限制升學途徑，僅設置培養殖民地所需的教師與醫師的國語學校及醫學校。日人子弟則能就讀像臺南中學校❻（今臺南二中）、臺南高等女學校❼（今臺南女中），這般比照日本內地的中等教育設施，以便畢業後能回本土繼續升學。待「新臺灣教育令」開啟臺日共學，臺灣中等以上的學制幾乎與日本相同，因此各地紛紛增設中等教育機關，以臺人為主的臺南第二中學校❽（今臺南一中）、臺南第二高等女學校（戰後併入臺南女中）就此設立。此外，日人也在臺南設置師範學校❾

今&昔

位置請對照p.100－101的地圖

昔 圖目錄D－9

昔 圖目錄D－4

4 花園尋常高等小學校

戰後以培育少棒選手聞名的公園國小，前身是1898年創立的臺南小學校，歷經數次搬遷更名，1923年改稱花園尋常高等小學校。其紅磚折衷式樣的校舍「花園樓」為臺南市定歷史古蹟。

圖目錄P－9

5 南門尋常高等小學校

1915年創立的，最初名稱是臺南第二尋常高等小學校，僅招收日人子弟。戰後校舍曾挪作臺南市政府廳舍，直到1969年才移交建興國中使用。

圖目錄P－1

昔 圖目錄B－3

6 臺南中學校

圖目錄P－9

昔 圖目錄D－4

8 臺南第二中學校

臺南中學校創立於1914四年，設立之初只招收日人子弟，隨著政策開放，陸續有臺籍菁英入學。1922年配合臺南第二中學校成立，改名臺南第一中學校，戰後兩校校名互換。

位置請對照p.100－101的地圖

昔 圖目錄D－24

7 臺南高等女學校

為了提供日籍女童升學管道，1917年「臺灣總督府高等女學校分校」在臺南成立，起初借用兩廣會館授課，而後遷到現址並獨立為臺灣總督府臺南高等女學校。

圖目錄P－1

昔 圖目錄D－23

9 臺南師範學校

於1898年設立，歷經停辦與復校的波折，百年來始終是南臺灣初等師資的培育搖籃。圖為1923年，裕仁皇太子視察南師後，從紅樓步出的景象。

圖目錄P－1

昔 圖目錄O－6

10 臺南高等工業學校

為成功大學前身，最初是為了培育臺灣工業建設所需的高級技術人才而設置。

圖目錄O－6

臺南高等工業學校學生在校門口（今成大成功校區）除草，身後有臺南到處可見的鳳凰木。不論是戰前的高工或戰後的成大，校徽上都有鳳凰花；戰後返日的高工校友也籌組「鳳木會」聯絡情誼。 圖目錄0－6

為強化臺灣工業發展，1938年在臺南高等工業學校內設置臺南專修工業學校，培養電機、機械、木工、土木技術的基礎人才。現為成大附設高級工業職業進修學校，校址設於光復校區唯農大樓。 圖目錄0－6

（今臺南大學）培養小學教師，並創設職業學校如臺南農業學校（今南大附中）、臺南專修工業學校（今成大附工）及臺南高等工業學校⑩（今成功大學）等，也為特殊需求者成立臺南盲啞學校（今南大附屬啟聰學校）。

日治末期，公、小學校在一九四一年改稱國民學校，並於一九四三年全面實施義務教育，全臺學齡孩童就學率超過七成。只是在戰雲密布下，學校教學加進了神社參拜、歡送出征者、軍事教育等軍國主義色彩濃厚的活動，甚至為了躲避空襲而疏散到鄉間，譬如臺南師範學校師生就疏散到奮起湖，學習之途屢屢中斷。日本統治最後一年的三月，美軍強烈轟炸臺南，許多學校成為空襲目標，烈焰焚身後僅存斷垣殘瓦。戰後，各級學校就在原地重建或異地築起，迎接莘莘學子再次回到校園裡。

回望四百年多年來的上學路，各種形式的學校為臺南囝仔築起知識的基石、陶冶良好的品德，讓這群孩子能站得更高、看得更遠。特別在新式教育傳入後，新知識與新文明的魔法彷彿為臺南囝仔裝上一對翅膀，不僅在社會階層中流動，也能展翅飛向全世界，在未來的某一天，帶著嶄新視野和專業技能回到故鄉，或安身立命，或投身改革，繼續在這裡作夢、幹活、戀愛、結婚、悠然過活。◈

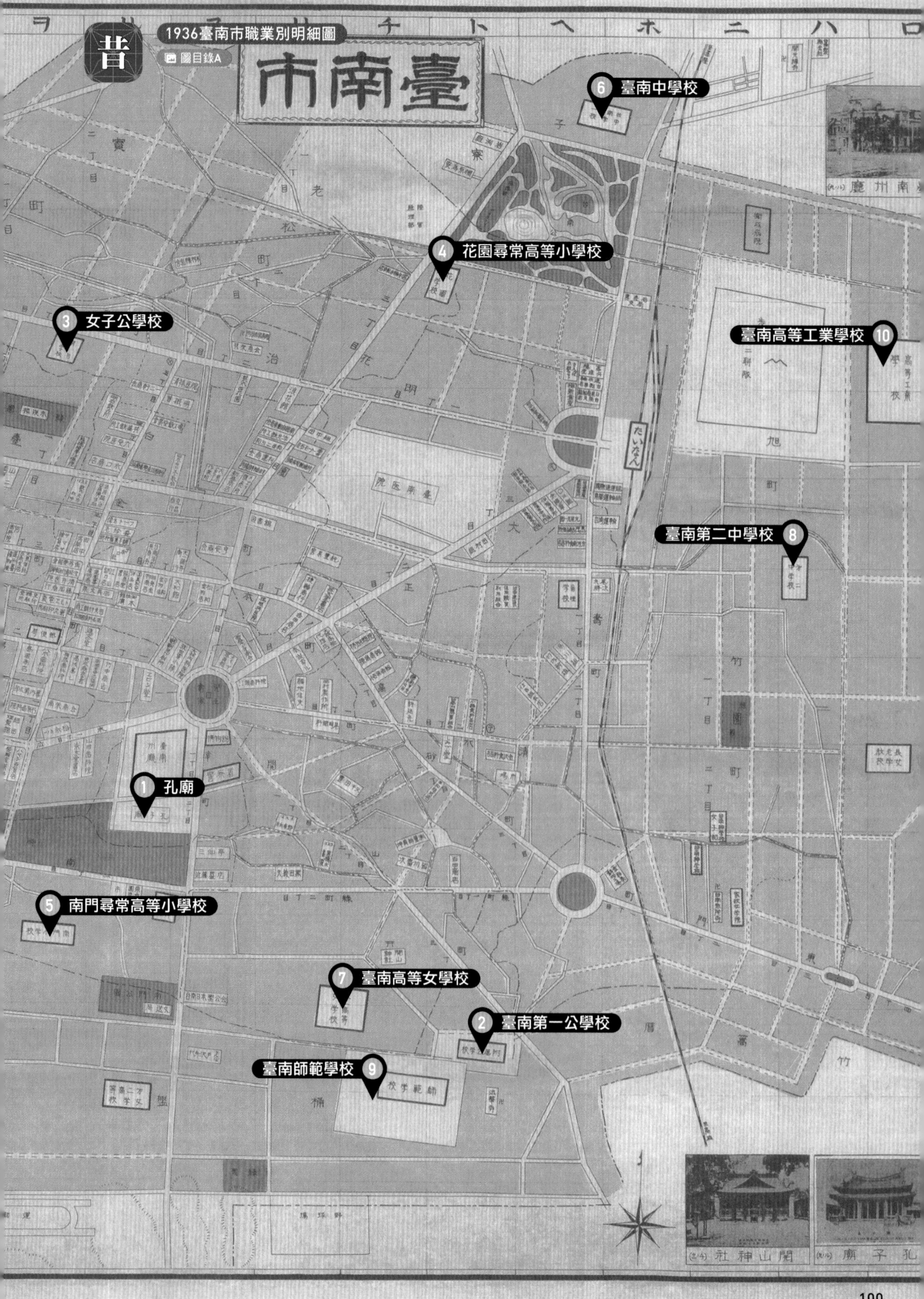
昔
1936臺南市職業別明細圖
圖目錄A
臺南市
1 孔廟
2 臺南第一公學校
3 女子公學校
4 花園尋常高等小學校
5 南門尋常高等小學校
6 臺南中學校
7 臺南高等女學校
8 臺南第二中學校
9 臺南師範學校
10 臺南高等工業學校
臺南醫院
臺南州廳
孔子廟
開山神社

國立臺南第二高級中學 6
公園小學 4
成功國小 3
國立成功大學 10
國立臺南第一高級中學 8
孔廟 1
建興國中 5
臺南女中 7
國立臺南大學附設實驗國民小學 2
國立臺南大學 9
臺南車站
小北路
育德路
民德路
西門路三段
長北街
長德街
公園北路
公園路
公園路295巷
北門路二段
前鋒路
勝利路
東豐路
小東路
公園南路
北華街
忠義路三段
裕民街
北忠街
西華街
成功路
赤崁東街
中成路
觀亭街
公園路
廣慈街
慈音街
大學路西段
大學路
育樂街
忠義路二段
民族路二段
中山路
民權路二段
民族路二段
四維地下道
民族路一段
民生路一段
北門路一段
衛民街
東寧路西段
東寧路
中正路
民權路一段
開山路
友愛東街
青年路
友愛街
前鋒路
青年路
育德路
南門路
青年路232巷
東門路一段
東榮街
慶東街
勝利路
懷恩街
府前路一段
長榮路二段
大同路一段
建業街
開山路
府東街
府東街
東門路一段
樹林街二段
慶東街
府連路
長榮路一段
府東街
府連路
南門路
府連路

府城文學行跡圖像

最好的城市導覽者

文／林佩蓉

楊逵本名楊貴，1906年生於新化，1985年逝世，在臺灣文學史上以普羅文學家而知名，也是以文學創作實踐社會運動理念的最佳典範，著有《送報伕》（日文原名〈新聞配達夫〉、《壓不扁的玫瑰花》（原名《春光關不住》）、《鵝媽媽出嫁》等小說。

圖目錄N－1

「從臺南向世界出發」，是第一座國家級文學博物館於二〇〇三年創館時的標語，其精神意涵來自於臺南作為臺灣歷史發展中第一大都市，所蘊孕的豐厚文學、知識分子的風骨學養。從十七世紀到二十一世紀，從府城內外到臺南縣市，乃至到當前的六都之一，這座城市一直擁有富饒的土壤，不斷滋養文學作品的產出，累積臺灣面向世界的能量。從外來者的懷鄉書寫，到在地者的本土描繪，作家以小說、詩歌等形式在地理圖層上標記了臺灣人民的印記。臺南是文學之都，從落地生根的故事開始。

落地生根，移動遷徙

在臺灣文學的發展史中，沈光文被譽為「海東初祖」，也是漂泊與定根的表徵。十七世紀中葉，沈光文拒絕滿清帝國的拉攏，在一路向南遷徙的過程中，遭遇颶風而來到臺灣，最後落腳臺南，後逢鄭成功禮遇，得以貢獻己力，又因不投繼任的鄭經所好，再度遷徙避難，從府城往南，靠山區移動，曾經到過高雄阿蓮區的超峰寺（前稱大崗山）、內門區（前稱羅漢門）等地，而後落腳臺南善化區（前稱目加溜灣社），興學行醫，幫助當地的平埔族與漢人教育甚多。從中國移居到臺灣的文人，少有如沈光文般落地而生，終老於臺南者。

因遷徙而創發的文學作品，多以地景、風土民情相關，出生於府城的許南英亦有這樣的作品，他的路線從臺灣到境外，包括中國、印尼等地，其詩作多有印證，如〈臺灣竹枝詞十首選四〉，從春季寫到冬季，在季節的轉化中呈現府城的風俗民情：大南門走到桂子山（今水交社附近），而後到鹿耳門港再轉入佛頭港等五條港區，而在一年終了，於神農街上的水仙宮有「避債戲」的演出，紀錄這樣的在地人情溫暖了欠債而無以為繼者的心房。

府城內外的文學運動

一九二〇年代前後，新文學運動勃發，這是臺灣知識分子對於當前殖民地困境的覺醒記號，一九二一年臺灣文化協會於臺北成立，隨即在臺南成立支部，讀報、白話字研究會、電影隊等活動多在臺南舉行，投注心力的知識分子，如蔡培火、韓石泉、王受祿、黃金火、高再得、林茂生、劉青雲等人，其為爭取「臺灣雖是帝國的臺灣，也是臺灣人的臺灣」之出路，撰寫醫學、宗教、科學等論述，作詞作曲演劇等文化活動，其中以推動羅馬字的蔡培火之行跡可為佳例。

出生於雲林北港的蔡培火因與臺南吳紅毛長女吳足締結連理，故移居至府城，活動範圍以太平境教會、臺南州廳、孔子廟、大天后宮、祀典武廟等府城中心為主，舉辦「白話字研究會」以及推動《臺灣新民報》成為日刊、電影隊、賑災音樂會等，這些文化活動皆需要申請，今臺灣文學館的臺南州廳就成為蔡培火時常叩門之處。宮古座、南座、公會堂、新松金樓等地，是文化活動的展演之地。這些打破社會階級的文化場域，企圖讓臺灣人民重視自身的文化，並能追求近代化的文明。一九二〇年代中末期後，臺灣新文學的成熟，文本創發與普羅大眾的生活相繫，成為臺灣特有的文學風格。臺南新化出生的楊逵即是其中的代表。

楊逵就讀臺南州立第二中學（今臺南一中）期間時常蹺課，在臺南市立臺南圖書館❶閱讀課外讀物，後休學前往日本就讀。一九二六年起開始積極參與農民運動，從臺南向南高雄、向北臺中發展，最後落腳於東海花園。

臺南是楊逵學問養成，知識體系與創作萌發之地，一九二七年自日本東京學成回臺，即投入農民運動、文化運動、文藝開發運動。在〈恨霸如仇的母親〉中提到：「有一次葉陶、侯春花、朱順安幾位小姐伴我到虎頭埤玩，順便在新化開

沈光文晚年定居於今臺南善化區，教學行醫，結社吟詠，從荒蕪草萊的鄉野，成為首善教化之地，故後人將此地取名為「善化」，也留下不少讚揚沈光文的紀念碑。

圖目錄P－4

許南英，進士出身，曾參與崇正社、浪吟詩社，與進士施士浩、汪春源、丘逢甲、陳望曾等人唱和往來，留下不少詩文，其子許地山將他的詩文集成出版，名為《窺園留草》。

圖目錄Q－6

4 新化街

新化在日治時期就是一個臺南山區入口的重要政經中心，因此興建了大批洋樓、街屋，形成繁榮的商店街，交易極為熱絡。

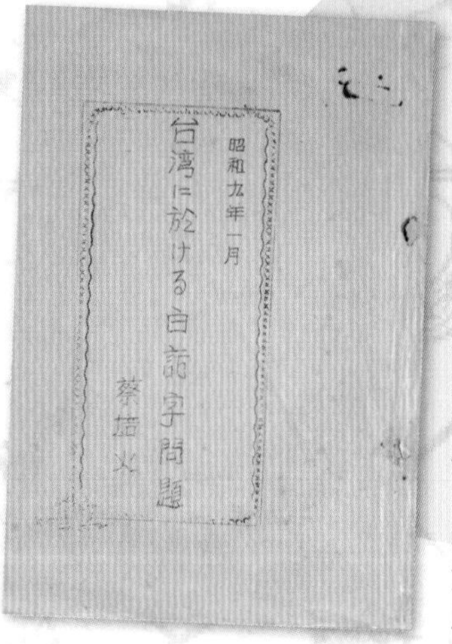

蔡培火積極推動白話字於臺灣，希望透過白話字將知識普及於一般民眾，但臺灣總督府以「恐有影響於日語的普及，有礙教育方針」為由加以禁止。 圖目錄B－4

了個演講會鼓吹民族自決而挨捕坐牢三天。」社會運動、創作、被捕坐牢，成為楊逵一生的寫照，也是臺灣作家重要的形像，彰顯了臺灣文學的精神與特色。因此作品出現了許多在地景點，如：〈水牛〉中的虎頭埤❷；〈騎馬戰〉的新化高中；〈日本殖民統治下的小孩〉中的新化媽祖宮❸（今新化朝天宮）；〈無醫村〉中的新化街❹（今新化中正路）等。二〇〇一年在新化地方文史工作者康文榮等人的努力下，與學界、政府共同促成了楊逵文學紀念館的成立，如今是新化地方文學重要的展演地點。與楊逵同受左翼思想啟蒙的臺南作家，還有行醫於佳里區的吳新榮醫師。

楊逵文學紀念館由新化區公所及地方文史工作者發起籌設，2005年11月27日正式落成。

吳新榮於一九三二年從日本東京醫學專門學校畢業後，接手經營叔父吳丙丁開設之「佳里醫院」。吳新榮除了醫病，也醉心文化工作，從《吳新榮日記》可知，他大量閱讀與構思文化活動、關心地方社會，因此成了鹽分地帶文學界的領袖。

一九三四年五月於臺中成立的「臺灣文藝聯盟」，隔年成立「佳里支部」，在佳里公會堂舉辦成立大會，集結了當時鹽分地帶的文人如徐清吉、郭水潭、莊培初、林芳年、王登山等人，形成重要的南部文學圈。二次戰後，積極投入政治活動，一九四七年二二八事件爆發，因出任「二二八事件處理委員會北門區支會」主席委員，一度被捕入獄百日。出獄後吳新榮再次點燃對民間文學與地方文史的熱情，積極從事地方文史的紀錄與撰寫工作。一九五二年十一月臺南縣文獻委員會成立，受聘為委員兼編纂組組長，一九五三年三月主編的《南瀛文獻》創刊，一九六〇年完成《臺南縣志稿》十卷，連同至一九六七年過世前編纂的《南瀛文獻》第十二卷合刊本，奠定了臺南文史豐厚的基礎。吳新榮以臺南佳里區為中心，向四周的鹽分地帶（學甲、七股、西港、將軍、北門區一帶土壤具有高度鹽分、靠近沿海之境）發散了文學的熱度。生於府城青年葉石濤，則以城內的放射街道為場景，創發了另一種臺南文學的風景。

文學，從腳下的土地出發

葉石濤在日治時期的作品受到西方唯美派作家的影響，充滿了浪漫的情感；戰後所發展的小說創作伸向現實敏感的寫實環境，展現了對土地、人民的關懷；一九八〇年代，葉石濤以回憶錄為出發的自傳

今&昔

位置請對照p.108－109的地圖

① 臺南市立臺南圖書館

1919年在於花園町二丁目三十番地設立財團法人臺南公館附屬圖書館，1923年辜顯榮捐款建造新館舍，隔年，臺南市役所納入管理，稱臺南圖書館。1975年遷至現址，舊址則改建成百貨公司。

② 虎頭埤

楊逵《水牛》小說，背景描寫新化街牛墟交易盛況，以及臺灣第一水庫——虎頭埤的山光水色。

③ 新化媽祖宮

主祀天上聖母，今稱朝天宮。在楊逵自述〈日本殖民統治下的孩子〉中提到小時候喜歡去媽祖宮聽老先生講古，認字後也愛看小說，因此種下了要作小說家的志願，以糾正歪曲的歷史。

葉石濤一生創作的小說幾乎都是圍繞著臺南所發生的故事，更致力於文學評論、文學史著述。

圖目錄N－2

圖目錄B－1

吳新榮從日本東京醫學專門學校畢業後，接手經營叔父吳丙丁開設之佳里醫院。

吳新榮為「鹽分地帶」文學集團代表人物之一，「北門七子」之一。

圖目錄B－1

式小說系列，如《臺灣男子簡阿淘》以及能夠展現臺灣多元族群特色的《西拉雅族的末裔》等，都為臺南文學增加多樣的風采。

隨著小說所出現的場景，以臺南州廳（今國立臺灣文學館）為中心，面向前方「圓環」，可遊府城重要街景一周。例如在《異族的婚禮》〈脫走兵〉中的臺南州廳；《臺灣男子簡阿淘》〈紅鞋子〉中的臺南警察署（後為臺南市警察局，現為臺南市美術館一館）；《西拉雅末裔潘銀花》〈西拉雅族的末裔〉中的范進士街⑤；《葫蘆巷春夢》中的葫蘆巷⑥、關帝廟⑦；《鸚鵡和豎琴》〈卡薩爾斯之琴〉中的打銀街⑧；〈異族的婚禮〉中的水仙宮等。葉石濤因受白色恐怖迫害之故，被迫不斷更換學校任教，於一九六〇年代移居高雄。他不斷創作以及撰寫評論，為臺灣文學奠定學科化的發展基礎，二〇一二年臺南市政府將原山林事務所更名為葉石濤文學紀念館⑨，展出其作品與相關文物。

日常・文學

從臺南、在臺南、更臺南，歷來騷人墨客、本土的文學志士所留下的文學作品藏身於赤崁樓、法華寺、石鼎美古宅、寶美樓、大天后宮等古蹟之後，文學作品成為地圖的參照資料，作者與讀者的距離拉近了，作品中虛構也好、實際的存在也好，當文本中的人事時地物伸手可即，生活便更貼近文學，或者文學就能真正走進生活中了。◈

今&昔

位置請對照p.108－109的地圖

5 范進士街

以當地有功名在身的士紳姓名作為命名，位在今民族路317巷至忠義路之間。〈西拉雅族的末裔〉：「牛車從種有綠草花卉的圓環，拐個彎，駛入另一條較寂靜的大道，這無疑的是龔家所在的「范進士街」了。」

6 葫蘆巷

今永福路二段277巷及舊抽籤巷一帶。《葫蘆巷春夢》：「那夜月光如水。我從塑膠工廠做完工回到葫蘆巷來。皎潔的月光正流瀉在關帝廟的琉璃青瓦上。」

7 關帝廟

今稱祀典武廟，奉祀關帝聖君。

昔 圖目錄B－5

圖目錄B－3 昔

8 打銀街

因匯集許多銀樓而命名，1919年町名改正時，改為白金町，今位於忠義路、民權路口至忠義路172巷口間的路段。

9 葉石濤文學紀念館

原為1925年山林事務所，戰後更名山林管理所，2002年指定為市定古蹟，2012年作為葉石濤文學紀念館，展出其生平、作品與相關文物。

楊逵文學運動地圖

昔
1933地番入臺南市地圖
圖目錄A
1 臺南市立臺南圖書館

公園路
民族路二段
廣慈街
1 大遠百公園店
公園路
民族路二段

3 新化媽祖宮
4 新化街
虎頭埤 2
昔
1924陸地測量部五萬分之一地形圖
圖目錄A

3 新化朝天宮
4 中正路
民生路
忠孝路
中山路
正新路
民治街
和平街
大同街
復興路
民生路
信義路
信義路111巷
信義路
新化外環道
光明路
正新南路
嘉南大圳南幹線
中興路
大目幹溪
冷水埤
鹽水大埤
中正路127巷
中正路
復興路
新化外環道
中興路
中興路
大目幹溪
虎頭埤 2

昔
1874臺灣府城街道全圖
圖目錄Q-5
6 葫蘆巷
7 關帝廟
5 范進士街
打銀街 8
6 葫蘆巷舊址
7 祀典武廟
范進士街舊址 5
打銀街舊址 8
民族路二段
永福路二段227巷
民族路二段317巷
忠義路二段
永福路二段
民權路二段
葉石濤
文學運動
地圖
昔
1974臺南市街圖
圖目錄A
9 山林管理所
民生路一段
中正路
中正路4巷
中正路5巷
中正路21巷
南門路
友愛街
9 葉石濤文學紀念館

宗教信仰
縈繞人心

圖目錄P－10

驅瘟除祟 代天巡狩

臺南地區王爺信仰

文／謝國興

媽祖與王爺大概是臺灣最廣為人知的民間信仰神明，媽祖是單一的女性神祇，每年農曆三月媽祖神誕前後有不少進香活動，十分熱鬧。王爺則人物、型態眾多，而且王爺廟可能數量最多，與王爺信仰有關的著名廟會活動，如王醮中的王船祭典，不限於王爺廟才舉辦，許多以媽祖、保生大帝、關公為主神的廟宇也辦理大型的迎王、送王、遶境、燒王船儀式，王船祭典遂成為王爺信仰的主要表徵。

臺南地區王爺信仰類型

王爺信仰源自古老的驅瘟逐疫風俗，因此主要的王爺神多數與瘟神信仰攸關，甚至於有些王爺神本身就是瘟神，同時具有行瘟、解瘟功能。臺灣西南沿海一帶是清代以來的主要農業開墾耕種地帶，在夏季暴雨時期河流經常氾濫成災，水患容易引發瘟疫，我們的祖先在三四百年前醫療衛生不發達的

圖目錄P－10

1 南鯤鯓代天府

建於明鄭時期，原位於南鯤鯓嶼，但因淹沒，而改建於現址，五府千歲進香期於2013年被登錄為重要民俗。

南鯤鯓代天府李、池、吳、朱、范府千歲（五府千歲）神尊。

時代，對水患與瘟疫基本上束手無策，嚴重時只能求助於神明信仰。迎王送瘟儀式在移民的原鄉漳州泉州原本盛行，到了臺灣因特殊的風土氣候因素，益形發達，代代相傳，成就了繁盛的王爺信仰。

臺南地區比較重要的的王爺信仰有幾個類型，第一種是主祀五府千歲，有大型廟會活動，但不舉行王船祭典，代表性的宮廟是南鯤鯓代天府與麻豆五王廟。

南鯤鯓代天府❶供奉李、池、

五府千歲聖誕祀日	
大王爺李府千歲	農曆四月二十六日
五王爺范府千歲	農曆四月二十七日
二王爺池府千歲	農曆六月十八日
四王爺朱府千歲	農曆八月十五日
三王爺吳府千歲	農曆九月十五日

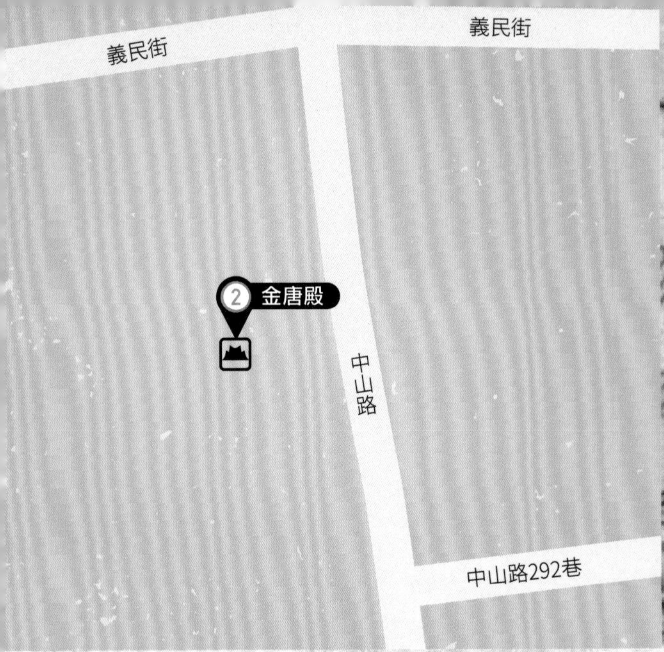

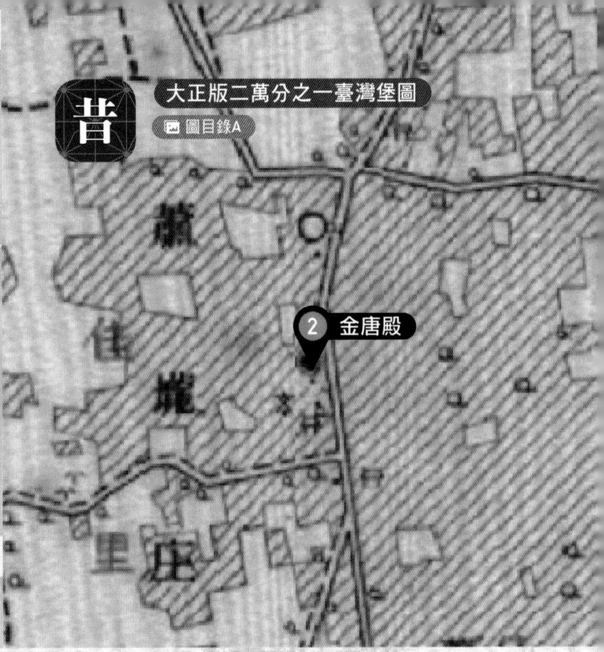

2 金唐殿

主祀玉敕代天巡狩朱府千歲、雷府千歲、殷府千歲，民間尊稱三老爺，三年一科蕭壠香為南瀛五大香之一。

圖目錄P－10

”南瀛五大香「西港香、蕭壠香、土城香、麻豆香、學甲香」，其中除學甲香之外，均與王爺信仰有關。“

吳、朱、范五姓王爺，稱為五府千歲，很少建醮，也不迎送王爺、燒王船，但南鯤鯓代天府是臺灣最大的王爺廟，分靈廟遍及海內外，因分靈廟與信徒眾多，地位崇高，號稱臺灣王爺總廟。

代天府建築群羅列，正殿與後殿為國定古蹟，石雕、剪黏優美典雅，而每年五王聖誕「王爺生」前半個月是進香高潮。

各地進香團一到南鯤鯓代天府，便進行一連串的進香儀式，從集結整隊、烏令掃路，到乩童操演五寶、陣頭表演，再到犁轎三進三退、神尊神器入廟等等，以及回駕前的點兵點將、交香佮爐、過爐出香等等，都還保留非常傳統的儀式，如果剛好碰上進香團多團同時抵達，瞬間便可看到多種文武陣頭分場地表演，有如陣頭大匯演，凡臺灣現有的陣頭，在南鯤鯓代天府寬廣的廟埕大都看得到。

麻豆代天府每三年（丑、辰、未、戌年）舉行一次五府千歲出巡

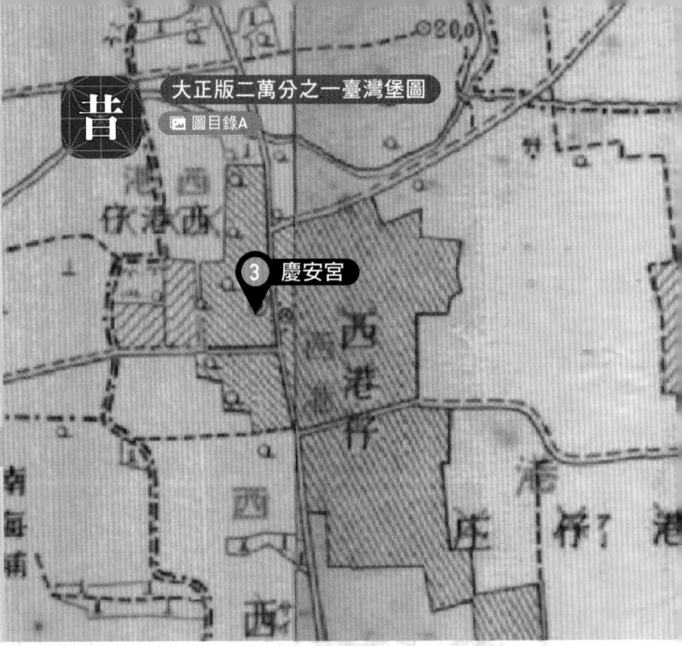

3 慶安宮

主祀天上聖母，民間尊稱西港媽，三年一科西港香號稱「臺灣第一大香」，2009年被文建會評定為國家級無形文化資產。

圖目錄P－6

遶境整個麻豆區的「麻豆香」，無建醮、王船祭典活動。

第二種類型是曾在傳統府城居重要地位的五福大帝（五瘟神）信仰系統，是清代來自福州的駐臺班兵傳入，代表性的廟宇是白龍庵與西來庵，在清代常舉行驅瘟送船儀式，不過日治初期因西來庵捲入余清芳抗日的噍吧哖事件，兩廟均遭拆除，西來庵後來雖然重建，但迎送王爺燒船驅瘟已幾十年未舉辦，只剩發源自白龍庵的八家將陣頭在臺灣各地傳衍不絕。

第三種類型是定期與不定期舉行的迎請代天巡狩千歲爺短暫駐蹕與王船祭典活動，比較重要的包括：

- 佳里金唐殿❷（清代已有蕭壠香，一八九五年後停辦王醮，一九八七年後恢復三年一科）。
- 安定蘇厝長興宮（瘟王祭，清初開始，可能是臺江內海地區最古老的王醮，日治及戰後初期曾中斷，一九七〇年起，恢復三年一

圖目錄P－10 蘇厝長興宮瘟王祭被公認為全臺保留最傳統的瘟王祭典。圖為送王儀式，化王船。

歸仁仁壽宮不定期建醮，於1909、1961、1977、1995、2015年舉辦五朝王醮。圖目錄P－10

圖目錄D－5 噍吧哖事件發生地西來庵。

科，一九八八年後，改為七朝王醮）。

●安定蘇厝真護宮（一九六七年開始，三年一科）。

●柳營代天院（一九七二年起，三年一科）。

●北門三寮灣東隆宮（一九四八年開始造王船奉祀，一九八〇年開始送王醮典，三年一科）。

●北門溪底寮東興宮（三年一科，糊紙王船）。

●西港慶安宮❸（一七八四年開辦迎王祭典，一八四七年開始燒王船，三年一科）。

●土城鹿耳門聖母廟（一九六一年開始三年一科建醮，祀王，廟中有一艘永祀王船，不燒王船）。

●灣裡萬年殿（原為三年一科，一九五四年起改為六年一科，一九八四年起改為十二年一科，每逢子年建醮，有兩艘永祀王船，不燒王船）。

●喜樹萬皇宮（一九五四年祈安清醮，一九六四年起每逢辰年舉行

2015年西港刈香

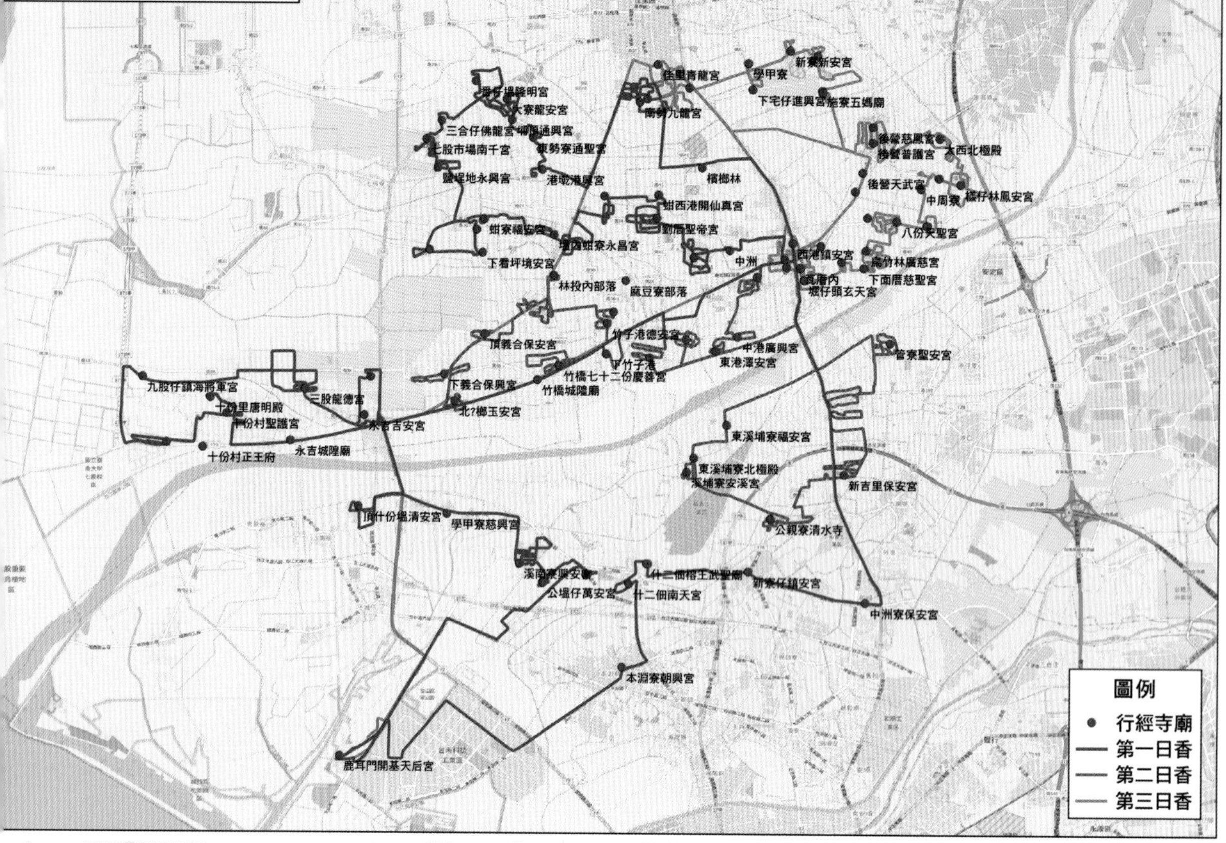

圖目錄0－16　2015年西港刈香遶境路線。

王醮，十二年一科）。

●關廟山西宮（一九五八年修繕完成，並舉行七朝王醮，嗣後即訂十二年建醮一次）。

不定期但經常性舉行送王的有歸仁保西代天府、歸仁仁壽宮。

臺南地區大型廟會以「南瀛五大香：西港香、蕭壠香、土城香、麻豆香、學甲香」最著名，其中除學甲香之外，均與王爺信仰有關。

臺灣第一香：西港仔刈香

目前文化部登錄的國家級無形文化資產中屬於王爺信仰性質只有三個：「西港刈香」、「東港迎王平安祭典」及「南鯤鯓代天府五府千歲進香期」，其中兩個在臺南。「西港刈香」是西港慶安宮每三年舉行一次的王醮與王船祭典之俗稱，也是目前臺灣各地王醮與王船祭典中歷史最久、延續性最強、遶境範圍最大、王府科儀最完整、庄頭陣數量可觀而且最具特色的一個，號稱「臺灣第一香」。

西港仔刈香並非始於慶安宮，姑媽宮庄居民因在曾文溪畔撿拾到一艘放流的王船，開始以庄內的姑媽宮為中心，聯合附近共十三個村庄從乾隆四十九年（一七八四）年開始，進行請神遶境的廟會活動。後來香境逐漸擴大，但姑媽宮庄因道光三年的大洪水而衰落，遂由慶安宮接辦。

道光二十七（一八四七）年，慶安宮開始建造王船，舉行王船祭典，三年一科（丑、辰、未、戌年），迄今未曾中斷，參加的村庄也由十三庄增加到九十六村鄉，遶境區域跨越西港、佳里、七股、安定、安南五區，造船、請王、醮壇科儀、王府行儀、出巡遶境、送王儀式謹嚴完整。

二〇一八年戊戌科西港刈香的陣頭總數共六十陣（文陣三十六，武陣十八，將爺團、鑼鼓陣六），比較重要的是其中表演性庄頭陣計三十三隊，包括宋江陣十隊（五虎

圖目錄B－20 蜈蚣陣為巨型藝閣，擁有獨特的遶境路線，通常由12歲以下孩童扮裝成神仙或歷史人物，坐在由人扛的竹架（上圖）或聯結式棚架動力車（下圖）上丟灑平安糖遶境。

圖目錄P－11

圖目錄P－11

劉厝紡車輪為藝陣之一，古早以人力肩扛出陣，後用牛車組閣，現在則以貨車承載，通常以西遊記為主題，由孩童裝扮成四位主角樣貌，坐在如摩天輪般的紡車輪上，一上一下快速轉動，充滿童趣而吸睛。

平西陣也計入），金獅陣七隊，白鶴陣一隊，牛犁歌兩陣，家將團兩陣，大鼓花兩陣，音樂戲曲性陣頭（太平歌）五陣，以及蜈蚣陣、八美圖、紡車輪、鬥牛陣等，都是傳承已久，不乏百年以上歷史，具有地方文化特色的村庄聚落居民自組陣頭，在工商發達社會實屬不易，也是西港刈香的珍貴文化資產。西港香的庄頭陣從立館組陣訓練到開館、出陣遶境展演、結束謝館，仍維持各項傳統儀式，請媽祖及三日遶境共四天，所有陣頭必須依序巡迴各宮廟進行技藝表演，這也是西港香最有看頭的地方。◈

看見身心靈的需要

長老教會在臺南的傳布與服務

文／盧啟明

臺南人文薈萃，史蹟豐富，很早就和西方宗教接觸。十九世紀末，長老教會來臺創辦醫院、學校，透過社會服務與民眾接觸，同時廣設教堂，直接宣講福音。無論如何，早期信徒最為人稱道的，就是樸實真切的生活，這些或許是最有力的見證吧！

醫人又醫心

一八六四年，英國長老教會宣教師馬雅各（James L. Maxwell）

圖目錄B－2　基督教社會運動家賀川豐彥夫婦來訪太平境馬雅各紀念教會。

登陸高雄。他探尋在臺傳教的發展性後，認為臺南人口多於高雄，傳教的機會較大，因此隔年（一八六五）五月進入府城，承租民房，以醫師身分創設看西街醫館兼佈道所，正式開始醫療傳道。這一天，就成為英國長老教會來臺設教之始。

然而，醫館僅開二十三天，就因居民的誤解與反彈而關閉，不得已回到高雄旗後的英國領事館轄區。一八六八年年底，馬雅各重返府城，隔年租賃二老口街許厝公館（今啟聰學校博愛堂附近）作為醫療宣教所，民間俗稱「舊樓」，並逐漸取得臺人信任。

一八九七年安彼得（Peter Anderson）醫師擔任院長時，眼見患者漸多，醫療設備不足，始規劃建立大型醫院，一九〇〇年落成，稱為新樓醫院❶，以區隔舊樓醫院。

新建的大樓內設有診療所、治療所、藥房及開刀房等。特別的是，

今&昔

位置請對照p.128－129的地圖

圖目錄D－14 昔

1 新樓醫院

1900年落成，而後因戰爭重創，直到1984年始重建新大樓。

昔 圖目錄C－1

2 太平境馬雅各紀念教會

為融入臺灣社會，教堂形式為紅磚木造，貼近一般民宅。

圖目錄P－1

圖目錄E－1 昔

3 看西街教會

未改建前為平房小屋，因信徒增多，現地重建。

巴克禮牧師在臺南興建學校，創立臺灣教會公報社，出版臺灣府城教會報，積極推動白話字教育，為臺灣貢獻一甲子。

圖目錄D－7

圖目錄D－14

1936年，新樓醫院設產婆講習所，培育女性醫療人員。

新樓醫院二樓開刀房設有臺灣第一個手拉式升降梯，方便運送病患。

圖目錄O－13

由於開刀房位於二樓，因此設有手拉式升降梯接送病患，是為臺灣第一架醫療用升降梯。

福音發源地，百年恩典路

來到民生綠園一帶，臺灣最早的教會就座落附近。一八六九年，馬雅各在二老口醫館附近的亭仔腳街租屋設點，成為設教之始。一八七八年，正式成立教會，一八九六年因都市計畫而拆遷，教會執事吳道源無私奉獻太平境的地興建教堂，一九〇二年竣工，英國長老教會贈碑取名為「Maxwell Memorial Church」，以銘記這段醫療宣教的歷史，所以現在的全名是「太平境馬雅各紀念教會」[2]。

一九五四年，教堂改建成現今的歐式建築，外觀以白色為主，樣式採用古羅馬巴西利卡（Basilica)式長方型設計，教堂內簡樸大方，窗櫺採五角尖拱造型，以十字架意象作為窗框主軸，向天際延伸，頗具美感，特別是高十八公尺的鐘塔，曾為五〇年代臺南中區地標。

看西街毗鄰臺江內海五條港，是中藥集散地，也是馬雅各醫療傳道的開始。為感念馬雅各，臺南信徒於一九一七年獲得太平境馬雅各紀念教會的支持，在醫療宣教發源地看西街設立說教所。一九五〇年教徒日益增多，空間老舊不敷使用，因此集資購地建新教堂，歷經一番曲折，終在一九五五年落成，教堂外觀仿照倫敦聖保羅大教堂，宏偉醒目，命名為「看西街教會」[3]，以紀念這段傳教開拓史。

深耕臺灣，培育傳教人才

一八七六年，臺灣第一所大學「臺南大學」（Tainan College）成立，雖正好與現在的「國立臺南大學」同名，但性質完全不同。

這所學校旨在培養神職人員，是由英國宣教師巴克禮（Thomas Barclay）將高雄和臺南的「傳

今&昔

位置請對照p.128－129的地圖

4 臺南神學校

學校正門，百年建築見證悠悠歲月。

5 長老教中學

長榮中學改建時，特配合日治時期存留下的建物，將正門及行政大樓設計為西式建築。

6 臺南長老教女學校

1923年新建本館暨講堂（又稱紅樓），為臺灣少見的西洋折衷式樣及亞熱帶紅磚拱圈之混合體，現為臺南市市定古蹟。

圖目錄P－10

1910年長老教女學校校址仍在新樓旁之時，女學生們戴著帽子，身穿長裙在空地上體育課。

圖目錄D－11

圖目錄D－15

進入戰爭時期，長榮中學校學生免不了也要放下聖經，拿起鋤頭，為國服務。

道養成班」合併而成。然而在一八八四年因清法戰爭停辦一年，一八九五年又因甲午戰爭停辦，而後臺灣割讓給日本，社會百廢待舉，人心惶惶，長老教會更是認為傳教事業不能停，毅然復校，一九一三年改名為臺南神學校❹，一九四〇年因二次大戰再度廢校，直到一九四八年復校，並改稱「臺南神學院」。雖然學校歷經戰爭屢次停辦，但長老教會沒有放棄神學教育的精神，使之屹立至今。

現在，臺南神學院拜戲劇「一把青」之賜，重現消失在校園中庭內十多年的水池，再加上一九〇三年所建的校舍本館和一九五二年建的巴西利卡式禮拜堂，襯托出校園古樸之景，吸引許多民眾慕名前來，體會長老教會「焚而不燬」的教義，緬懷無私奉獻的精神。

大學（神學校）創立後，教會為提昇學生的素質，委託教育家余饒理（George Ede）宣教師夫婦規畫神學教育的預備訓練。一八八五年，在臺南二老口街（現衛民街萬鍾社區附近），設立臺灣第一所中等學校「長老教中學」❺，在一九〇六年至一九〇八年，因學事規定更易之故，前後更名為「私立臺南長老教會高等學校」及「基督教萃英中學」，一九一二年又改稱為「長老教中學校」，並在大東門城外建設新校舍，設有小禮拜堂、教室與東、西兩棟學舍，一九一六年遷入現地。

一九二二年總督府實施〈私立學校規則〉，長老教中學被歸為「非正規學制」學校，更名為「私立臺南長老教中學」，一九三九年又更名為「私立長榮中學校」，進入戰爭時期，有基督教背景的長榮中學校也無法避免執政者一連串的控制，如強制參拜神社，課程日語化，校長也由日本人擔任，然宣教師秉持基督的博愛與服務精神，度過這段困難時期。

長榮中學歷史悠久，培育出許多優秀傑出的校友，如臺灣第一位哲學博士林茂生、烏腳病之父王金河醫師及長老教會高俊明牧師等人物。此外，學校為記錄一路走來的歷史，設置校史館暨教會史料館，承載了深厚的歷史記憶。

開明女性智識

宣教師來臺灣時，深感本地女子地位卑微，飽受纏足之苦，甚至被視為家庭的物品，因此認為首要需提升女子地位，其中李庥（Hugh Ritchie）更是起而行，在新樓旁一塊空地欲設「女學」，藉由教育提升女性地位，並向女性進行宣教事業，雖然他英年早逝，但妻子伊萊莎（Eliza. C. Cook）繼其志，被派任為臺灣首位女宣教師，繼續籌備女子學校。

伊萊莎因病返國後，由朱約安（Joan Stuart）與文安（Annie E. Butler）二位宣教師來臺接續女學校開設工作，在新樓旁興建女學舍（今臺南神學院慕林館址），及姑

位置請對照p.128－129的地圖

7 訓瞽堂

甘為霖牧師與盲生在「洪公祠」（訓瞽堂）前留影。

8 臺南盲啞學校

歷經多次改制，現為國立臺南大學附屬啟聰學校。

娘樓（教師宿舍），一八八七年舉辦開學典禮，命為「臺南新樓女學校」，成為南部第一所西式女子學校，在入學規定中，特別明寫入學女子不得纏足的條件，在守舊風氣興盛的當時，是為一大突破。

由於教育水準日漸提升，英國長老教會認為需要專業人士管理，因此派遣教育本科出身的盧仁愛（Jeanie A. Lloyd），於一九〇三年正式成為首任女學校長。

一九一六年女學校接收長老教中學校舊校舍，然隨著入學人數眾多，且計畫升格為中等學校，因此在長榮女中現址興建校舍，一九二三年新校舍落成（今長榮大樓，俗稱紅樓），並在一九二七年改制為中等學校，正式改名為「臺南長老教女學校」❻。

女學校長多由英國女宣教師擔任，但進入皇民化運動時期，校長職位被迫改由日人擔任，開始以日語為教學主要語言，幸好日籍校長番匠鐵雄仍保持開明風氣，一九三九年校名更改為「長榮高等女學校」。戰後，更名為「臺南市私立長榮女子中學」，這一路的發展，無不象徵著女性地位的提昇和現代觀念的啟蒙。

展開特殊教育 落實全人關懷

當正規的教育導入軌道後，特殊教育的領域才漸漸萌芽於人們的觀念之中。宣教師甘為霖（William Campbell）有感盲人生活之艱辛，決定助其謀生和識字，一八九一年租用洪公祠成立「訓瞽堂」❼，為臺灣第一所盲人點字教育機構。一八九六年，甘為霖帶著凸版羅馬拼音的《馬太福音》和佈道小冊赴日，訪問前臺灣總督樺山資紀，請其協助盲人教育，隔年，訓瞽堂因租約到期而停辦，甘為霖仍鍥而不捨，致書給學務部長伊澤修二，同時也資助陳春、蔡溪、郭主恩三位盲生赴日進修，開啟臺灣

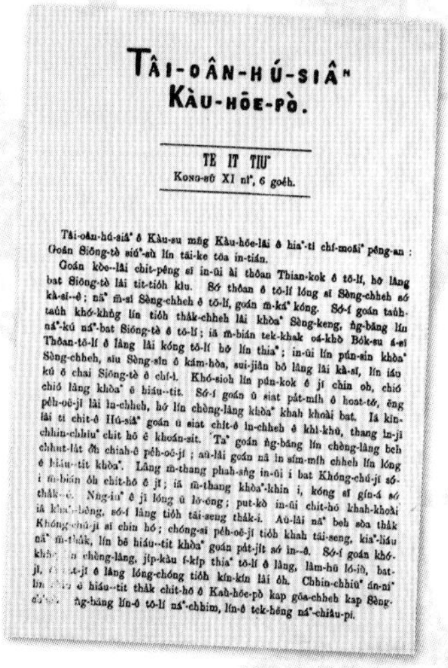

臺灣府城教會報創刊號。

圖目錄0－15

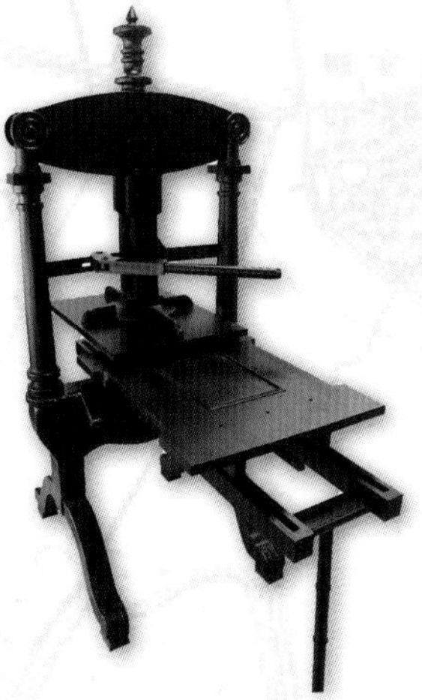

圖目錄0－14

臺灣第一臺活版印刷機，使得書籍能快速印製，增加知識普及率。

盲生留學之路。

一九〇〇年，臺灣總督兒玉源太郎接納甘為霖建議，成立「臺南慈惠院盲人教育部」，一九一五年在臺南壽町興建校舍，並增設啞生部普通科，因此校名改稱「臺南盲啞學校」⑧，一九六八年實施聾啞分校，該校改為「臺灣省立臺南啟聰學校」，現隸於國立臺南大學，更名為「國立臺南大學附屬啟聰學校」，特殊教育的展開，讓許多聽障生擁有自立更生能力，改變自己的命運。

印刷機、臺語羅馬字，點亮臺灣識字之光

早期，教育水準不高，書籍普及率偏低，信徒難以閱讀聖經等教會書刊。後來，馬雅各醫師捐贈印刷機，並由巴克禮牧師開始以羅馬字母拼寫臺灣話（又稱白話字）出版報刊，讓信徒都能看得懂，漸漸地也傳達更多智識給大眾。

巴克禮牧師成立了「聚珍堂」，刊印《臺灣府城教會報》，他在創刊詞中更是透露出對該報的期望，冀望「白話字」能廣泛使用，眾人都可透過閱讀，吸收更多新知。此報而後經多次更名，今以《臺灣教會公報》繼續發行。

一臺小型活版印刷機看似不起眼，卻大大啟蒙臺灣民智，至今這臺機器仍展示於長榮中學的臺灣教會歷史資料館內。

《臺灣教會公報》歷經百餘年，不但是臺灣第一份報紙，也是發行最長的刊物，在悠悠歲月中，見證基督教在臺傳布的沿革，以及教會在政權更迭的因應調適。再者，該報完整保存清季以降廈門音閩南語之原貌，成為研究語言文化的珍貴素材，若稱該報為「開啟心眼」的一扇明窗，並不為過。

透過歷史和影像的記錄，上述這些開創性的事務，其實是許多人跨出舒適的環境，樂意屈膝服務他人的典範，其回應基督之愛的方式就是親自實踐。當我們徜徉於府城閑靜的步調，不妨跟著前人的足跡，回顧一趟生命的美好腳蹤吧！

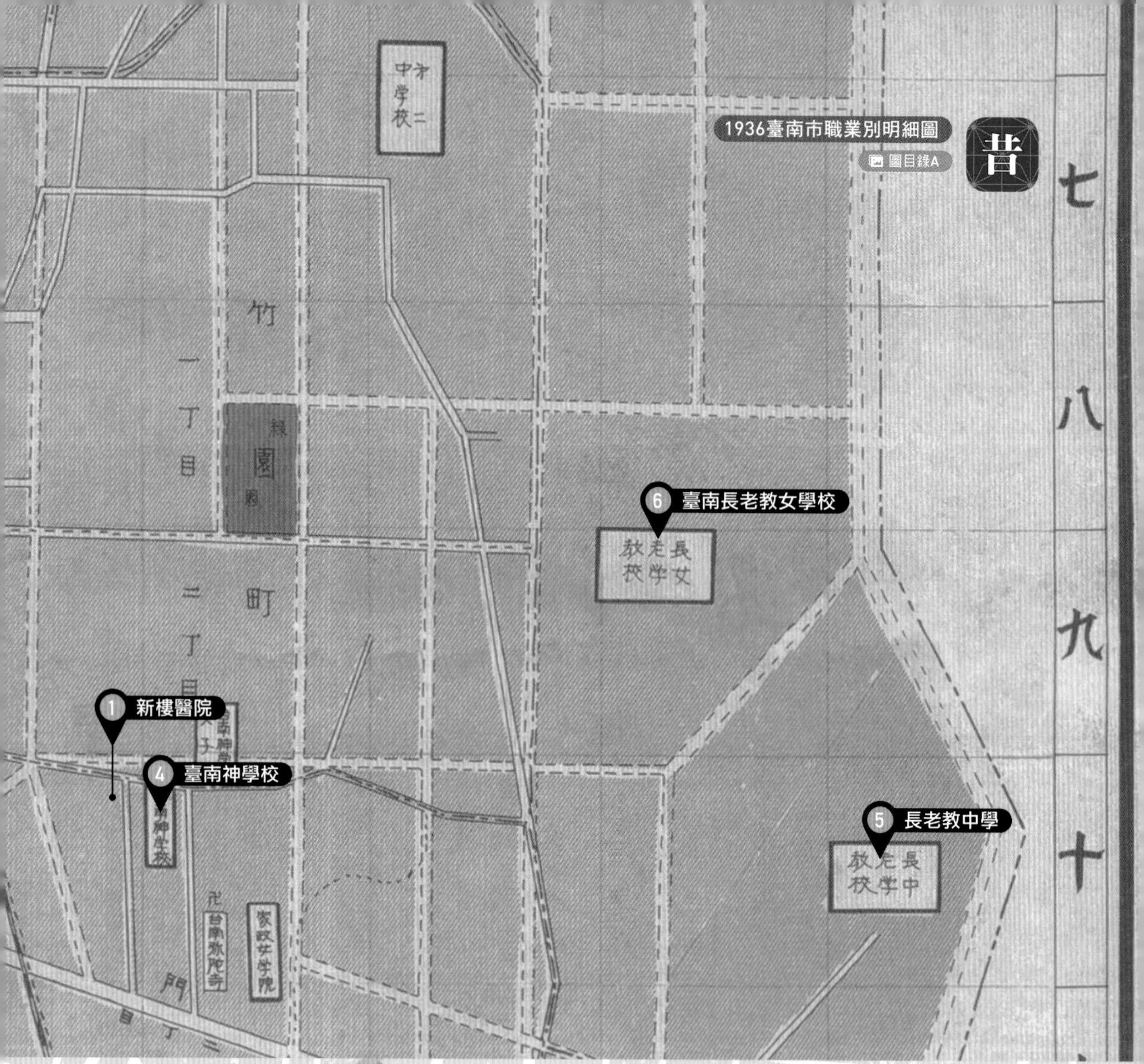
1936臺南市職業別明細圖
圖目錄A
昔
七
八
九
十
竹
町
綠園
6 臺南長老教女學校
長老教女學校
1 新樓醫院
4 臺南神學校
臺南神學校
家政女學院
5 長老教中學
長老教中學

公園路
民族路二段
中山路
前鋒路
育樂街
2 太平境馬雅各紀念教會
民族路二段
8 國立臺南大學附屬啟聰學校
勝利路
長榮路三段
7 合作金庫銀行成功分行
東寧路西段
民權路一段
青年路
北門路一段
青年路
私立長榮女子高級中學 6
東寧路
開山路
1 新樓醫院
新樓街
4 臺南神學院
勝利路
懷恩街
私立長榮高級中學 5
府前路一段
東門路一段
長榮路二段
建業街
府東街
府東街
大埔街
開山路
大同路一段
樹林街一段
府連路
府東街
東門路一段
林森路一段

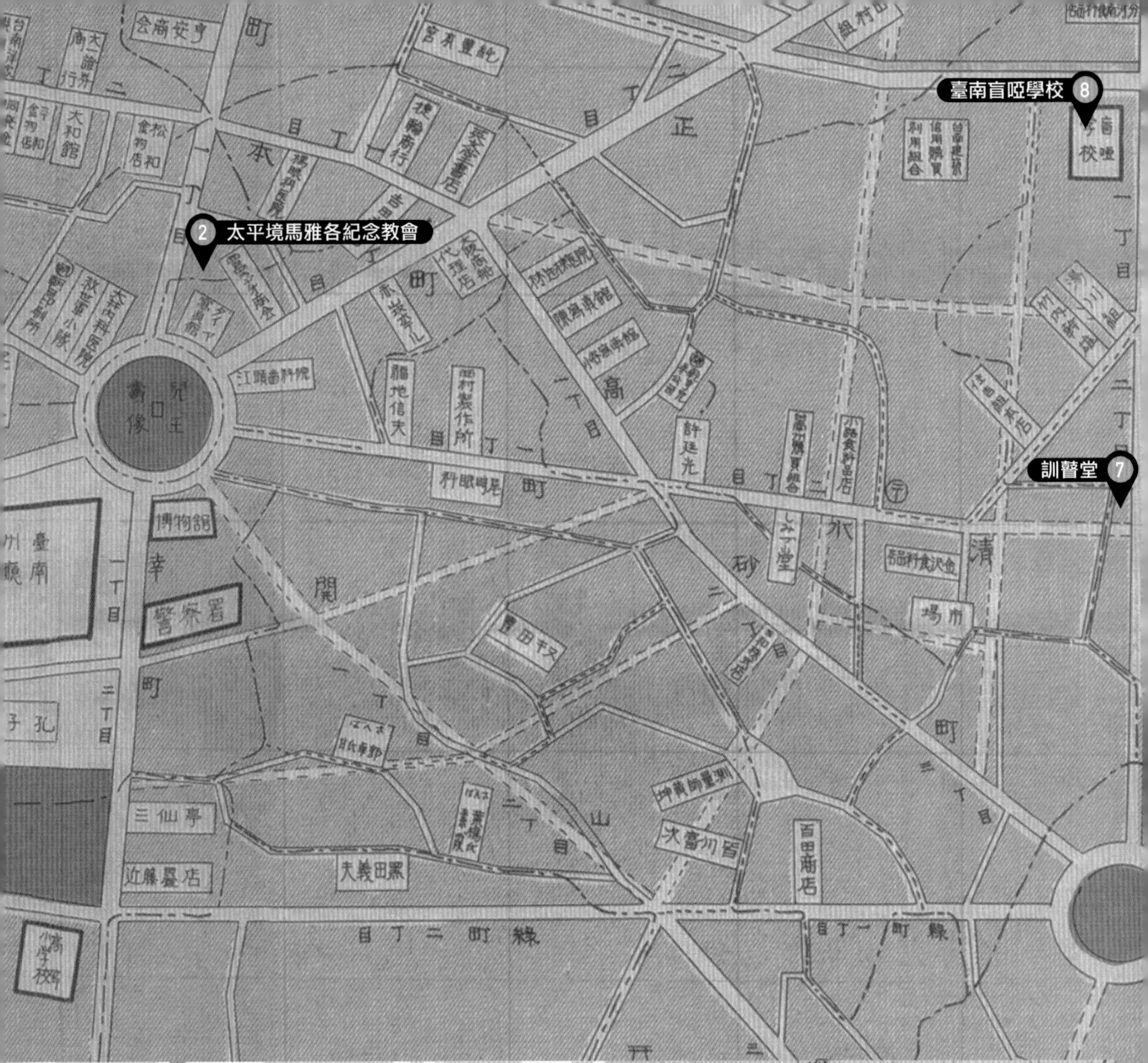
2 太平境馬雅各紀念教會
臺南盲啞學校 8
訓瞽堂 7

西門圓環
西門路二段307巷
仁愛街
國華街三段
西門路二段
宮後街
3 看西街教會
和平街
國華街三段
西門路二段

1976臺南市街圖
圖目錄A
昔
3 看西街教會

患難與共好交情

文／謝奇峰

康熙59（1720）年臺灣縣志輿圖中，可見以十字街為中心，劃分為四區的街坊型態。

圖目錄M－1

圖目錄P－14　四安境聯誼會聖旗。

境，是一個核心的理念，加入不同的複合式詞彙，可產生出多元的代表意義。境可代表疆界、領地、地方、區域、場所等，是一個範圍的概念，如用在臺灣清代府城的街坊聚落則有街境、合境；用於保甲制度裡則有聯境的名詞出現。廟有其管轄的區域稱轄境、廟境；在宗教祭祀範圍就有內境、外境之別；當用在神明出巡就有巡境、遶境、合境、香境等詞；用在區別輩份主從關係則有境主廟與角頭廟。在不同的時代、不同的地域空間、不同的背景中，「境」表現出不一樣的認知與感受。

繁華府城，街境誕生

永曆十五（一六六一）年四月，鄭成功將荷蘭人驅趕離臺，將赤崁地方改為東都，設承天府。永曆十六（一六六二）年五月八日鄭成功病逝安平，長子鄭經嗣位，永曆十八（一六六四）年改東都為東

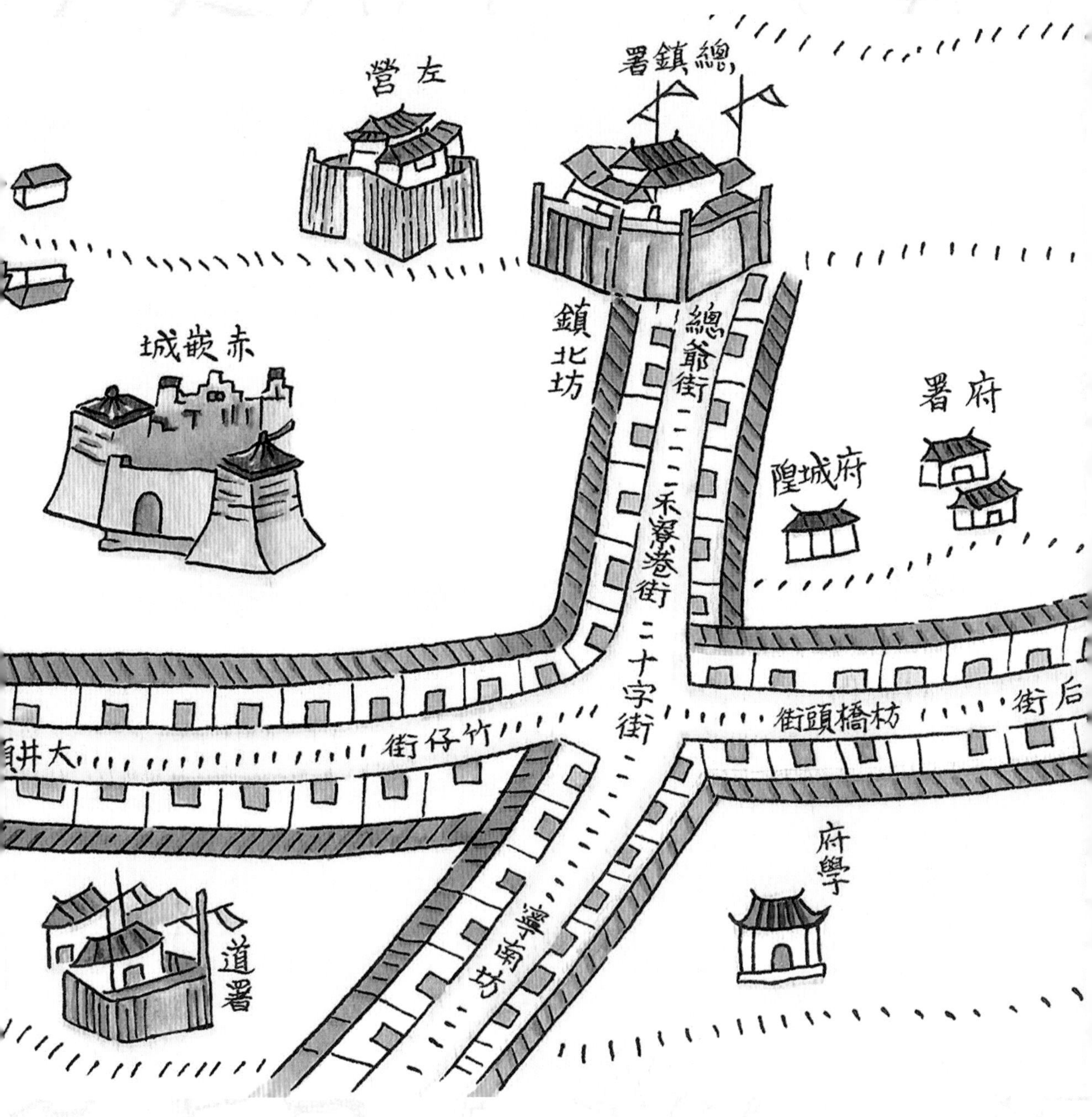

寧，以十字街為中心，逐漸往東西南北擴張，分東安坊、西定坊、寧南坊、鎮北坊四坊，街坊形態於是形成。

到了清領時期，原有的九條街隨著街市發展，及海岸線一直向西淤積陸埔化，街區的發展從大井頭街逐漸往西一直延伸，由於快速發展，商賈日盛，到了康熙五十九（一七二〇）年已累積到二十三條街，成為府城的一部分。五條港在大西門城內，延伸至渡船頭於城外，是當時臺灣最熱鬧的商港，南北貨集散於此。

乾隆五十一（一七八六）年，經歷了林爽文事件後，臺灣府城改建為土城，並將大西門往內移動約一五〇餘丈（約四五〇公尺），也使五條港區變成為城外，街名也因建城的關係便開始有冠上內、外之分，如內新街、外新街，內關帝港街、外關帝港街……等。到了光緒元（一八七四）年由福州船政學堂學生所測繪的臺灣府城街道圖，

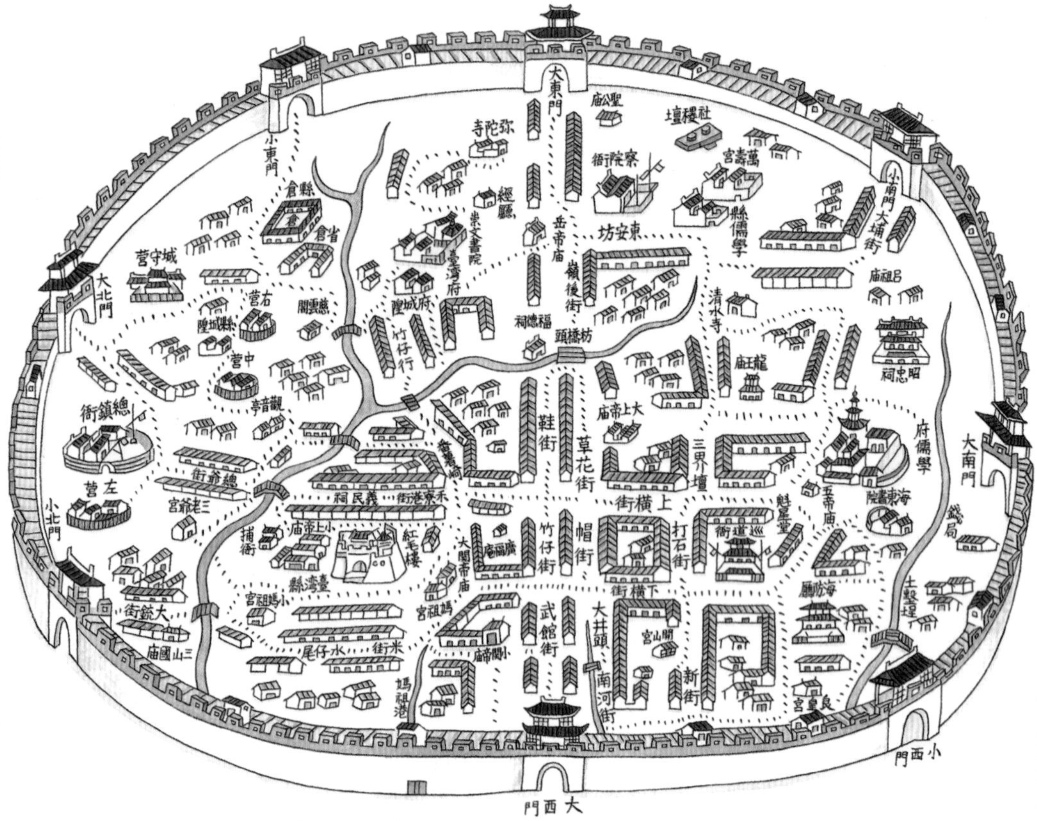

圖目錄M－1　嘉慶12（1807）年臺灣縣志上的城池圖，可見城牆與街道的範圍。

所記載的臺南街名計有一四五條之多，可見臺南正快速發展中。

日治時期仍沿襲清領保甲之法，以十戶為一甲，以十甲為一保，臺南市劃分為三十五保，計有一六九條街。民國四十年，石陽睢發表〈臺南市街小志〉中的臺南新舊街路街道名共有二四五條之多，為戰後初期府城最完整的街道記錄。

從府城市街的變化可讓我們了解地理環境空間的變遷，知道每一時期街境發展的脈絡。

地方鄉勇，自立自強

清領時期，臺灣社會治安不佳，官府吏治腐敗、在臺戍兵綠營軍紀不振與兵力不足的問題嚴重，又遇民亂不斷，用來維持地方治安的保甲制度，也僅是有名無實的具文，地方官員常虛應了事，讓為官者也相當無奈。

清雍正年間，藍鼎元提出「各縣各鄉，簽舉一幹練勤謹、有身家、顧惜廉恥之人，來當鄉長之論。負責稽查監督，並訓練鄉壯，聯絡村社，以補兵防之所不周。家家戶戶，無事皆農，有事皆兵，使盜賊無容身之。」此鄉長一職往後在城市被稱為總簽首。

乾隆五十一（一七八六）年林爽文事件中，臺灣同知楊廷理在「各衢巷居民每數十家添置木柵」，圍塑數塊防禦區域，正是境的雛形。

嘉慶九（一八〇四）年臺灣縣學教諭鄭兼才在《愈瘖集（卷一）》〈巡城記事〉中敘述蔡牽來犯時，府縣官員需分率鄉勇，按段巡城勤於巡邏，由此可知城防主力已由鄉勇取代了綠營班兵，且府城內已有分段的機制。

道光廿（一八四〇）年中英鴉片戰爭爆發，從臺灣道姚瑩《治臺必告錄（卷三）》〈防夷奏疏〉記載「城內八坊八十二境，諭令紳士商民，每段樹柵，自選壯丁稽查嚴守；現在送冊亦五千餘人。」可知府城內有八十二個街境，自選壯丁稽查嚴守；已有五千餘人列冊，參加防衛府城的重任。

鴉片戰爭過後，三郊政經力量減弱，也無力主導防務重責，因此城內仕紳常聯合數境訂定章程，維護城內治安，從咸豐五（一八五五）年〈八吉境聯約規條〉中了解，聯境組織是由郡城內住戶基於自我防衛而成立的守望相助之地方防衛組織，由城內各段的各街境住戶所遴選出來的簽首所共同簽署的聯境條約，為府城獨有的民間聯防制度，是由戶而街而境，再由境結合成聯境，屬於城市裡的自衛警察。

明治三十一（一八九八）年《臺灣省臺南縣誌》內載臺南城市的組織及分管中提到：

「城市的區劃分為段、合境、境、街四種。段包括合境、境、街三種的區劃名稱，合境包括了數境、數街二種的區劃名稱。境，指居家散布，並不連接商店的場所，其中內部包括了街道。但並非全是如此，據說境內有些街道還是與商家相連接。臺南城市被劃分為七段、一合境來進行管轄。每段每合境都設置有二名或一名總簽首，或一名總簽首、一名副總簽首。每境每一條街也都設置有一名或二名簽首，另外還設有一名爐主。」

東段是指從小南門經大東門到小東門一帶；西段是指從大西門到小西門一帶；北段是指從大北門到小北門一帶；南段是指從大南門到小南門一帶；其中門為中段。大西門外的北段是指水仙宮以北一帶；大西門外的南段是指水仙宮以南一帶。小西門內外地區則只管轄城內的良皇宮、草仔寮兩境。

防守區域在府城內分為五段，東段保甲局在大人廟內、西段保甲局在開山宮內、南段保甲局在馬兵營、北段保甲局在縣城隍、中段保甲局在天公壇內、城外保甲局在看西街。

昔 日治臺南縣誌之城市分段境名簽首表

區域	段	境名	總簽首	簽首數
城內	東段	六合境	總簽首1人	簽首17人
		八協境	總簽首1人	
	西段	六興境	總簽首1人	簽首19人
		六和境		
	中段	二十一境	總簽首1人	簽首38人
	南段	八吉境	總簽首1人	簽首16人
	北段	十八境	總簽首1人 副總簽首1人	簽首28人
大西門外	南段	無	總簽首1人	簽首20人
	北段	無	總簽首1人	簽首31人
小西門內外		四安境	總簽首1人	簽首8人

資料來源：奧村金太郎、蔡國琳編，《臺灣省臺南縣誌》，明治30年、31年排印本。

今 現今府城各聯境廟宇名稱

聯境名	各廟宇
八協境	大人廟、龍山寺、聖公廟、彌陀寺、龍泉井廟、祝三多廟、東嶽殿❶
六合境	開山王廟❷、大埔福德祠、仁厚境福德祠、油行尾福德爺廟、馬公廟、永華宮❸、清水寺
六興境	開山宮、慈蔭亭、保西宮❹
八吉境	様仔林朝興宮、馬兵營保和宮、重慶寺、五帝廟、關帝廳、總趕宮❺、昆沙宮❻
四安境	良皇宮、沙淘宮❼、神興宮、保安宮
三協境	南沙宮、金華府、藥王廟❽
四聯境	集福宮、普濟殿、媽祖樓天后宮、金安宮

位置請對照p.137的地圖

昔

圖目錄C－4

1 東嶽殿

又稱嶽帝廟，創建於明永曆年間，歷年來經過多次修建，廟貌改變甚多。

圖目錄P－14

2 開山王廟

為今延平郡王祠，為清治時期最早的官祀鄭成功紀念祠，日治時期改名為開山神社，1963年動工改建成今日樣貌。

圖目錄P－1

昔

圖目錄B－5

圖目錄I－1

昔

3 永華宮

創建於明永曆年間，主祀開基廣澤尊王，是臺灣最早的「軟身廣澤尊王」金身。

圖目錄P－14

昔

圖目錄I－1

4 保西宮

創建於康熙年間，主祀葉、朱、李三府千歲。

圖目錄P－14

昔
圖目錄I－1

5 總趕宮

建於明鄭時期，原稱聖公宮，主祀神聖公爺，尊稱倪總管公，至乾隆年間改稱總管宮，道光年間訛稱總趕宮於至今。

圖目錄P－14

昔
圖目錄I－1

6 昆沙宮

俗稱下太子廟，主祀中壇元帥，廟址原在軍裝局前，日治時期因徵收關係，遷至現址。

圖目錄P－14

昔
圖目錄I－1

7 沙淘宮

俗稱頂太子廟、上太子宮，主祀中壇元帥。

圖目錄P－14

8 藥王廟

主祀藥王大帝，為府城七寺八廟之一，廟宇原為三進建築，1977年因街道擴建，拆除中、後殿，1996年重建為三層建築。

圖目錄P－14

昔
圖目錄I－1

2018年八吉境五帝廟慶成謝土入火安座大典，廟宇出轎慶讚光彩。

圖目錄P－14

為更加深情感，當神明聖誕日或聯誼會時，廟宇間會相互贈與花圈，往來慶賀。

圖目錄P－14

廟宇交陪，團結聯境

明治卅六（一九〇三）年廢止處耗民費的保甲局，將保甲權責轉移給保正，也由於警察制度的建立，使得在清代由地方街境住民所自組的民間聯境防禦組織的義警角色被淡化，各聯境之間只好轉換為廟宇之間的交誼，廟宇宗教的功能被突顯出來，宮廟並藉由宗教活動來團結街境組織。

二次大戰結束後，經戰火轟擊的臺南，斷垣殘壁，死傷無數，街境人民為感謝神明保佑得以倖存下來，更珍惜昔時街境鄰里之間守望相助患難見真情的情感，閒暇時間紛紛投入各廟宇成立的神明會、平劇、北管、南管、歌仔戲、家將團、小法團、轎班會、將爺會、誦經團等民間社團，也成為同鄉、同行、同好聚會交誼的好地方。平常藉著神明聖誕日，廟宇間會互贈花圈祝賀、插燭祝壽交誼聯絡感情，交陪境有重大慶典時，出團演戲音樂娛神，出陣、出轎相挺廟會繞境活動。建醮時的出境贊普，將活動變得有聲有色增加光采，廟宇之間相互榮耀與壯大，聯境組織由原先的街境民防組織轉變成廟宇間交陪境的往來起源。

一九七八年，四安境廟宇執事感懷聯境的歷史記憶，成立四安境聯誼會，並定時於元宵節舉行恭迎「四安境聖旗聖爐」遶境活動。

六合境雖沒有成立聯誼會，但六間廟宇之間遇有共同慶典活動也都會同時出動神轎、陣頭相挺共襄盛舉，相互共榮把活動辦得有聲有色；八吉境聯誼會成立由重慶寺、關帝廳、五帝廟、昆沙宮、總趕宮、朝興宮⑨、保和宮輪流主辦，以餐會聯誼的方式來聯繫感情，保存原八吉境的相互關懷手足之情。

聯境組織一百六十年來，從街境守望相助的聯防組織到宮廟之間的聯境交陪，一路走來，大家緬懷過去情懷，凝聚共識將此段歷史文化得以延續下來，藉廟會慶典活動聯繫感情，遇有重大慶典活動各聯境宮廟出陣出轎相挺熱鬧風光以彰顯神威，神明遶境各區來祈求合境平安，聯境組織在府城歷史舞臺上還能歷久彌新的保存下來，是臺灣相當珍貴的文化資產。

圖目錄I－1

昔

⑨ 朝興宮

建於咸豐年間，主祀天上聖母日治時期數度被迫遷廟，與銀同祖廟合祀，戰後又遷回現址，1946年與保和宮池府千歲合祀重建。

圖目錄P－14

昔

1874臺灣府城街道全圖

圖目錄Q－5

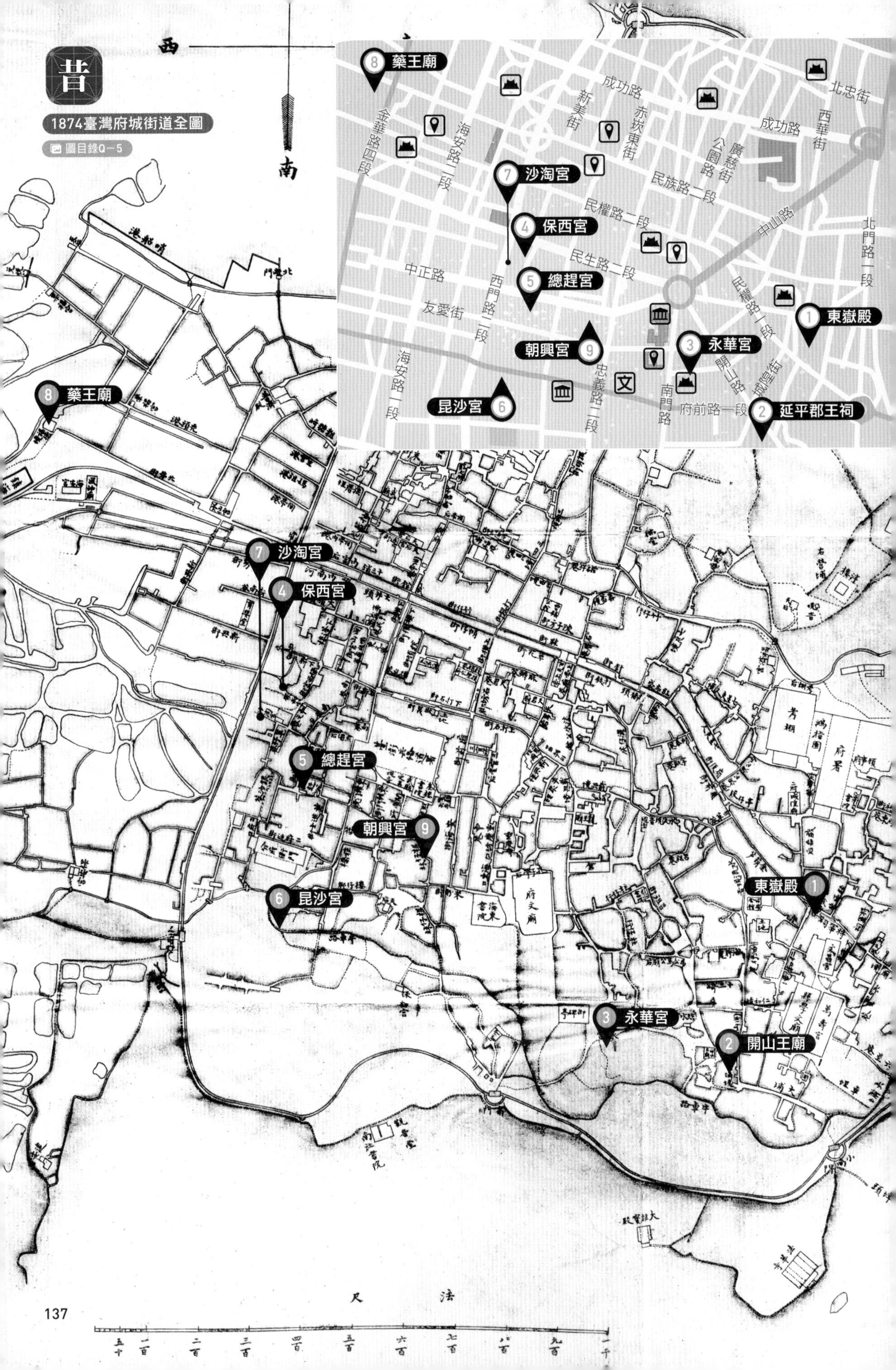

王爺公無保庇

bô pó pì

談西來庵事件始末

文／謝國興

余清芳（1879－1915）今高雄路竹區人，讀過公學校，當過巡查補（低階警察）。1904年之後，開始在臺南高雄一帶參加鸞堂活動，對畫符作法深感興趣。

圖目錄B－21

一九一五年七、八月間，在臺南市玉井、南化、左鎮、高雄甲仙一帶，發生了民眾以武力進攻當地日本警察派出所與行政機關的大規模「抗日」事件，策劃與領導這次事件的首要人物余清芳策劃抗日活動的大本營，在臺南市區的西來庵，因此這次事件稱為西來庵事件；事件中最大規模的一次對戰發生在噍吧哖支廳附近，噍吧哖為玉井的舊稱，因此也稱噍吧哖事件。

迷信種下的「禍」

引發事件的主要原因，非「抗日民族主義」意識抬頭，而是與「妖言惑眾」及中國傳統下，帝王意識有密切關係。

西來庵事件前，一九一二年林圮埔事件、雲林土庫事件，一九一三年關廟事件、東勢角事件，一九一四年六甲事件等，都有假借神明意旨、臺灣將出皇帝等名義鼓動抗日行動的成分，西來庵事件也類似，只是格局更高，規模更大。

西來庵事件的首要人物余清芳、羅俊、江定，在日本接收統治臺灣之初並無反抗記錄。余清芳曾在臺南高雄一帶參加鸞堂活動，對畫符作法深感興趣，一九一四年與人合

圖目錄D－27

余清芳、江定、羅俊等人從臺南監獄前往臨時法院出庭審判。

夥在臺南開碾米廠，旁邊正是奉五福大帝（為五瘟神王爺信仰系統）為主神的西來庵①。

余清芳與西來庵董事，也是鸞堂正副鸞生蘇有志、鄭利記相熟，經常一起扶鸞求神問事。不久余清芳等人開始宣稱王爺「神示」「日本統治臺灣的時間只有二十年，一九一五年氣數將盡，臺灣將會出現皇帝，中國會出兵協助臺灣人將日本人趕走。」三人密謀以西來庵為據點，透過賣神符，招人準備推翻日本統治，要建立的新國家叫「大明慈悲國」。

西來庵只是密謀起事的據點之一，另外有羅俊與江定的兩股勢力也在發展，準備將來分進合擊。羅俊本名賴秀，原在私塾教書，也開藥店行醫，日治初期曾擔任過保良局長（協助地方治安維護），後來也幫人看風水、造墓。一度因被誣指為匪徒同夥，遂前往對岸中國，以算命、行醫為業，輾轉到了廈門投靠宗親開設的藥店行醫，一九一四年藥店結束，剛好從臺南來的陳金發告訴他臺灣傳說將出現新皇帝，建立新國家。且在中國

圖目錄B－21

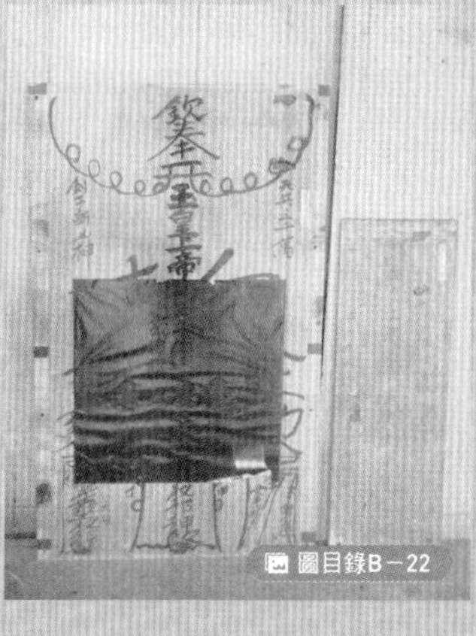

圖目錄B－22

右／蘇有志、鄭利記及余清芳以神符招攬民眾，號稱吃齋配戴神符，跟日本人作戰時，有刀槍不入護身功能。
左／羅俊（1854－1915）為今雲林縣斗南鎮人，原名賴秀，字俊卿，精通漢文、醫術及占卜。

位置請對照p.143的地圖

圖目錄B－21 昔

1 西來庵

原位於臺南亭仔腳街（今青年路121-123號），主祀五福大帝，西來庵事件過後，遭拆除。戰後在正興街重建廟宇，但後因土地徵收，2001年在大興街重建。

圖目錄P－14

圖目錄D－5　五福大帝，又稱五靈公，原掌管瘟疫之瘟神，後被民間奉為逐疫之神。

時，羅俊就已接觸一些喜談玄妙命理、怪誕符法（施咒可避槍彈之類）之人，於是認定事有可為，遂返臺在中部地區招募徒眾（其中不少具鸞生身份的賴姓宗親），並改名羅俊，以避日人盤查。一九一五年四月，羅俊經人介紹與余清芳見面，約定共同起事，將來余清芳是皇帝，羅俊當國師。

開始武裝，發動起事

西來庵事件真正的武力基礎來自江定。江定曾擔任區長，因打死同庄庄民，遭受通緝，因熟悉山區地形，擅長打游擊戰，且招納不少部眾，包括一九一四年六甲事件後逃逸的「殘匪」。

一九一四年八月余清芳到南化庄山區隱蔽的興化寮與江定見面，約定由江定擔任副元帥共同起事，而羅俊負責北路群眾的招募，同時也負責跟中國方面聯絡「搬請」一些和尚道姑及符法高手來臺灣助陣。

民兵駐紮的虎頭山背及小溪。

圖目錄D－5

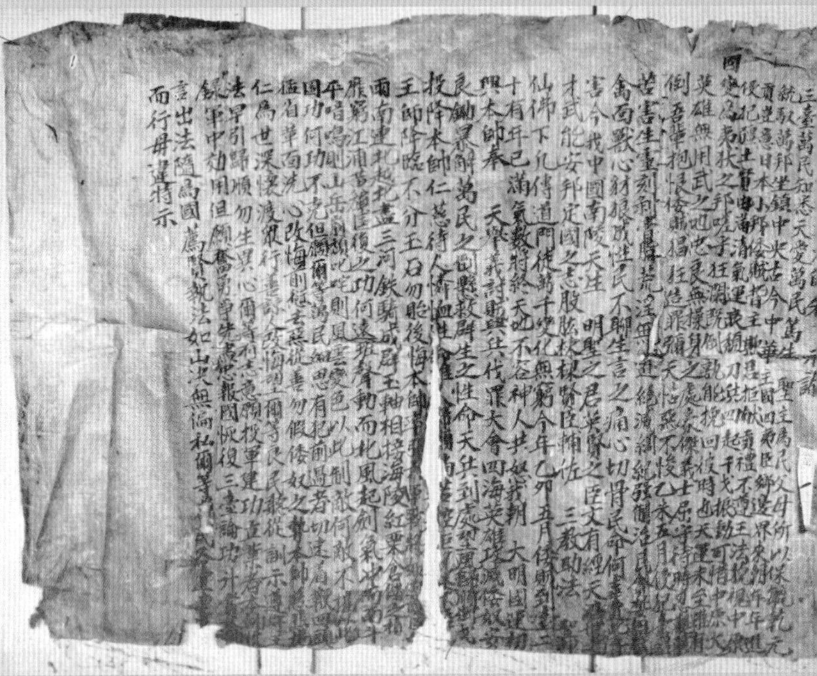

余清芳自稱「平臺征伐天下大元帥」，以「大明慈悲國」名義發出檄文。

圖目錄B－21

圖目錄B－22 余清芳被逮捕的樣貌。

江定為竹頭崎庄人（今臺南市南化區），曾擔任區長，後因打死同庄庄民，成為通緝罪犯，對於山區地形十分熟悉，因此起事失敗後，藏匿於山區，直到被勸降，於1916年處死刑。

圖目錄D－28

一九一五年五月羅俊派往中國聯絡的幾個主要幹部在出發前往廈門時，因消息走漏，在基隆港被截留拘捕偵訊，六月起日本警方開始大搜捕，蘇有志、鄭利記、羅俊等人，近百人全被拘捕，余清芳則在拘捕行動開始前走避，前往山區與江定會合，並以江定的部眾為基礎，在附近村莊繼續招人，七月九日凌晨開始進攻甲仙埔支廳及附近六個警察官吏派出所，攻擊的目的包括營救被逮捕的同志，並搶奪軍火武器。

日方起初對抗日民兵的狀況瞭解不足，防範也不夠，八月二日晚上十二點，余清芳、江定及民兵們進攻，放火燒毀南庄派出所，最後派出所員警、小學校長、公醫等及眷屬十九人當場身亡。

燒毀南庄派出所之後，民兵繼續攻擊內庄仔庄、崗子林派出所，下一個目標是噍吧哖支廳。同月四日民兵上千人在噍吧哖支廳東北部高地虎頭山集結，與日方對峙；五日，民兵派出一隊帶著「避彈符」、拿大刀的敢死隊進攻日方警察隊布防的掩體，旋被擊退，六日，日本增援的軍隊抵達，開始展開砲擊，抗日陣營死傷慘重，八日，民兵潰散，日軍與警察開始追擊搜捕。

先前民兵在攻擊派出所與地方

行政機構時，採取一律格殺及縱火燒毀的行動，日方在反攻時可能基於報復心理，在某些村莊採取清庄方式，將十六歲以上男子（老人除外）全體殺害，導致此一事件過程中，死難民眾估計達一千五百人左右，加上後來判刑、死亡人數，受難者接近二千九百人。

虎頭山之役失敗後，余清芳與江定各自帶人分頭逃入山區，兩星期後余清芳在今楠西區照興里被捕，隨身物品除刀槍武器外，還有一個扶鸞用的降筆器；江定則熟悉當地地形，日本軍警幾乎窮盡各種手段搜索勸誘，始終找不到其蹤跡，直到一九一六年四月十六日，在地方人士保證出降安全不予處分的條件下，繳械結束藏匿，但隔月仍遭逮捕送審。總計這次事件被判處有罪人數共一千三百八十五人，經兩次減刑，最後執行死刑者一百三十五人，包括余清芳、羅俊、江定、蘇有志、鄭利記等魁首。西來庵則被要求拆除，神像銷毀。事後臺南民間流傳一段俗諺：「余清芳害死王爺公，王爺公無保庇，害死蘇有志，蘇有志無仁義，害死鄭利記」。

余清芳與江定指揮民兵約4、5百人攻擊燒毀南庄警察官吏派出所，共19人遭害，其中新居德藏巡查的8歲兒子被救出，這倖存的孩子即是後來名律師湯德章，1947年死於228事件。

西來庵事件中，民兵使用的武器。

事件過後……

事件後，西來庵暫時被移作他用，在一九三四年才拆除，而五位靈公中的劉部宣靈公因故被保留收藏下來，參與西來庵事件的一位牛奶生產販賣商陳清吉（副鸞生）於一九二一年出獄後，致力於重建西來庵。一九五三年西來庵在正興街重建，後因道路拓寬遭拆除，仍在正興街擇址暫設，二〇〇一年在大興街重建，供奉五位靈公外，並奉余清芳等人為先賢。一九六七年有私人在今玉井國小前方蓋忠烈廟，主祀余、江、羅三位元帥，並祭拜所有死難者，香火曾經鼎盛。

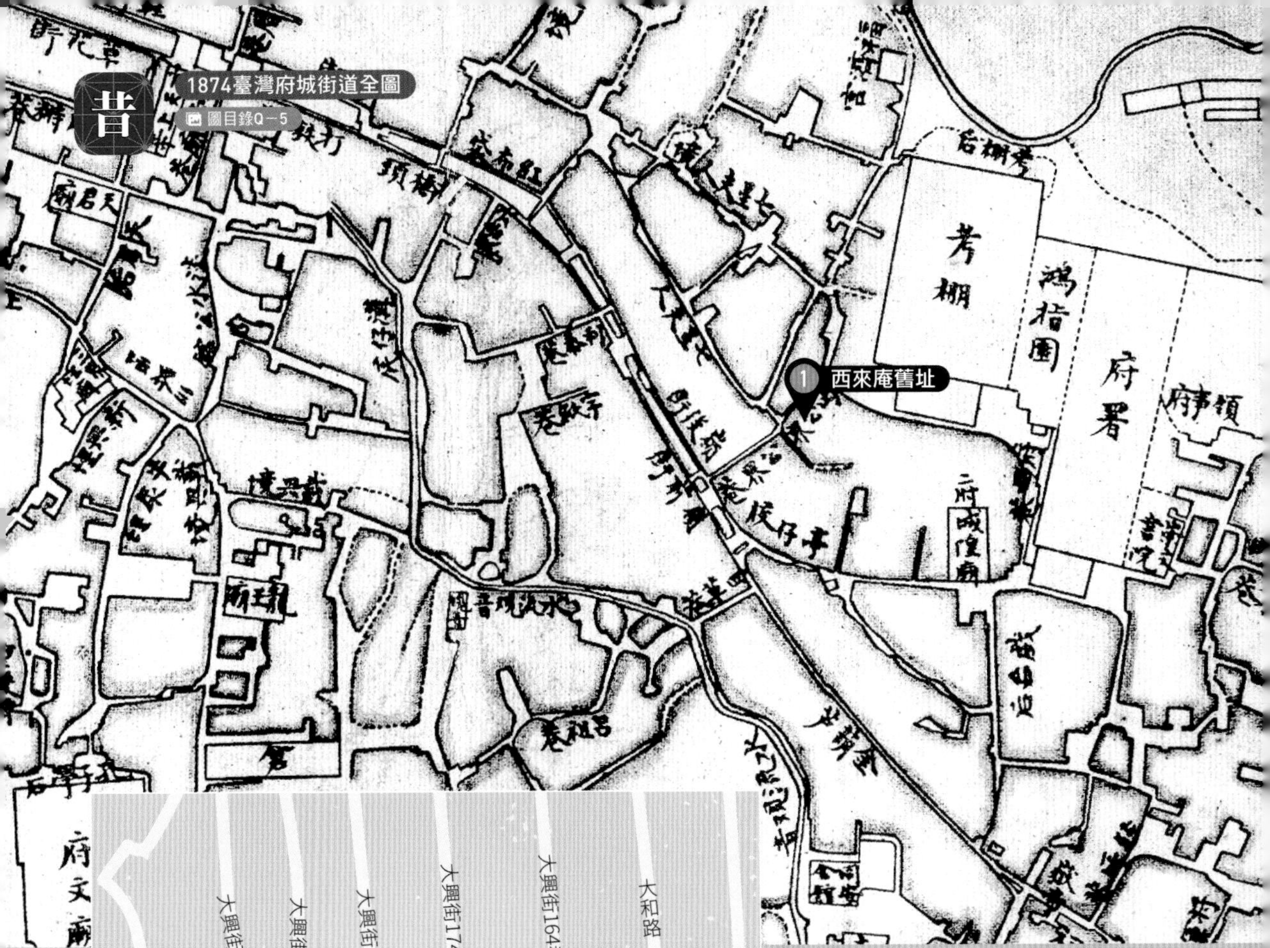

中華民國政府來臺後，基於抗日民族主義，將余清芳等三人入祀臺南忠烈祠，在南化立抗日英烈紀念碑，玉井虎頭山設抗日烈士余清芳紀念碑。◈

余清芳等人被押解經過臺南車站站前。

圖目錄B－21

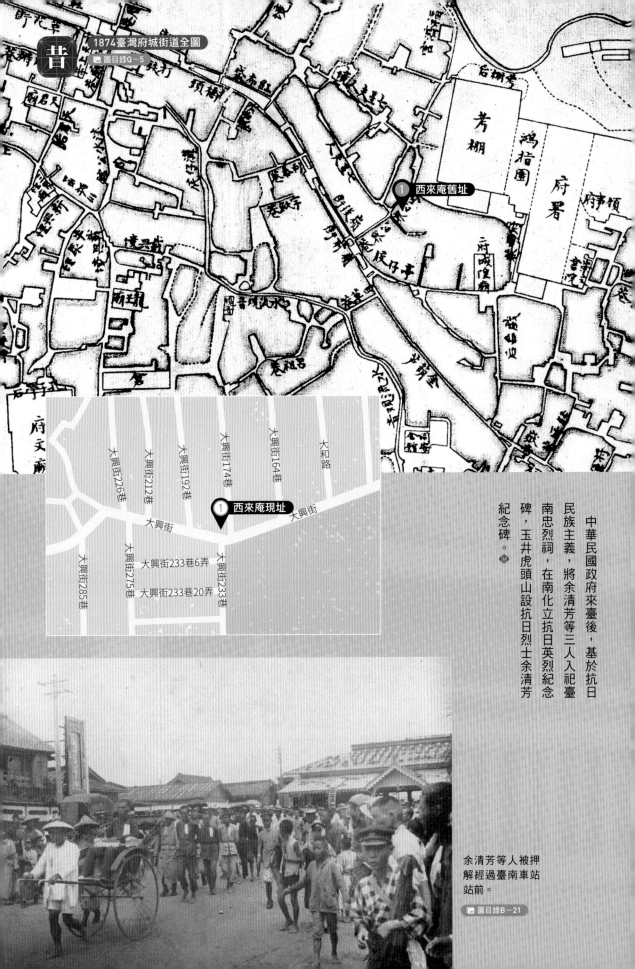

珍饈百味 吃遍四方

圖目錄G－1、H－1

臺南人都喝全糖？

淺談臺南製糖史

文／黃微芬

糖廍為傳統的造糖場，由圓錐形的棚屋及熬糖屋兩部分構成，前者是硤蔗的地方，由牛隻拉動石磨，榨取蔗汁，後者是煮糖間，榨好的蔗汁就倒入屋內的孔明鼎熬煮成糖。 圖目錄D－6

常說臺南人愛吃甜，很多美食小吃都喜歡用糖提味，嚐起來鹹鹹甜甜，是對臺南飲食的第一印象。這樣的飲食文化特色究竟從何而來，確切原因可能已難以考證，但肯定的是，在形成臺南美食偏甜的眾多傳說中，與臺南自古就是臺灣製糖的大本營有關；臺南人對糖的運用，不只反映在日常飲食上，就連普度祭品，也有臺南獨有的食物，如將糯米蒸熟後，攪拌糖漿製成的「米糕栫」，至今已經相傳百餘年，想一探臺南人舌尖上的美味由來，或許可從臺南製糖史說起。

臺灣製糖重鎮

臺南是臺灣最早開發的城市，荷蘭人來臺建立海上貿易據點，並著眼於砂糖國際貿易帶來的經濟利益，開始在臺灣經營糖業，讓臺南自荷蘭時期開始，就是臺灣的產糖地，歷經明鄭及清領時期兩百多年的經營，砂糖生產已擴及至全臺，但臺南始終是臺灣糖業最主要的產地，這從清光緒中葉（一八九〇年左右）對全臺舊式糖廍的分布調查也可以看出，全臺一千兩百七十五所糖廍中，臺北九十一所、臺中一百一十四所、臺南一千零五十七所、宜蘭七所、臺東六所，光臺南就占了八成以上。

臺灣雖然自荷蘭時期便有砂糖的大規模生產及出口，但以傳統糖廍來製糖的生產模式，迄清領時期並未有太大的改變，直到日治之後引進新式糖廠，以提升臺灣糖業的現代化工業生產為目標，才掀起了臺灣製糖產業的工業革命，第一家新式糖廠，便是日本三井財團投資成立的「臺灣製糖株式會社」所興建的橋仔頭工場（今高雄橋頭

圖目錄B－9 舊式糖廍外觀。

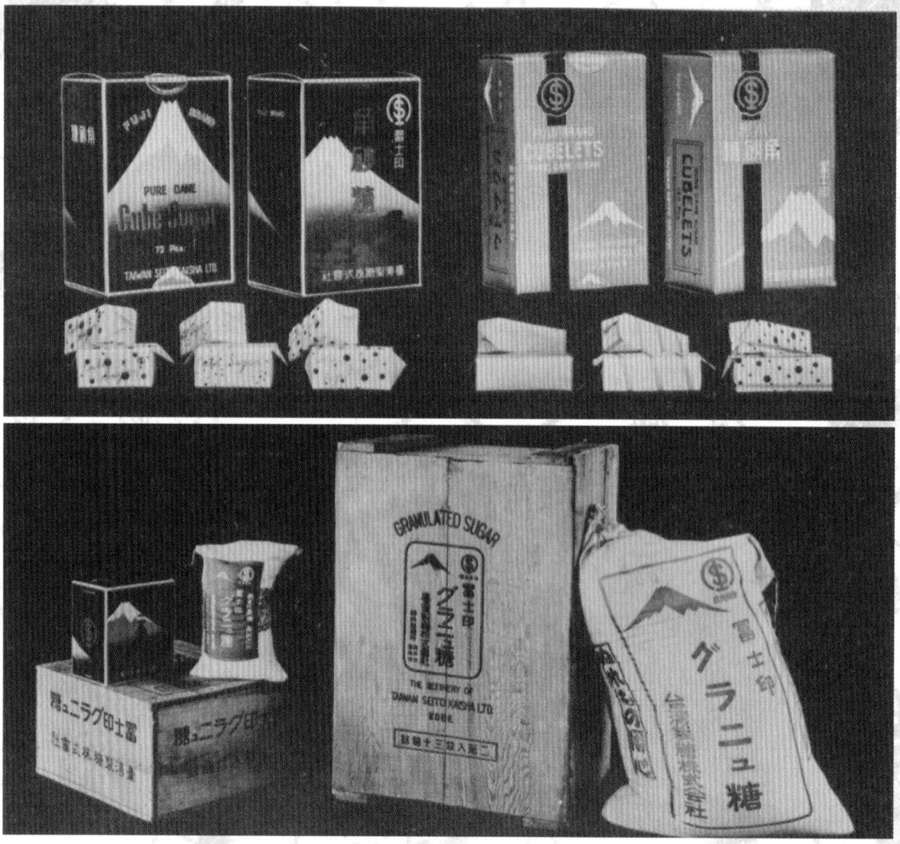

臺灣製糖株式會社所生產的砂糖及方糖。

圖目錄B－10

圖目錄 C－8

1904年王雪農等人集資創辦臺南製糖株式會社，隔年開始製糖作業，1909年併於臺灣製糖株式會社，改稱灣裡製糖所。

圖目錄B－10

橋仔頭工場。前方的廣場是甘蔗試作場，為了防禦土匪而有守備隊駐守，除了作為練兵之用，員工也會在此處受訓。

糖廠），一九〇二年一月十五日開工，寫下臺灣製糖史的新里程碑。

事實上日本早在荷蘭據臺發展海上貿易，便是臺灣糖的主要輸出國之一，因此在治臺後便視糖業為重點產業，積極發展，除了鼓勵日本財團來臺經營投資外，並找來農業博士新渡戶造稻為臺灣糖業把脈，並依其所提的改良意見書，頒布「臺灣糖業獎勵規則」，由官方正式給予糖業獎勵及補助。臺南在這一波獎勵政策下，一九〇二年七月便有怡記買辦盧經堂以及三郊的糖商率先響應，出資成立「維新製糖合股會社」，接著又有地方紳商及富農在臺南地區先後成立「蔴荳製糖合股會社」（一九〇三年十月）、「鹽水港製糖株式會社」（一九〇三年十二月）及「臺南製糖株式會社」（一九〇四年五月），但這些中小型新式糖廠，資本規模都不大，屬於新渡戶造稻在改良意見書中所提的「改良糖廍」型態，後來都被財力雄厚的日資所

臺南各糖廠分布圖

日治時期四大製糖株式會社在臺南境內製糖所			
製糖株式會社	日治時期製糖所名	戰後糖廠名	現況
臺灣製糖株式會社	①灣裡製糖所	善化糖廠	製糖營運中
	②三崁店製糖所	永康糖廠	一九九三年裁撤，工廠土地租予民間企業使用
	③車路墘製糖所	仁德糖廠	更名為「十鼓仁糖文創園區」
明治製糖株式會社	④總爺製糖所	總爺糖廠	更名為「總爺藝文中心」
	⑤蕭壠製糖所	佳里糖廠	轉型為國際藝術村，更名為「蕭壠文化園區」
	⑥烏樹林製糖所	烏樹林糖廠	更名為「烏樹林休閒園」
鹽水港製糖株式會社	⑦岸內製糖所	岸內糖廠	轉型為拍片基地，更名為「岸內糖廠影視園區」
	⑧新營製糖所	新營糖廠	更名為「新營鐵道文化園區」
	新興產業株式會社前大埔製糖工場[註1]	前大埔紅糖工場	一九五〇年關閉
大日本製糖株式會社	⑨玉井製糖所	玉井糖廠	更名為「噍吧哖事件紀念園區」

註1／鹽水港製糖在昭和12（1937）年收購位於今東山區小糖廍改造成新式紅糖工場，改名為「新興產業株式會社前大埔製糖工場」，明確位置已不可考。

今&昔

圖目錄C－9

1 灣裡製糖所

創於1905年，1909年由臺灣製糖株式會社接收，仍繼續製糖中。

圖目錄P－5

圖目錄B－10

2 三崁店製糖所

於1906年始運行，1993年裁撤。廠區原址租賃給民間企業使用。

圖目錄P－5

圖目錄B－10

3 車路墘製糖所

於1910年正式營運，現為十鼓仁糖文創園區，作為文創及運動場域使用。

圖目錄P－5

取代，「維新」和「蔴荳」被明治製糖株式會社併購、「臺南」遭臺灣製糖株式會社合併，「鹽水港」則在增資後由臺資變日資會社。

此後隨著各日資會社勢力擴張，至二次世界大戰終戰前，全臺四十二間製糖所主要掌握在「臺灣」、「明治」、「鹽水港」及「日糖興業」（原「大日本」）等四大製糖株式會社手中，其中位於臺南境內者，共有「臺灣」的灣裡❶、三崁店❷、車路墘❸、「明治」的總爺❹、蕭壠❺、烏樹林❻、「鹽水港」的岸內❼、新營❽、新興產業株式會社前大埔製糖工場，以及原「大日本」所轄的玉井❾等，總爺及新營分別是「明治」及「鹽水港」的本社所在。

戰後，這四大製糖株式會社在臺灣的產業全歸臺糖公司，臺南延續日治時期已有的糖廠規模，數量之多，居全國之冠，糖業在臺南的盛況可見一斑，但隨著臺灣糖業的沒落，今僅存善化糖廠仍在榨蔗製

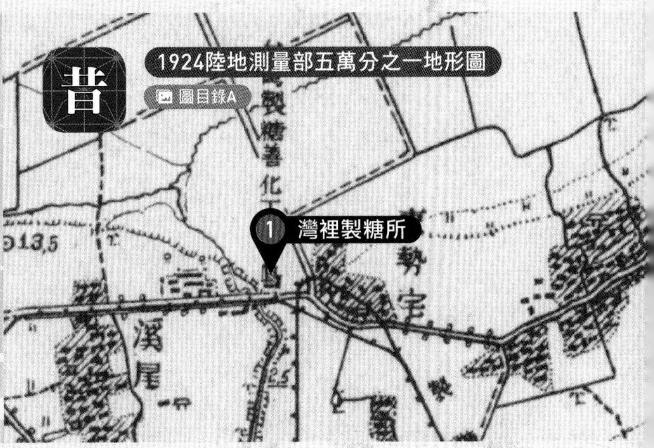

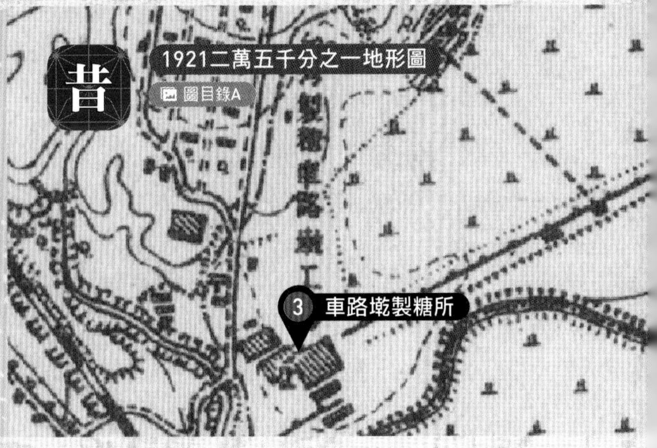

糖，其餘皆已停閉，轉型為鐵道休閒文化園區、藝術園區等。

糖鐵在臺南

日治時期伴隨著新式糖廠的設立，為解決原料及產品的運輸問題，鐵道建設便成了當務之急。臺灣最早的第一條糖業鐵道，是「臺灣製糖」在一九〇七年鋪設，可供蒸汽火車行駛的專用線762mm軌距鐵道，至於營業線，則是「鹽水港製糖」在一九〇九年五月二十日開辦的「新營至鹽水」路線，全長約八點四公里，寫下臺灣糖業第一條營業線糖鐵的歷史新頁。

此後各製糖會社紛紛跟進，臺灣糖業鐵道如雨後春筍般展開，各製糖株式會社紛紛以製糖工場為中心，向外與農場及原料區連接，深入臺灣各角落，形成綿密的鐵道網絡，但彼此的系統並不銜接，戰後始由臺糖統一管理並標準化，其中最重要的措施，便是一九五〇年為

圖目錄B－12

4 總爺製糖所

建於1913年，也是明治製糖株式會社本社所在地，今轉型為總爺藝文中心。

圖目錄P－5

圖目錄B－24

5 蕭壠製糖所

為明治製糖株式會社於1905年在臺灣興建第一個新式糖廠，戰後更名為佳里糖廠，今轉型為蕭壠文化園區。

圖目錄P－5

圖目錄D－29

6 烏樹林製糖所

1909年東洋製糖株式會社於新營郡後壁庄設立烏樹林製糖所，1927年東洋製糖合併於大日本製糖，而烏樹林製糖所出售給明治製糖，戰後改稱烏樹林糖廠，現轉型為休閒文化園區。

圖目錄P－5

圖目錄B－11

7 岸內製糖所

1905年正式開工運轉，戰後改稱岸內糖廠，1994年停閉，將轉型為拍片基地。

圖目錄P－5

4 總爺藝文中心
興中路

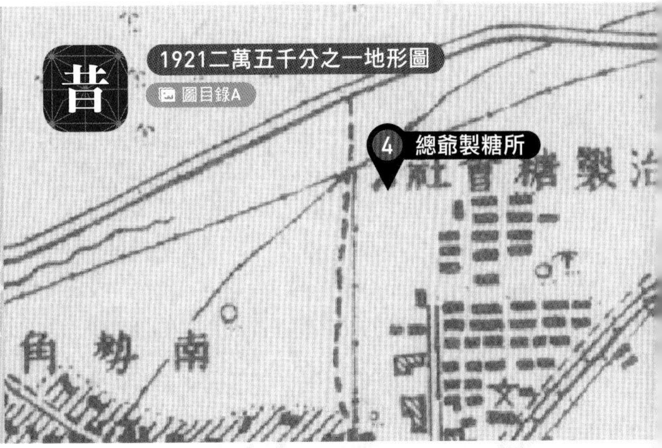
昔
1921二萬五千分之一地形圖
圖目錄A
4 總爺製糖所

5 蕭壠文化園區
將軍溪上游線
延平路

昔
1921二萬五千分之一地形圖
圖目錄A
5 蕭壠製糖所

6 烏樹林休閒園

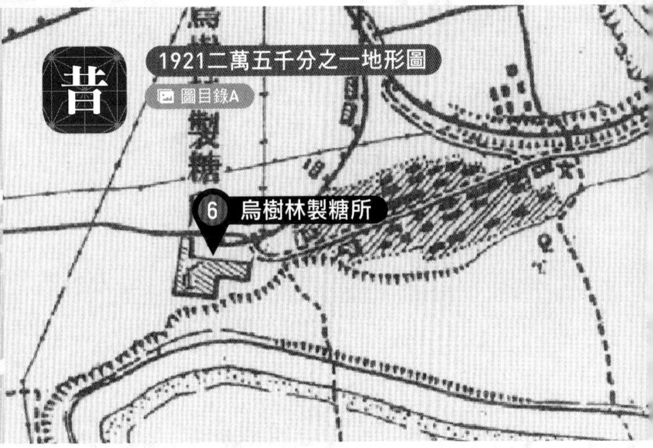
昔
1921二萬五千分之一地形圖
圖目錄A
6 烏樹林製糖所

八掌溪
7 岸內糖廠影視園區

昔
1921二萬五千分之一地形圖
圖目錄A
7 岸內製糖所

圖目錄B－10 作為製糖業運輸甘蔗所用的糖業鐵道。

圖目錄P－7

臺糖機車於二樓轉運臺傾倒散裝鹽，卸鹽的車門是配合傾卸方式而設計，工人將車廂邊門開啟，使散鹽傾倒注入停在斜板下方的一樓鹽車。

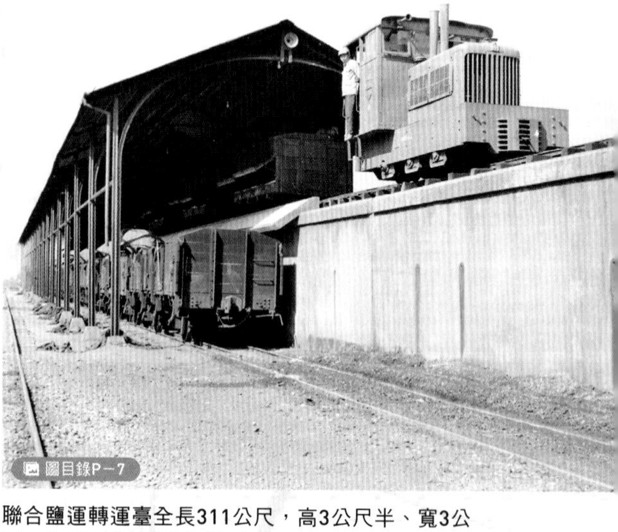

圖目錄P－7

聯合鹽運轉運臺全長311公尺，高3公尺半、寬3公尺，為鋼筋混凝土板箱形結構，中空填土，上鋪762軌距的軌道，首段100公尺採3%坡度，方便機車推送鹽車上臺，中段180公尺是平坡，供停車卸鹽之用。

圖目錄C－11 日人引進各類新型甘蔗品種在甘蔗試作場進行栽種。

了國防戰備需要而修築的「南北平行預備線」（簡稱「南北線」），利用糖鐵網絡內的重要幹線加以延伸及連接而成，北起臺中、南至高雄，延伸線可達屏東，橫跨當時遠東第一大橋—西螺大橋，全長約兩百七十五公里。

「南北線」在臺南較大工程，包括南靖烏樹林連絡線（含周行橋）、土庫線延長、總爺三崁店聯絡線（含西港大橋鐵道）及修復二層行溪橋等，其中尤以曾文溪南北岸的接軌工程最具代表性；日治時期曾文溪南北兩岸的原料區因分屬不同的製糖株式會社，兩岸糖鐵無法相連，透過「南北線」工程，在既有的曾文溪大橋（西港大橋）橋面鋪設鐵軌，並延長北岸總爺糖廠的西港線，與南岸三崁店糖廠的海寮線接軌，自此曾文溪以北的糖鐵，才能經此與溪南的鐵道銜接，一路駛往高雄、屏東，對糖鐵的運輸有很大的貢獻。

糖鐵在臺南的特殊之處，值得一提的還有一九五三年元月十一日正式通車，連接玉井到左鎮的「玉左線」，因所經區域幾乎全是山地，又彎又陡，工程十分險峻，但也因所經之處都是山林，風景秀麗，被喻為是糖鐵的「森林鐵道」。

另有一處位在新營糖廠布袋線東太子宮附近的聯合鹽運轉運臺（簡稱「轉運臺」），是臺灣在美援時代的建設，早年七股、布袋一帶的散裝鹽，便是由新營糖廠的火車運載至轉運臺，轉臺鐵載往高雄港出口，全國僅有這一處，極具特色。

臺灣糖業史的縮影

回顧臺南糖業的發展，日治以前的舊式糖廍歲月，臺南幾乎等於是臺灣的「糖都」，即使日治時期，新式製糖工場已遍及全臺，臺南仍是臺灣最主要的產糖地，擁有全臺最多的製糖所，與糖業發展關係密切的甘蔗育種及糖業研究，也是設在臺南，早在一九〇一年十一

圖目錄B－12 昔

8 新營製糖所

於1908年完工，鹽水港製糖株式會社本社也設立於此，今轉型為鐵道文化園區，民眾可體驗糖鐵小火車。

圖目錄P－5

圖目錄D－5 昔

9 玉井製糖所

興建於1913年，屬於大日本製糖株式會社，1992年關閉。2015年，臺南市政府文化局將糖廠廢棄廳舍改建為噍吧哖事件紀念園區。

圖目錄P－5

昔

圖目錄D－21

10 臺灣總督府糖業試驗所

1932年設立，設有育種化學室、昆蟲病理製糖廳舍、農藝化學廳舍作業室等，戰後由臺糖接手管理。

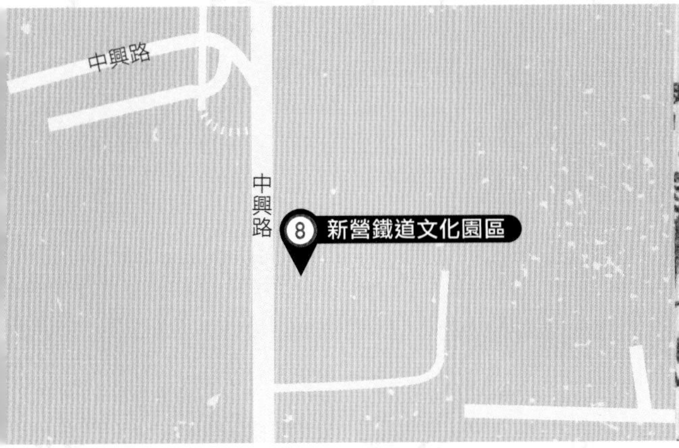

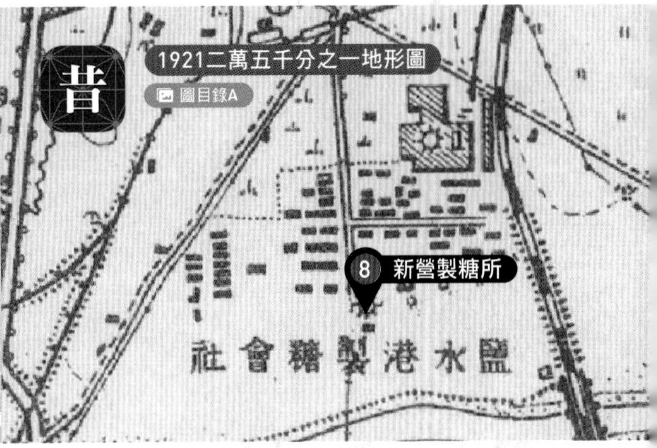

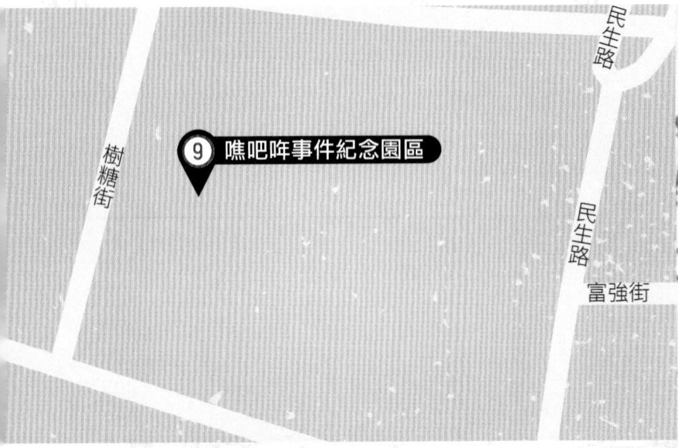

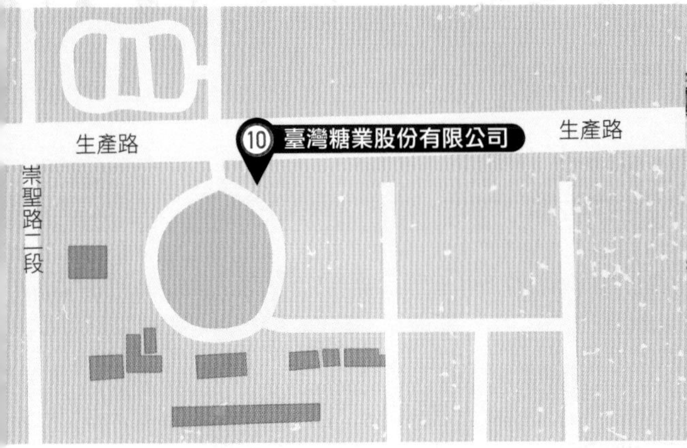

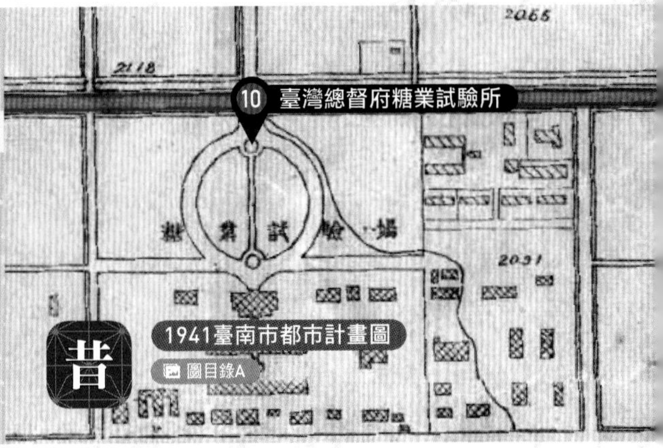

月，總督府便在鹽水港廳麻荳堡（今麻豆區）設甘蔗試驗苗圃，之後又在臺南廳大目降（今新化區）設立「甘蔗試作場」及「糖業講習所」，一九三二年更直接在臺南竹篙厝興建臺灣總督府糖業試驗所⑩，整合所有糖業相關研究，成為今「臺糖公司研究所」的前身，加上全國第一條營業線五分車在臺南的光榮歷史，都讓臺南在整個臺灣糖業的歷史中，占有一席之地，即使現今臺灣糖業式微，糖廠紛紛停閉、遭到拆除，臺南仍有善化糖廠在榨蔗製糖維繫糖業命脈。

一頁臺南製糖史，猶如臺灣糖業史的縮影，在歲月流轉中，見證臺灣糖業近四百年興衰與變遷。

凝結時光的結晶

臺南晒鹽歲月

文／張麗芬

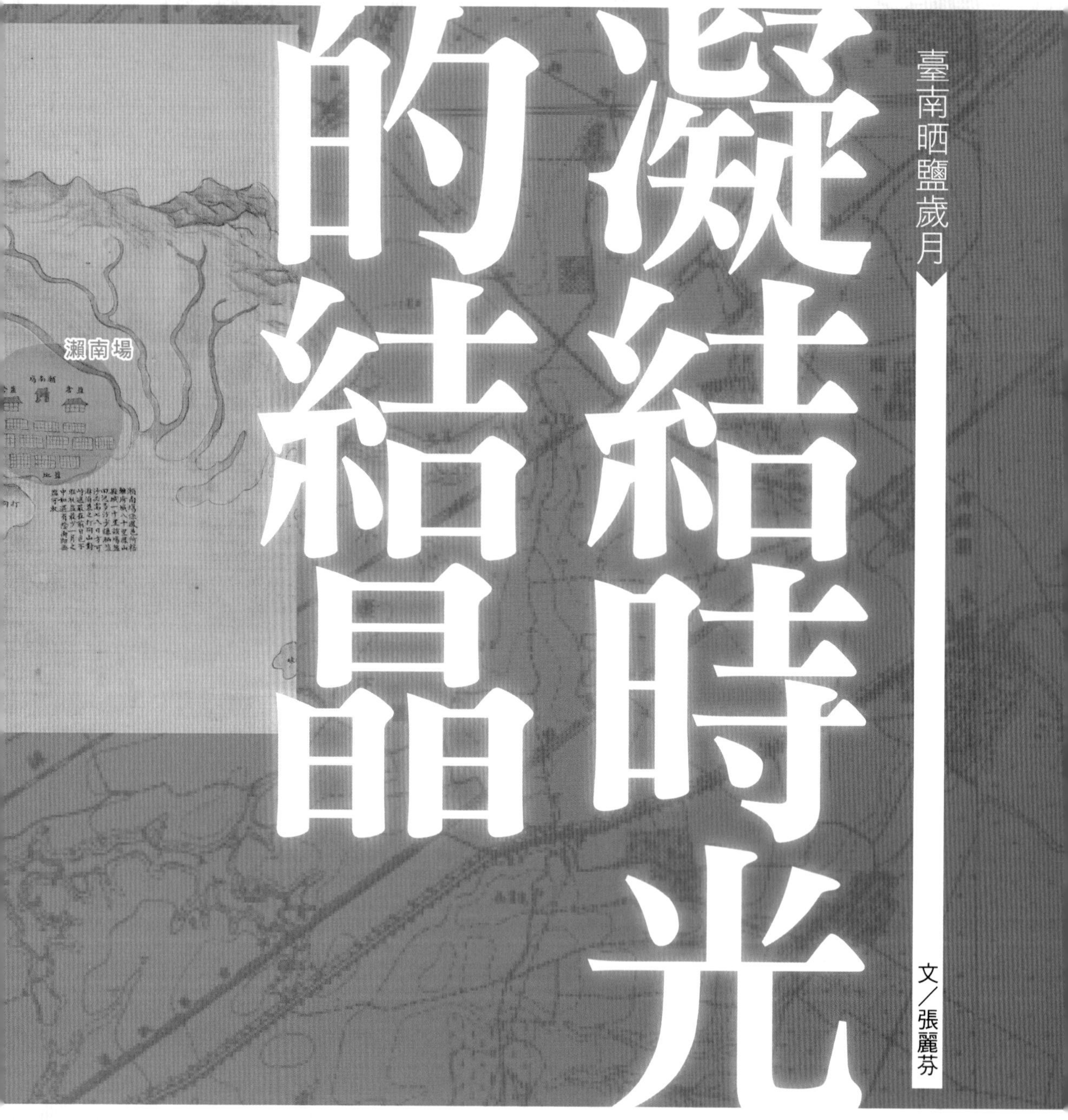

鹽，乃是維持人類基本生命的必需品。從傳統食用、醃製，轉換到農業、漁業，軍需工業、鹼氯工業等應用，用途廣泛。臺灣四面環海，製鹽主要以海水為原料，特別是南部日照長、乾溼分明的氣候，使得臺灣南部沿海的鹽田景象，成為臺灣鹽業發展的表徵。

早在鄭成功來臺前，臺灣原住民即以海水煎煮製鹽，十七世紀荷蘭人也注意到臺灣南部適合開築鹽田，臺灣人早已在瀨口（臺南市南區建南里）附近開築鹽田，但品質較差，仍須由中國供應。

一六六五年陳永華「以煎鹽苦澀，就瀨口地方，修築坵埕，潑海水為鹵，曝晒作鹽」教民修築坵埕，重修瀨口鹽田，改良晒鹽方法，提高鹽的品質。當時臺灣的鹽場除了瀨口鹽場外，還有洲仔尾（永康區洲仔尾）及打狗（高雄市鹽埕區）三處。

圖目錄P－13 乾隆11年臺灣鹽場圖，可看到上面描繪了洲北場、洲南場、瀨北場、瀨南場四個鹽場。

清領時期鹽場遷徙

臺灣每年受西南氣流及梅雨等影響，夏秋多颱風、暴雨，容易造成河川氾濫、改道、海水暴漲，破壞鹽田，清領時期以前的鹽民對於毀損鹽場多半放棄原地，遷徙或重起爐灶，因此臺灣鹽場時有遷徙。

雍正四（一七二六）年實施專賣，臺灣府設置「鹽館」掌理專賣事務，嚴格控制鹽田面積與產量，設有洲南場（永康區鹽洲里）、洲北場（永康區蔦松里）、瀨北場（南區建南里）、瀨南場（高雄市鹽埕區鹽埕庄）四場。如鹽田受到毀壞，鹽田面積仍維持不變「移新補舊」，此後新開闢的鹽田增加瀨東場（高雄市小港區大林蒲）、瀨西場（高雄市彌陀區）二處，總計至乾隆時期已有六處。其中瀨北場，即是乾隆十五（一七五〇）年因洪水沖毀陳永華所設之瀨口場，廢棄後向北遷建，為臺灣晒鹽歷史最長的鹽田，一九七一年廢晒後，成為安平工業區及國民住宅社區。

道光三（一八二三）年曾文溪改道，隔年，鹽商吳尚新遷建洲南場，採分池晒滷、設缸儲滷，臺灣晒鹽技術更趨成熟，吳尚新也因承銷食鹽業務，財富累積迅速，富甲全臺，以何斌故宅興建「吳園」，俗稱「樓仔內」。臺南有句俗諺：「有樓仔內的富，也無樓仔內的厝；有樓仔內的厝，也無樓仔內的富」，即是形容其富裕。

至光緒廿一（一八九五）年日本治臺前，臺灣鹽場因水患遷徙，留有洲南（嘉義縣布袋鎮新厝鹽田）、洲北（北門區舊埕鹽田）、瀨南（高雄市鹽埕埔鹽田）、瀨北（臺南鹽埕鹽田）、瀨東（北門區井仔腳鹽田）等五座鹽場。

日資導入壟斷，鹽田極度擴增

隨著日本統治臺灣，臺灣總督府先是廢止食鹽專賣，反導致鹽田廢

1665、1726、1895年鹽場位置變化圖

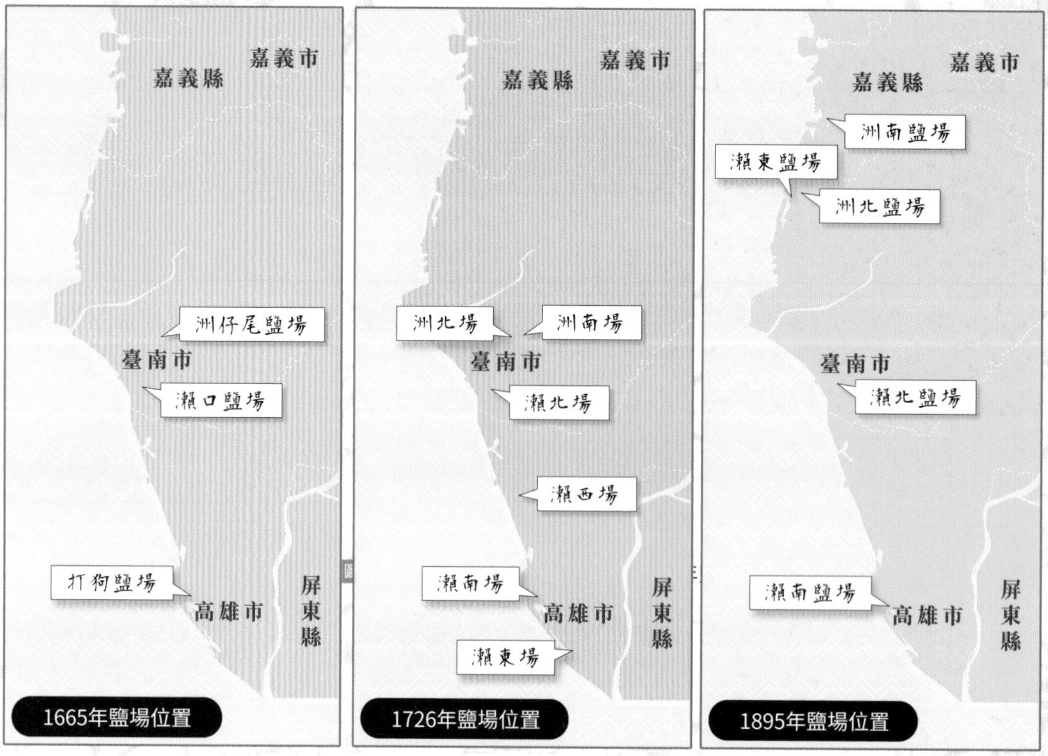

圖目錄D－23 1923年日本裕仁皇太子抵達臺南參訪安平鹽田。

晒，明治三十二（一八九九）年四月公布臺灣食鹽專賣規則，恢復專賣制度後，總督府給予補助金整修或開發新鹽田，明治三十四（一九○一）年鹽田面積大致又恢復至清朝規模，產量除自給外，亦可銷往日本，此後大約十年間，新開發的鹽田約有十七處。

第一次世界大戰期間，因日本工業發達，用鹽量遽增，臺灣總督府專賣局計畫建立新式鹽業，由大正八（一九一九）年成立的臺灣製鹽株式會社主導鹽田開發，整頓既有鹽田及改良生產技術，同時總督府專賣局也在安平設立洗滌鹽工場，臺灣製鹽株式會社另併購安平再製鹽工場，擴建為煎熬鹽工場。

臺灣鹽業至此出現前所未有的繁盛，陸續興建管理鹽專賣事務的廳舍、倉庫，現在相關建築還存在的有：臺灣總督府專賣局臺南支局臺南出張所❶、習慣稱作鹽埕出張所的原臺灣總督府專賣局臺南支局❷、現在以夕遊出張所為名的臺灣總督府專賣局臺南支局安平分室❸，以及曾為大日本鹽業株式會社安平出張所倉庫❹的安平樹屋，見證此一榮景。

今&昔

1 臺灣總督府專賣局臺南支局臺南出張所

現為臺南文化創意產業園區。

2 臺灣總督府專賣局臺南支局

1901年專賣局設臺南支局管理鹽務，後改名為專賣局臺南支局鹽埕分室，建築乃是1920年從高雄烏樹林支局紅毛港出張所整棟遷移到現址。

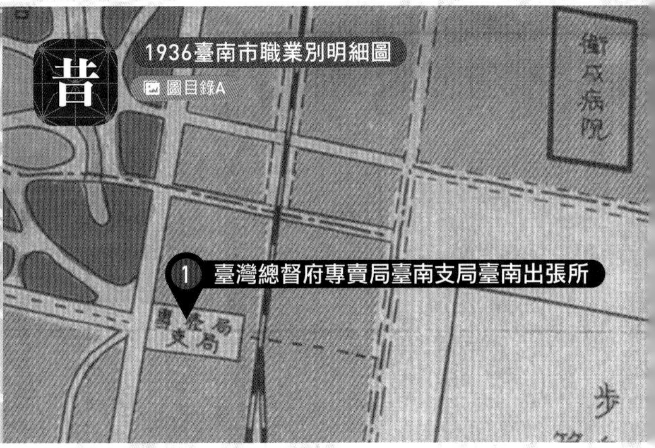

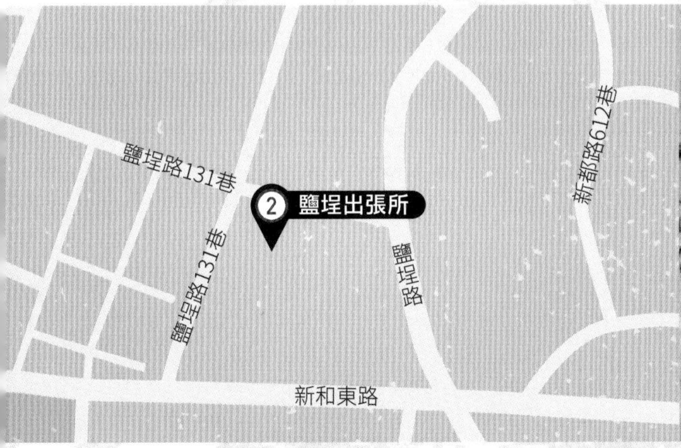

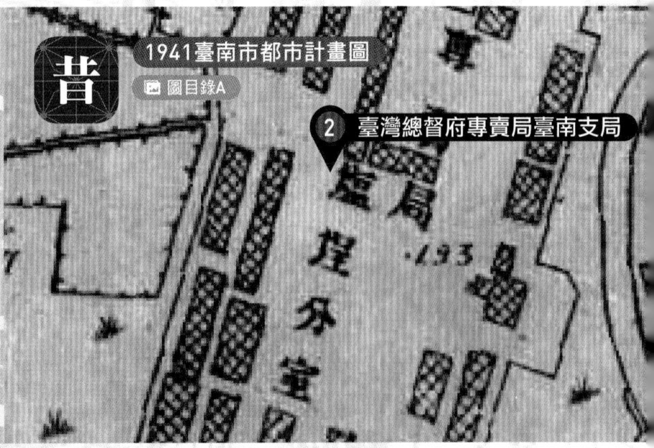

3 臺灣總督府專賣局臺南支局安平分室

1922年設立，管轄安平鹽場，現改為夕遊出張所。

4 大日本鹽業株式會社安平出張所倉庫

英商德記洋行右側的倉庫，在日本治臺後作為「大日本鹽業株式會社安平出張所倉庫」。戰後，任其荒廢，榕樹氣根生長形成樹屋獨特景觀。

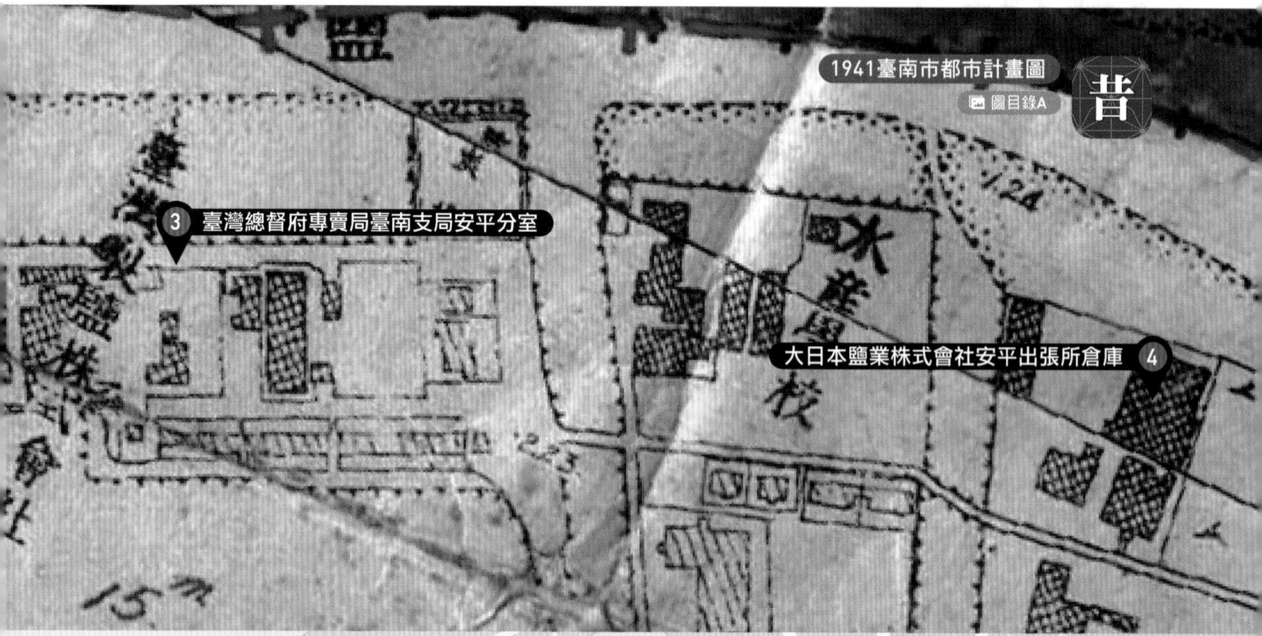

戰爭軍需：工業鹽田開發（一九三五－一九四五）

一九三〇年代，因日本各種化學工業發展迅速，工業用鹽量遽增，加上中日戰爭的軍事需求，總督府專賣局開始工業鹽田興建計畫。

昭和十（一九三五）年臺灣製鹽株式會社在七股填海造陸，開設集中式土盤鹽田（俗稱臺鹽區），此鹽田結構較瓦盤鹽田整齊，適合大規模採收，所生產的鹽品質較好，臺灣鹽田結構與勞動方式開始產生變化；棄後，即是今日鹽埕村所面對的一大片廢棄鹽灘。

為有效取得鹼氯工業所需用鹽，昭和十三（一九三八）年六月配合工業鹽增產計劃，由大日本鹽業株式會社、臺灣製鹽株式會社、臺灣拓殖株式會社合資成立南日本鹽業株式會社，昭和十八（一九四三）年南日本鹽業株式會社所建的土盤鹽田，俗稱南鹽區。

附屬於日本紡績株式會社的鐘淵曹達株式工業會社，因應日本海軍需要，在臺南設廠，製造軍需用品。為求原料自給自足，在臺南安順闢建土盤鹽田，生產鹼廠原料用鹽。此時臺灣晒鹽產業幾乎由臺灣製鹽株式會社、南日本鹽業株式會社及鐘淵曹達工業株式會社三會社聯合壟斷。

戰後鹽場轉型及活化再利用

戰後原屬臺灣製鹽會社與南日本鹽業會社的鹽田由臺灣製鹽總廠繼受，分別成立鹿港、布袋、北門、七股、臺南、高雄六鹽場。

北門鹽場營運至二〇〇〇年關場為止，隔年雲嘉南濱海國家風景區管理處成立，保留北門鹽場辦公區、北門出張所、鹽工之家、北門洗滌鹽工廠等閒置空間，活化再利用。井仔腳鹽田是現存最古老的瓦盤鹽田，為延續晒鹽產業復晒，轉型為觀光，另一舊埕鹽田也完成復育，提供遊客體驗傳統晒鹽。

七股鹽場的三個鹽區主要由日治時期的臺鹽區、南鹽區及一九七一年由臺灣製鹽總廠闢建的扇形鹽田組成，一九七七年完成的第一、二工區新鹽灘，是臺灣戰後唯一新開闢的鹽田。原預定的第三工區因開發暫緩，得以保留原有樣貌，成為黑面琵鷺生態保育區及七股潟湖等自然景觀。一九八二年七股鹽場推

圖目錄D－4
英商德記洋行在日治時期售予大日本鹽業株式會社使用。

圖目錄D－13 臺灣製鹽會社在安平設置煎熬鹽工場。

日曬鹽業採收及存放景象。

圖目錄D－29

動機械化鹽田，因產量較大，在鹽場內鋪設鐵路，以小火車運鹽，另有七股機車庫做為火車保養、維修、調度的場所，並配合散裝聯運，負責場內的運輸。二〇〇二年七股自產晒鹽走入歷史，保留舊有鹽場裡的鹽堆，鹽堆反成了七股鹽山奇景，稱為「鹽田晒玉」。

臺南安順鹽場為臺灣製鹽株式會社所開闢的鹽場，是當時最進步，也是最後一個瓦盤鹽田，當時為方便運銷，開鑿運河，以小船接駁至安平港，一九九五年廢晒後，一部分提供臺南科技工業區使用，一部分為鹽田生態村、紅樹林綠色隧道，四草野生動物保護區中心，成為富含人文氣息及自然生態教育的休憩區。

原鐘淵曹達工業株式會社生產鹼氯原料所闢建的鹽田，戰後由臺鹼公司接收，一般稱「臺鹼安順廠」，一九六五年改生產五氯酚鈉，一九七八年雖已停止生產，然製造時的汙泥棄置於溪中，

安順鹽場。

圖目錄D-24

圖目錄P-10

臺鹽七股機車庫旁為1962年建立的木工訓練所，是鹽工子弟職業訓練的地方。

一九八二年關廠後，中國石油化學工業股份有限公司合併臺鹼公司，未進行後續處理，廠址附近土壤、魚塭、竹筏港溪底泥、與鹿耳門溪底泥陸續發現汞及戴奧辛等汙染，影響當地民眾健康，目前仍為汙染管制區。

二〇〇二年，臺鹽全面關閉鹽場，臺灣農工業用鹽從國外進口，食鹽則由臺鹽通霄精鹽廠提供，臺南天日晒鹽終成絕響。

城市歷史好味道

文／謝仕淵

臺南是座文化底蘊豐沛的古都，行走於其間到處能見歷史建築，生活習俗中，也可見古風尚存的跡痕，在這座活著的古都中，就連味道也不普通。

但近來臺南今古味雜陳，讓人目不暇給，許多延續數個世代但始終不起眼的味道，卻成為在地人的私房味。它需要一個引路者，讓人遇見，對於臺南的記憶才有味覺的指引。如香腸熟肉、飯桌仔、鱔魚意麵，甚至和風洋食，經由這些食物的味覺考古，將可帶領大家在臺南歷史散步中，尋找過去的好滋味。

百年鱔魚味，二十七秒熟成

對於臺南在地人而言，沙卡里巴是過往臺南繁盛時代的代名詞。沙卡里巴為日文盛場（Sakariba）之音，是個開設於一九三〇年代，複合購物、娛樂與飲食的多功能消費空間，繼承了鄰近五條港一帶的人稠商繁，熱鬧非凡。

日治時期在佳里開設佳里醫院的吳新榮，常騎著車往臺南跑，他常在訪友或者看完電影後，就在沙卡里巴大快朵頤一番。他最常吃的一道美食就是鱔魚米粉。南部的春夏常悶熱，最宜用鱔魚補氣虛，大火快炒的鱔魚脆嫩，酸甜醬料能開脾胃，吳新榮說，吃了鱔魚米粉後「睡眠不足與疲勞飢餓，都能瞬間治癒」。但是，吳新榮吃過的鱔魚味，現在還在嗎？

沙卡里巴的繁盛，持續了一甲子的歲月，直到一九九二年海安路拓寬，攤販搬移各地，商況急轉直下，今日已是個看起來老舊的商城。但，那裡曾經是鱔魚滋味最重要的傳承地之一，從第一代廖炳南開始，一直到幾年前還開業的第三代鱔魚廖（目前已停業），許多目

圖目錄D－11　林百貨五樓食堂內部。

前臺南的鱔魚名店都師承廖家。

也因此沙卡里巴的鱔魚味，已可在許多臺南各店中品嘗了，例如成功路上的阿源炒鱔魚❶，就跟鱔魚南的系統有關，民族路上的阿江❷則系出阿源，新搬至新和東路上的眼鏡仔鱔魚意麵❸也跟廖家有關。

所以今日來到臺南吃炒鱔魚，可能都跟沙卡里巴有關。吳新榮是否吃過廖家的鱔魚已不可考，但有心的食客，或許可以去吃吃大火爆炒鱔魚二十七秒熟成的技藝，是否依舊傳承到廖家的手藝。

石精臼的香腸熟肉與飯桌仔

鄰近著沙卡里巴，另一個早期臺南美食集中區則為鄰近赤嵌樓的石精臼❹。

一九二〇年代，石精臼附近的廣安宮廟前廣場，聚集許多攤商做些油水生意。戰後，此處商販規模越來越大，不斷向外延伸，除了早市也有夜市，綿延著整條民族路，一九八〇年代，蘇南成市長為了解決環境與衛生問題，因此進行整頓，許多攤商搬遷至小北觀光夜市，今日在臺南許多打著石精臼旗幟的小吃，就是源自於此地。

早期石精臼多以早市為主，販售飯、湯、魚、肉加上蔬菜的飯桌仔，提供許多勞動者一天所需的精力。至今還在民族路上開店的福泰飯桌❺，開業於一九三九年，可說是石精臼美食的代表。福泰的滷肉飯、魚丸湯，加上白菜滷與蝦捲，都是些尋常見於臺灣各地的食物，但福泰好像做了經典的示範，品嘗福泰的美食，不僅可得飽足，更能得心裡的滿足感。同樣也在民族路上的清子香腸熟肉❻，開業於七十幾年前，原在石精臼廣安宮前做生意，二十年前搬遷到現址。清子的香腸、蟳丸、粉腸、米腸樣樣出色，四樣成一盤，石精臼美食的威名，就是這樣匯聚而成的。

廣安宮廟前廣場，其實就在福泰與清子的附近，但現在已是一片頹

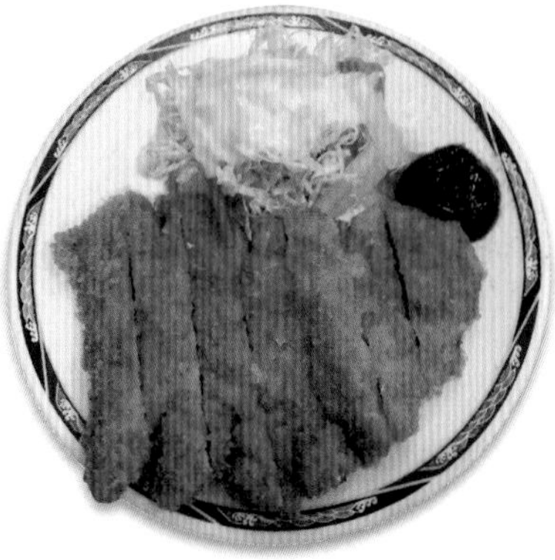

圯，但從香腸熟肉與飯桌仔的食物中，我們彷彿可以看見過去熱鬧的石精臼就在眼前。

林百貨食堂的餘味

近幾年來，重新整修後開幕的林百貨轟動全臺，近代都市的摩登風情，讓林百貨成為來到臺南必定造訪的景點。筆者曾經訪問過年輕時服務於林百貨的石允忠先生，探訪林百貨昔日風華，但筆者最感興趣的，則是他口中的五樓食堂，他口中說的那些壽司、烏龍麵與和風洋食，令人神往。

或許是年輕時的林百貨經驗太過美好，九十幾歲的石允忠先生至今最常造訪的餐廳，也是間技藝傳承於日本時代的京園日本料理❼。對他來說，那類似於林百貨食堂的口味，有最美好的青春滋味。

這令人好奇的滋味，最終在距離林百貨不到五百公尺的西門路上的一間碳烤海產店❽中找到答案。

曾經在林百貨食堂學藝的沈師傅，戰後就在沙淘宮前跟著妹妹一起開店，哥哥出身林百貨，妹妹則學臺菜，日式與臺式並存，代表菜色包括關東煮、炒烏龍麵、炒蛋包飯、豆皮壽司、炸豬排、烤肉串、香油豬肝、蝦丸，以上的手路包括日本料理、和式洋食與臺菜。炸豬排他們稱「通咖滋」，就是和風洋食的那一種，而炸蝦丸則改良自臺菜八寶丸，香油豬肝則是以麻油與糖醋味為主，不用說，這些都是妹妹的拿手好菜。林百貨食堂的口味，其實就隱身在這不起眼的小店之中。

無論是沙卡里巴的鱔魚味、石精臼的飯桌仔，或者林百貨的和風洋食，這些曾被食客們所認同的味道，其實都還存在於臺南的大街小巷中，臺南歷史散步，除了古蹟與習俗，也千萬記得邁開步履，在城市中進行一趟味覺考古之旅。◈

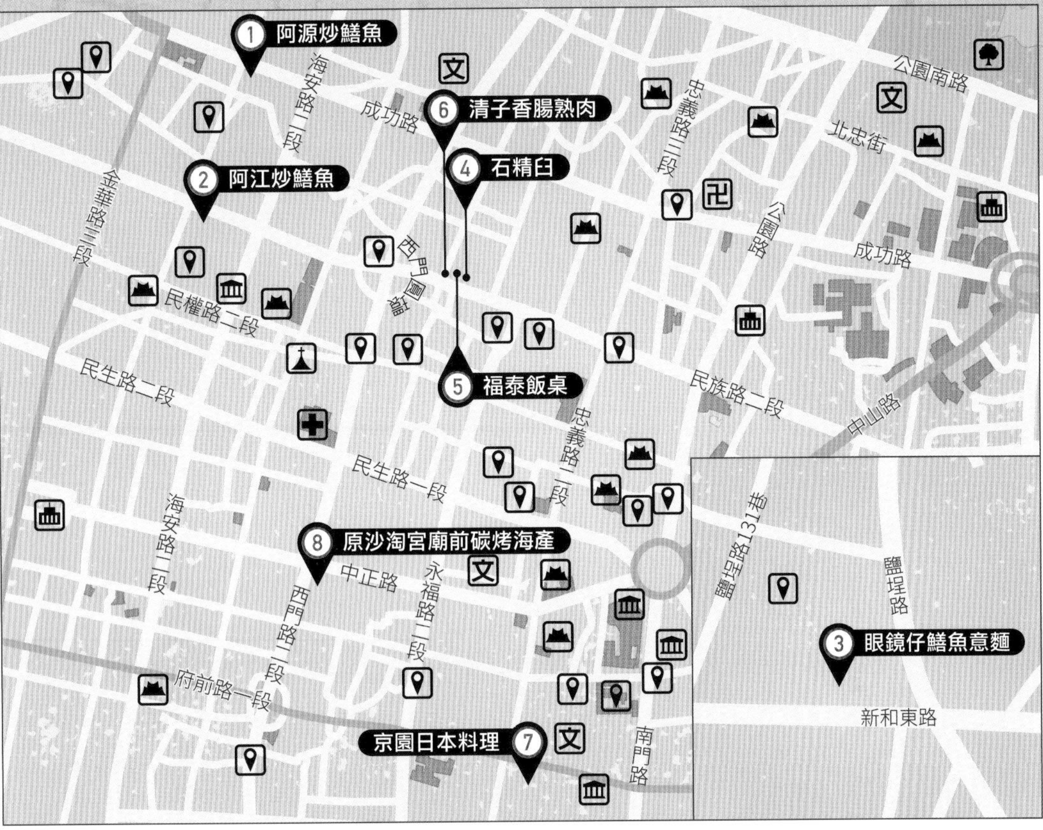

1 阿源炒鱔魚

2 阿江炒鱔魚

3 眼鏡仔鱔魚意麵

4 石精臼

5 福泰飯桌

6 清子香腸熟肉

香腸熟肉攤中，料理多是水煮後蘸醬而食，不過若因此而低估香腸熟肉可說大錯特錯，因為沒有醃料掩護，食材必須新鮮不說，更要特別費工處理，因此香腸熟肉業者總要花上許多時間備料。

7 京園日本料理

8 原沙淘宮前碳烤海產

撼天動地

八田與一和嘉南大圳的開發

文／陳鴻圖

二〇一七年四月烏山頭水庫旁的八田與一紀念銅像被有心人士「斷頭」，這尊身穿工作服、席地沉思、面向烏山頭水庫的八田銅像，從一九三一年嘉南大圳完工就被立於此。太平洋戰爭時，由於民間的收藏而免於被徵收融鑄成槍砲，但卻意外在平和時期遭受破壞。

此次的斷頭事件除是少數人意識型態作祟的非理性行為外，亦顯示臺灣社會對八田與一和嘉南大圳的認識有限。這位被尊稱為「嘉南大圳之父」、「愛臺灣的日本人」和嘉南大圳究竟對臺灣的影響有多大？又我們該如何評價八田與一？及此工程在文化資產上的意義為何？這些問題值得我們好好認識。

土木技師的堅持與追求

八田與一，一八八六年出生於日本石川縣金澤市。一九一〇年，剛從東京帝國大學工科畢業的他來臺灣貢獻所長。因為當時日本帝國統治臺灣已十五年的光景，正戮力想把臺灣建設成為向各國列強展示日本國威的櫥窗，於是廣徵優秀人才來到臺灣；再加上世紀大創舉的巴

嘉南大圳組合珊瑚潭
中島高地ヨリ八田ダムヲ望ム
（周圍五十八里貯水量五十五億立方尺）
HATTA DAM LOOKING FROM NAKAZIMA PLATEAU, SANGOTAN, KANANTAISHU.
PART 2. (THE ENVIRONS 58RI)
(THE STORAGE QUANTITY 150 MILLION CUBIC METER)

眺望著烏山頭水庫的八田與一銅像。

拿馬運河開通，對學生時代的八田衝擊很大，常常夢想著參與偉大的工程。他常覺得人不應該為了作官或地位而工作，而應該是為了造福後代。

八田來臺接手的第一個計畫案是解決高雄的淹水問題，他提出填高整個市街的計畫書與預算案雖獲得極高評價，但因預算編列高得嚇人而被駁回，還因此換得「狂言八田」的封號，然而計畫經修正實施後，卻發現他是對的。

之後他又投入臺灣主要都市的上、下水道工程，以防止瘧疾、霍亂、鼠疫等傳染病的發生。正因為這個經驗，他對於曾文溪以及臺南的地形相當熟悉，也奠定日後設計嘉南大圳的基礎。在規劃嘉南大圳之前，他曾負責桃園大圳灌溉工程，同時被派任兩項調查工作，尋找適合水力發電的水源，及勘查急水溪是否可以興建灌溉水壩，調查後發現日月潭最適合作為水力發電的水源地。

一九一七年，八田完成調查工作後，趁著工作空檔回到日本和米村外代樹結婚，度完蜜月後隨即回到臺灣，準備進行嶄新的世紀大工程——嘉南大圳，並建立住所❶，思考水利工程之規劃與施作。

嘉南大圳的興建及內容

完工於一九三〇年的嘉南大圳，原名為「公共埤圳官佃溪埤圳」，

圖目錄Q－2 烏山頭水庫集水面積為58平方公里。

嘉南大圳組合珊瑚潭
中島高地ヨリ八田ダムヲ望ム
(周圍五十八里貯水量五十五億立方尺) 其一
HATTA DAM LOOKING FROM NAKAZIMA
PLATEAU, SANGOTAN, KANANTAISHU.
-PART 1- (THE ENVIRONS -58RI)
(THE STORAGE QUANTITY
-150 MILLION CUBIC METER)

1 八田與一住所

今為八田與一紀念園區。

圖目錄B－8

八田與一。

其工程內容包括：

一、官佃溪貯水池，即烏山頭水庫❷，利用今臺南縣官田、六甲、大內、東山鄉間的低窪谷地為集水區，在官佃溪上游烏山頭堵塞其流，形成一大人工貯水池，原有被包圍在潭中的二十餘座小山峰，均成為潭面之島嶼，潭岸曲折如一珊瑚狀，故有「珊瑚潭❸」之稱。

二、烏山嶺隧道，本工程為所有嘉南大圳工程中最困難的部分，目的是將官佃溪的水導引入烏山頭貯水池，隧道長約三千一百一十公尺。

三、取水口，嘉南大圳灌溉區域共有曾文溪、濁水溪林內第一取水口、林內第二取水口及中國子取水口等四個取水口，四個取水口都是鋼骨水泥建築之上捲式水門。

四、給水設備，即灌溉渠道，依其性質分為幹線、支線和分線三種，總長度約一千四百一十公里；幹線自北而南有濁幹線、烏山頭北幹線、南幹線，並建設七座輸送管道水流，跨越河道、溪溝、圳溝和道路的架空水槽橋樑，其中以曾文溪渡槽橋❹最長。

五、排水設備，為排除灌溉餘水及藉以改良土地而興建的排水路，大、小總長度約七千公里。

六、防洪及防潮設備，為防止灌溉區域溪流的氾濫，選擇必要地點建築防水堤；又為防止潮水浸淹，乃於沿海若干地點築防潮堤。

濁水溪的三個取水口、導水路、濁幹線、支線等給水路於一九二六年前陸續完工，預計灌溉北港溪以北、濁水溪以南的雲林平原約四萬多千甲的土地。嘉南大圳烏山頭系統於一九三〇年完工，預計灌溉嘉南平原中南部區域約九萬多千甲土地，合計近十五萬甲，實際的灌溉面積約十三萬多甲。

馬蹄型的烏山嶺引水隧道出口，至今送水80餘年。

圖目錄Q－2

桃園大圳的虹吸式取水口，灌溉面積約17,700甲。

圖目錄B－9

今&昔

位置請對照p.176－177的地圖

昔 圖目錄Q－2

2 烏山頭水庫

烏山頭水庫的送水口與平衡水壓的平壓塔。送水口上方現今設有八田技師紀念室，電影《KANO》曾在此地取景。

昔 圖目錄B－3

3 珊瑚潭

環繞水庫的堰堤，長達1.2公里。

昔 圖目錄B－3

4 曾文溪渡槽橋

為嘉南大圳的七座水橋之一，長340公尺，橋面為道路。水橋現今為市定古蹟。

圖目錄P－10

雲林崙背的灌溉水道，為水稻、甘蔗、雜作的3年輪灌區域。

圖目錄B－8

嘉南大圳的影響

嘉南平原在嘉南大圳完工前的耕地面積已高達近二十六萬甲，為全島各地耕地面積最大之區域，但偌大的耕地面積對農業生產的實際效益卻遠不如其他地區。以一九二五年來看，當時每戶農家的平均農業生產額、每甲耕地的平均生產額都是五州中最低，但嘉南大圳完工後，這些情形很明顯地改變了。

就嘉南大圳設計的預期效益，在農作物收穫額及土地價格兩方面預定可以增加近一億兩千萬圓的收入，其中稻米每年增加四十六萬斤，砂糖每年可以增加兩億四千萬斤，每甲土地的生產額由九十圓增加至一百三十九圓；土地價格因地價上漲，每甲原本三百一十三圓的地價，可上升至每甲九百六十三圓。其他較顯著的影響有：

一、耕地形態的變化，通水後嘉南平原水田激增近一倍，旱田銳減近十萬甲。

二、看天田、鹽分地的改良，利用灌溉和排水來改良近十萬甲的土地，並一舉解決洪水、乾旱、鹽害等三害問題。八田以「三年輪作給水法」配合農業技術，改良土地和生產方式。看天田的改良是在大圳通水後，利用兩百至兩百五十馬力的大型蒸氣犁進行深耕，翻土深達地表下二點五尺，並使用堆肥來提高土壤中氮及燐酸等肥料的含量。而鹽分地的改良則以築堤防洪、開溝排水、植防風林、防砂、去除石礫等方式來改善。

三、提高土地價值，通水後，嘉南平原的旱田水田化，使耕地的農業生產收益增加，相對地帶動耕地買賣及租佃價格上升。

嘉南大圳文化資產

文化部將「烏山頭水庫和嘉南大圳水利系統」列為臺灣世界文化遺產十八個潛力點之一，登錄理由是：

「烏山頭水庫與嘉南大圳完工於一九三〇年，當年水利技術未臻成熟的情況下，採當時嶄新的『半水力填築式工法』建造的水壩，不易

圖目錄B－8 嘉南大圳水路分布圖。

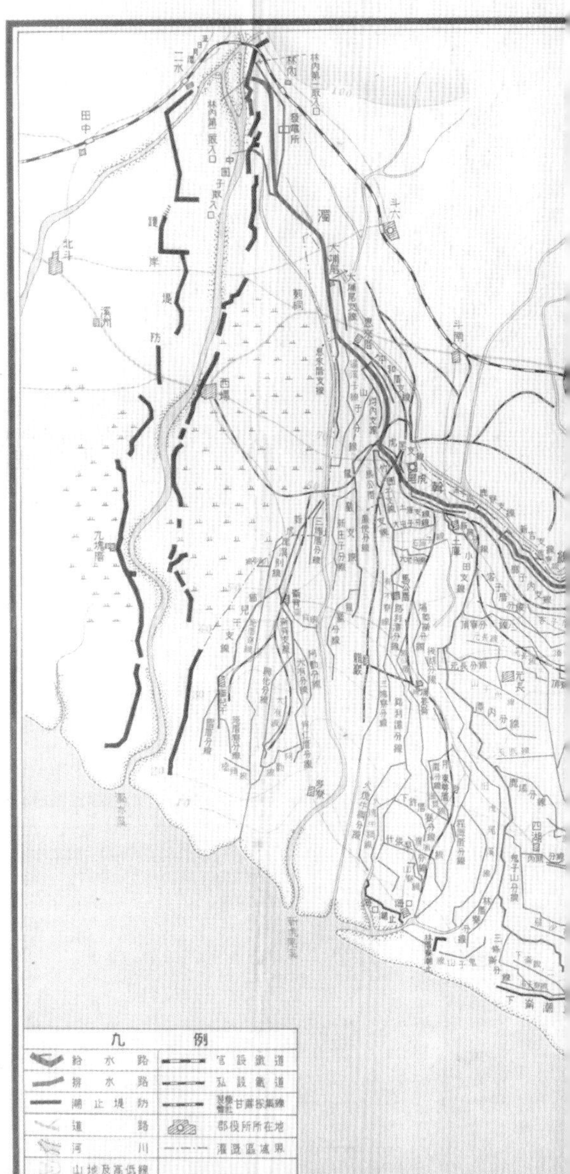

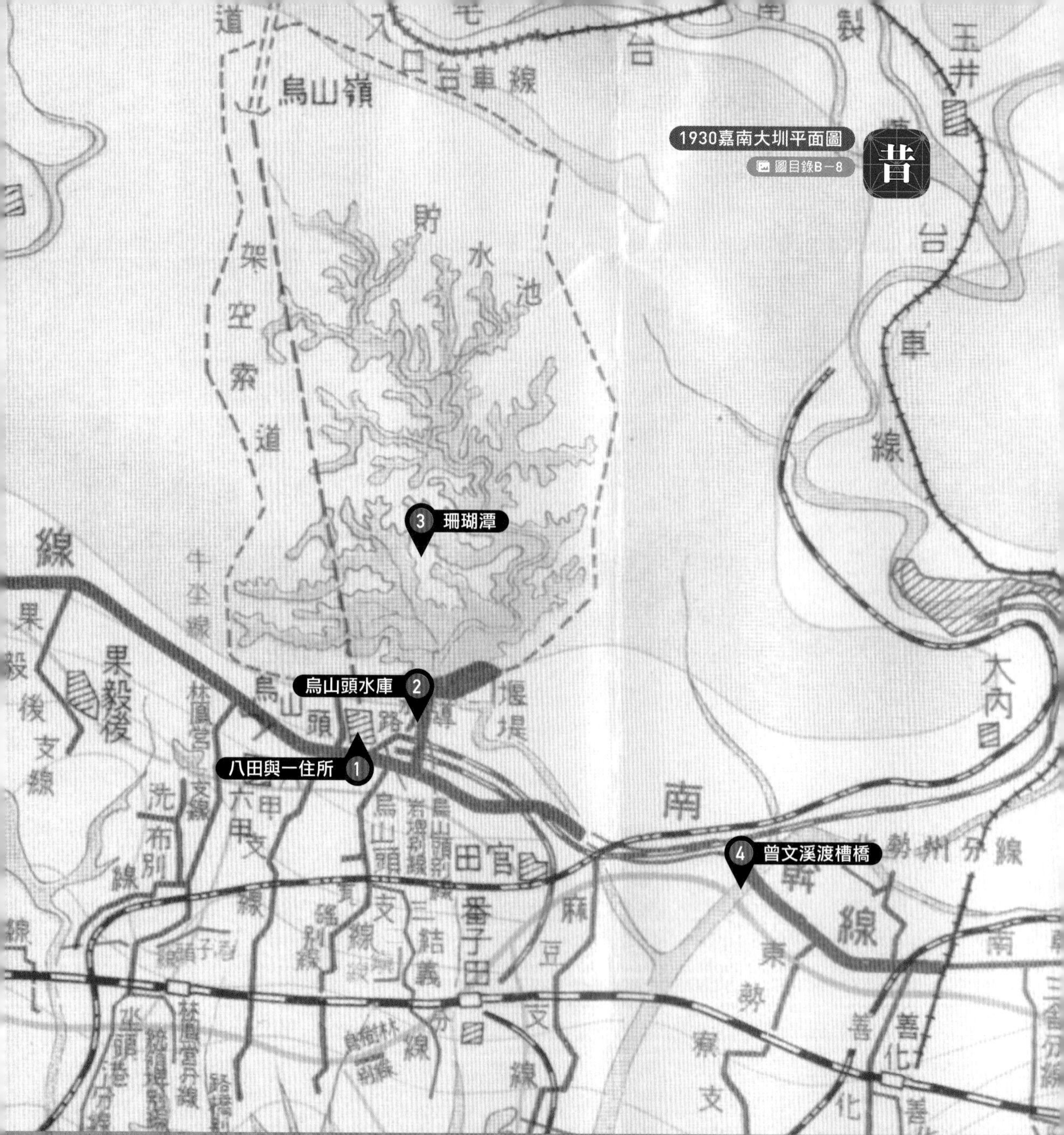

淤積泥沙，對生態環境的破壞減至接近零的地步，在世界土木界鮮有先例。八田與一並創立三年輪灌制度，使可享有灌溉用水的農民增加三倍，是水利工程偉大經典之作。符合世界遺產認定標準第一項。烏山頭水庫與嘉南大圳重現了一九二〇年代八田與一的水利工程規劃及技術，加上烏山頭水庫珊瑚潭湖光山色美景及相關水利設施，皆為珍貴的時代地景，符合世界遺產認定標準第四項。」

就嘉南大圳的文資價值絕對符合世界文化遺產登錄標準，無奈臺灣並未簽署《世界文化與自然遺產保護公約》，目前很難有所作為。

雖是如此，對於嘉南大圳文化的保存可以朝幾個方向努力：一是盡速調查嘉南大圳相關文化資產，並進行指定保存，以避免舊有水利設施遭受破壞。二是相關單位應合作全面普查轄下所有水利設施、登錄基本資料；另全面清查相關文獻資料，迅速整理和保存；另對於「活

的文獻」，即水利從業前輩應盡速進行口述訪談藉以保存和傳承技術和記憶。三是將水利融入社區居民的生命共同體，結合產業發展、聚落文化和自然生態等地方特有資源，凝聚社區意識，營造社區生命共同體的觀念。◈

舞榭歌樓
摩登劇場

圖目錄G－1

城市餐館裡的時代記憶

酒樓料亭的飲饌文化

文／陳曉怡

一九二二年元旦這天的《臺南新報》似乎與平日不太一樣，各頁版面都被琳瑯滿目的廣告占據。原來各地的百貨商號與工商會社為迎接新年，增加知名度，紛紛在南臺灣最重要的報紙上亮相。其中最能引起人們注意的應該就是關乎飲食的廣告吧！細加觀察臺南的料理店，可看到醉仙樓、醉仙閣❶、松金等標榜「支那料理」或「臺灣料理」的中式酒樓，以及鶯遷閣、御影花壇、鶯料理、小梅園等日式料亭，還有滋養軒、臺灣樓、大丸軒等西

圖目錄0－17　鶯料理廚房內部一景。

洋料理屋。這些各自有所標榜的餐館，除了可看出日治時期臺南飲食的多元性，也凸顯城市經濟與消費文化的緊密關係。此外，這些餐館在當時都被稱為「旗亭」，乃是源於中國古代供應酒水之食肆皆懸旗為酒招，故而雅稱之。

旗亭爭豔

做為臺灣最早開發，又具文化深度與經濟條件優渥的府城，在清末，除一般飲食店，城內城外都有可供宴饗的酒樓。日治後則「酒樓菜店，到處皆是」。據一九〇五年《漢文臺灣日日新報》記載，當時頗具規模的酒樓有醉仙樓、寶美樓❷、水仙樓、坐花樓等。

酒樓一般都開設在人潮聚集的商業中心，清末府城的酒樓就多位於大西門內的十字街區，如竹仔街醉仙樓，在今永福路與忠義路間的民權路二段上，而民權路正是荷蘭人闢建的第一條大街。內新街寶美

今&昔

位置請對照p.186－187的地圖

圖目錄P－2　昔

1 醉仙閣

1913年，醉仙樓開設支店，由高得經營，1921年更名為醉仙閣，1930年後搬遷布商高順建造的四層西式洋樓，1933年又搬至今中正路與西門路口，1939年後轉手易主，酒樓招牌不再。圖為第二代醉仙閣，現為盧氏住宅。布商高氏家族興建的四階洋樓，租給醉仙閣、新寶美等酒樓，1937年過戶給臺南信用組合主席盧世澤，改為廣陞樓，戰後曾租作中國航空員工宿舍，盧世澤子盧金生亦曾在此行醫，如今大門仍懸「世澤醫院」匾額，2003年定為市定古蹟。

昔　圖目錄O－4

2 寶美樓

建於1934年，樓高四層，時有「北有江山樓，南有寶美樓」的盛譽，一代詩妓王香禪從艋舺南下，即在寶美樓重新執旗幟，建築現為婚紗公司。

樓則在永福路與新美街間的民生路上，還有位於五條港水仙宮後的水仙樓、坐花樓，及後來的西薈芳、醉仙閣也都選在這個範圍內設店。

由於酒樓日益增多，各樓主無不費盡心思經營。一九一三年《臺灣日日新報》即報導「臺南市上本島旗亭最著名者為醉仙樓，次即開仙宮街寶美樓。」因前者場地較為寬敞，可容十餘席；後者則較為狹窄，但酒餚適口，藝旦又頗為可人兼善應酬。此時新設的西薈芳為磚造三層樓建築，則以氣派新穎的門面和寬敞空間吸引顧客，當時酒樓競爭之激烈由此可知。

食不厭精

除了選擇地點、打造舒適的用餐環境，酒樓更重要的是能提供精緻餚饌。當時酒樓究竟有哪些菜式呢？據資料顯示，常見的有銀絲豆菜、紅燒筍尖、走油毛菰、玉筆白菜、炒魚片、五柳居、金錢

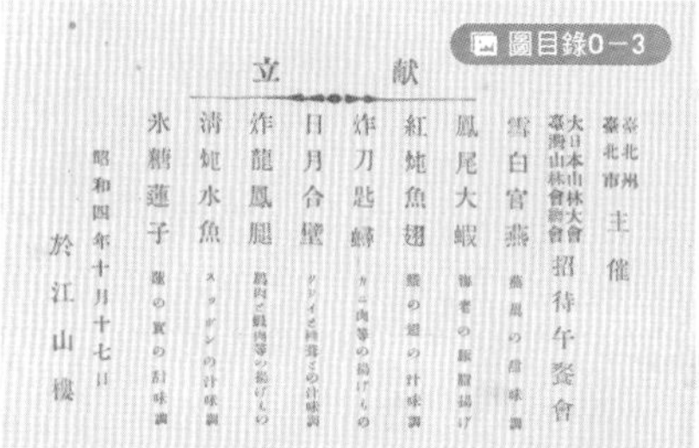
臺北州 臺北市 主催
大日本山林大會 臺灣山林會總會 招待午餐會
獻立
雪白官燕 燕窩の甘味調
鳳尾大蝦 海老の[illegible]揚げ
紅燉魚翅 鱶の鰭の汁味調
炸刀匙蟳 カニ肉等の揚げもの
日月合璧 グリイと蒲鉾との汁味調
炸龍鳳腿 鶏肉と蝦肉等の揚げもの
清燉水魚 スッポンの汁味調
冰糖蓮子 蓮の實の甘味調
昭和四年十月十七日
於江山樓

圖目錄O－3

透過日治時期作為臺灣料理代表的大稻埕江山樓宴席菜單，可以窺知當時酒樓宴飲的精緻高級。

圖目錄B－1 吳新榮與東京習醫同窗聚會於寶美樓。

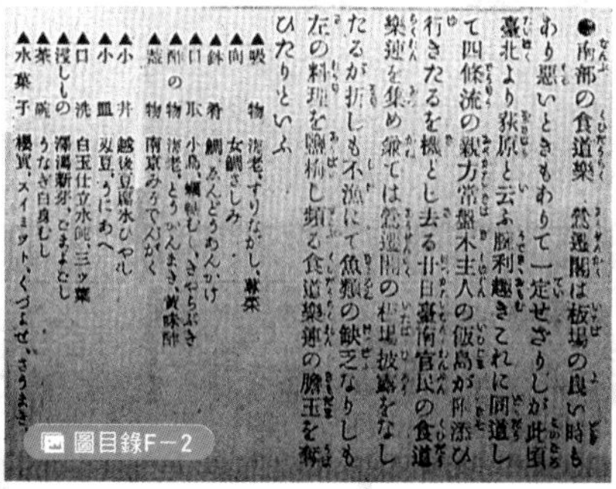
●南部の食道樂 鶯遷閣は板場の良い時もあり悪いときもありて一定せざりしが此頃臺北より荻原と云ふ腕利趣きこれに同道して四條流の数方常盤木主人の飯島が附添ひ行きたるを機とし去る廿日臺南官民の食道樂連を集め銘ては鶯遷閣の板場披露をなしたるが折しも不漁にて魚類の缺乏なりしも左の料理を腕揮し頗る食道樂連の勝玉を[illegible]ひたりといふ
▲吸物 海老、すりながし、蓴菜
▲向 女鯛さしみ
▲鉢肴 鯛、みんどうあんかけ
▲口取 小鳥、蝦餅むし、さやちぶき
▲酢の物 海老、とうかんまき、黄味酢
▲蓋物 南京みそで人がく
▲小丼 越後豆腐水ひやし
▲小皿 双豆、うにあへ
▲口洗 白玉仕立水飩、三ッ葉
▲浸しの 澤瀉新芽、ごまよごし
▲茶碗 うなぎ白身むし
▲水菓子 櫻實、スイミツト、くづよせ、さうまき

圖目錄F－2

《臺灣日日新報》於1907年所登出的日式料亭鶯遷閣菜式。

蝦、白片蟳、栗子雞、加里雞、八寶鴨、塔鴨餅、火腿筍、炒水蛙、八寶蟳羹、什錦火鍋等。還有掛爐烤鴨、東坡方肉、廣州窩麵、吐司蝦仁也都陸續出現在菜單中。點心則有冰糖蓮子、杏仁豆腐、不忍（布丁）、水餃、燒賣等。至於燒全乳豬、三絲魚翅、雪白官燕、雪白木耳等，是屬於特別料理，只有重要宴席才會出現這些高檔菜餚。然而隨著人們口味需求的多元化，酒樓也逐漸融入各項外來元素，如一九二二年醉仙樓就在報上刊登廣告：「特聘名庖專心研究，不論臺灣、支那、日本、西洋諸料理一概具備。」可見酒樓菜式也是要因應時代求新求變。

俗諺云：「富過三代，才懂吃穿」，人們在經濟穩定、生活優渥之後，飲食就不僅只是維生需求，而逐漸形成一種審美品味。像明代以來即成為高級宴席裡的重要食材：魚翅、海參、燕窩等珍奇之物，因南北貿易流通開始進入臺灣，並透過繁複技術烹調成精緻的菜餚，在經濟富裕的社會裡遂成為獨特的飲食風尚與身分象徵。但由於價格昂貴，並非一般民眾所能負擔；因此，酒樓宴飲仍然屬於菁英階層的飲食文化，並未普及於臺灣的庶民生活中。

酒樓雅會

一九一二年府城進士許南英返臺，臺灣三大詩社之一的南社特別舉行歡迎會，據《臺灣日日新報》報導云：「南社諸詩人，者番因巨紳許南英歸梓，社員多與有舊，或其輩行或屬世交，所以歡迎之。乃於去十四日午後六時間，乘星期休暇，假市內竹仔街之醉仙樓旗亭，開歡迎會，赴席者自趙雲石社長以外數十人，招藝妓彈唱侑酒。」

由於酒樓兼具多重感官享受，自然成為政商名流或仕紳文人的社交空間。如一九三〇年臺南五社於醉仙閣召開聯吟擊缽會、一九三三

圖目錄P－2 醉仙閣藝旦慰安會。

圖目錄O－3 西洋料理屋滋養軒火柴盒封面。

年臺南商工協會顧問劉明哲赴滿州，南社同人在寶美樓為其餞別、一九三四年府城仕紳洪采惠於醉仙閣為孫女舉行婚宴等，各類聚會及詩社雅集等活動紛紛在此舉行。

酒樓裡除了供應精緻餚饌外，更有色藝俱佳的藝旦寄籍，有時還會聘請梨園劇班演出。藝旦們不僅容貌姣好，其姿態或嫵媚嬌豔、裝束時髦，或舉止嫻雅、蘊藉可親，同時還多才多藝，有善唱京戲、南北管者，有善舞蹈者，更有通曉文墨，可與文人相互酬唱者，因此酒樓佳人與風流名士的韻事遂時有所聞。當時在臺南發行的《三六九小報》還特闢「花叢小記」專欄，每期專記一藝旦之事，為府城留下了許多綺旎豔聞，因此藝旦也就成為酒樓文化的另一個特色。

時尚生活

雖然日治時期的政治、商業重心已逐漸北移，然而府城所積累的文化底蘊與經濟實力，仍然不可小覷。在現代化過程中，府城的休閒娛樂也產生了變化。如南社在一九二六年舉行的中秋觀月會，就改以屋船航行於新運河之上舉行，晚餐則是每人一份「鶯料理便飯及麥酒飲料」，餐後還有黃欣變魔術、胡南溟拉胡琴等娛興節目，可說是風雅又時尚的詩人聚會。

鶯料理❸是位於臺南測候所附近的日式料亭，一九二三年皇太子來臺南巡視，下榻於知事官邸期間，鶯料理也被指名負責供應餐食。一般料亭除提供較正式的會席料理，也可外送便餐，如上述所舉南社聚會的例子。此外，與傳統酒樓多位在臺南中西區不同，日治初期興起的日式料亭分布在市內各處，如當時最著名的鶯遷閣❹位在今衛民街，臺南公會堂後有柳下料亭，明治町三丁目有小梅園和一筆，離市中心較遠的泉町還有與鶯遷閣、鶯料理並稱為臺南三大料亭的御影花壇。至於西洋料理店如滋養軒和臺灣樓❺位於本町四丁目，除提供正餐外，也兼售麵包點心與冰淇淋。此外，還有標榜「和洋料理」的餐館，如在西市場內的掬翠，除西餐外還兼賣「銀鍋鋤焼」。不過，當時去料亭或西洋料理屋用餐的顧客多半還是日本官商，臺灣人除非與日人聚會議事，一般很少前往。吳新榮就曾在日記裡寫：「（鶯遷閣）這一流的料亭所出的和食，最好也是サシミ（生魚片）而已。一個人分說八圓，未免太貴死人啦！」或許除了飲食口味與用餐習性不同，價格昂貴還是最重要的因素。

一九三〇年代臺灣興起時髦的喫茶店與珈琲店，除販售茶與咖啡外，也提供簡易的餐點，兼售麵包、菓子、冰淇淋，相對於昂貴的西洋料理屋，消費較為平實。如位於西門町的天國珈琲店、西門市場二樓的南國珈琲店、北門町的ホーライ（蓬萊）❻、末廣町的林百貨附設喫茶店，及知名的森永喫

今&昔

位置請對照p.186－187的地圖

3 鶯料理

原鶯遷閣主廚天野久吉1912年創辦，佔地200坪，戰後一度充為臺南一中宿舍，於2013年整修完成，2015年指定為臺南首座紀念性建築，並於2018年開放參觀。

圖目錄D－4

4 鶯遷閣

位於今衛民街，日本官商宴飲活動時常去的日式料亭之一，為兩層建築，於2013年拆除。

5 臺灣樓

位於本町四丁目，料理十分美味，初期因店內不夠整潔，但改善後，成為臺南西洋料理店的代表之一。

6 ホーライ（蓬萊）

位於北門町二丁目，為年輕男女及文人雅士喜愛的據點。

茶店⑦。其店內裝潢均為西式風格，又有電唱機播放音樂，因此成為一九三〇年代後市民新興的消費場所。二者最大的不同是珈琲店可供應酒類，並有女給在席間陪侍客人，但喫茶店不能販賣酒精飲料，反而比較接近現代的咖啡館。

一九三三年洪鐵濤曾在《三六九小報》的一篇文章裡寫道：「崁城承平之煙月，由來已久矣！時有代謝，尋芳買醉，現已舍酒樓而趨珈琲店矣。……盛哉珈琲店，尖端時代之寵兒也。」當時不只時髦的青年男女，許多文士也紛紛改上珈琲店，或感受西洋文化的氛圍，或意在女給不在珈琲。珈琲店為時代寵兒，當之無愧。

佳里醫生詩人吳新榮，或許可做為日治臺南這一時空背景的最佳代言人。從其日記中，看到他多姿多彩的飲食生活：往滋養軒取午食、在寶美樓開晚宴、去鶯遷閣嘗和食、到天國珈琲店飲酒、至森永食茶、吃親子丼、上冰室喝綠茶雪克……從酒樓到日式料亭、西洋料理屋；從喫茶店、珈琲店到冰室，這些屬於城市的飲食消費，具體地呈現日治時期摩登文化與臺南舊城，在兩相碰撞後所嶄新面貌，頗值得玩味。◈

⑦ 森永喫茶店

位於林百貨附近的森永喫茶店，為當時新潮時髦的消費場所。

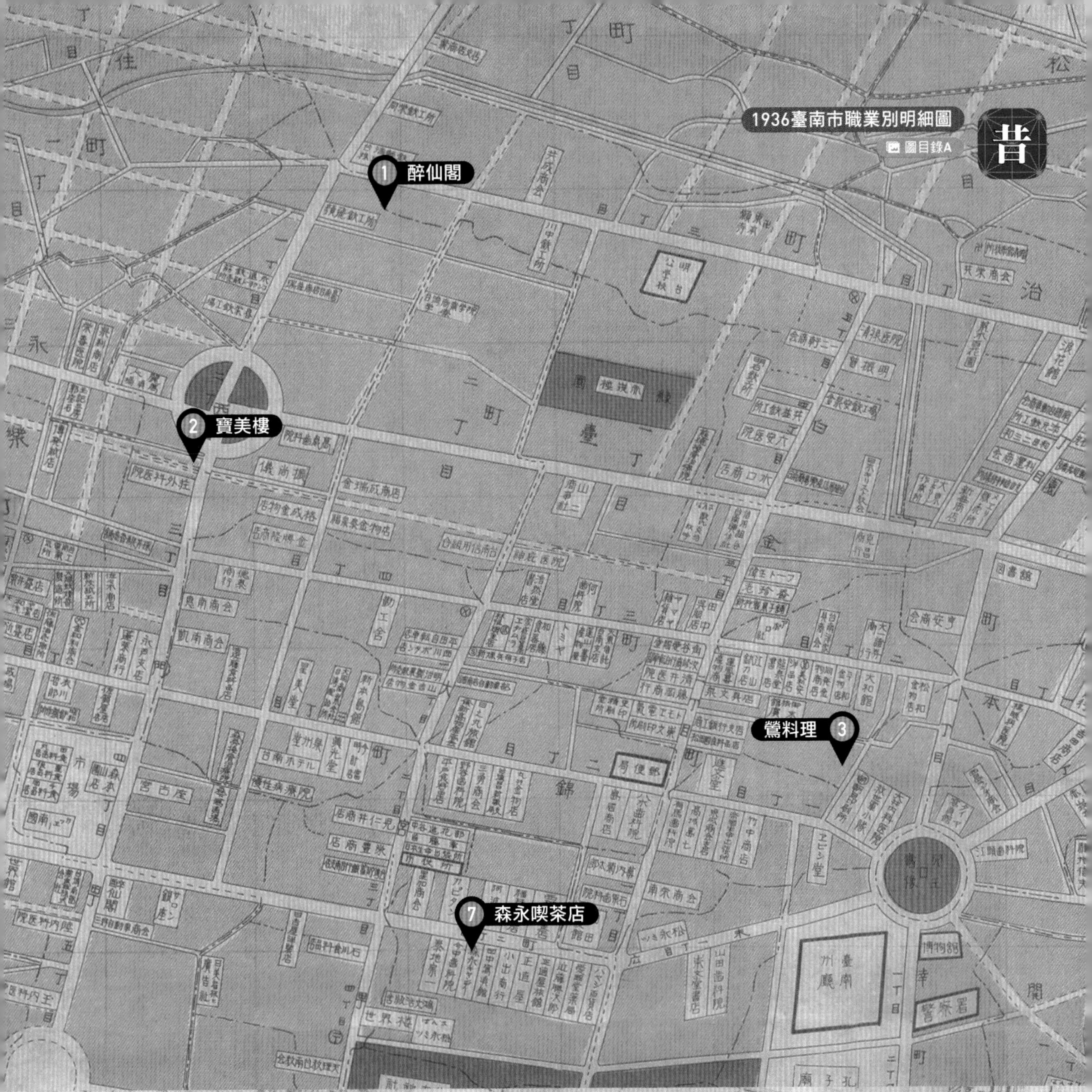
1936臺南市職業別明細圖
圖目錄A
昔
1 醉仙閣
2 寶美樓
3 鶯料理
7 森永喫茶店

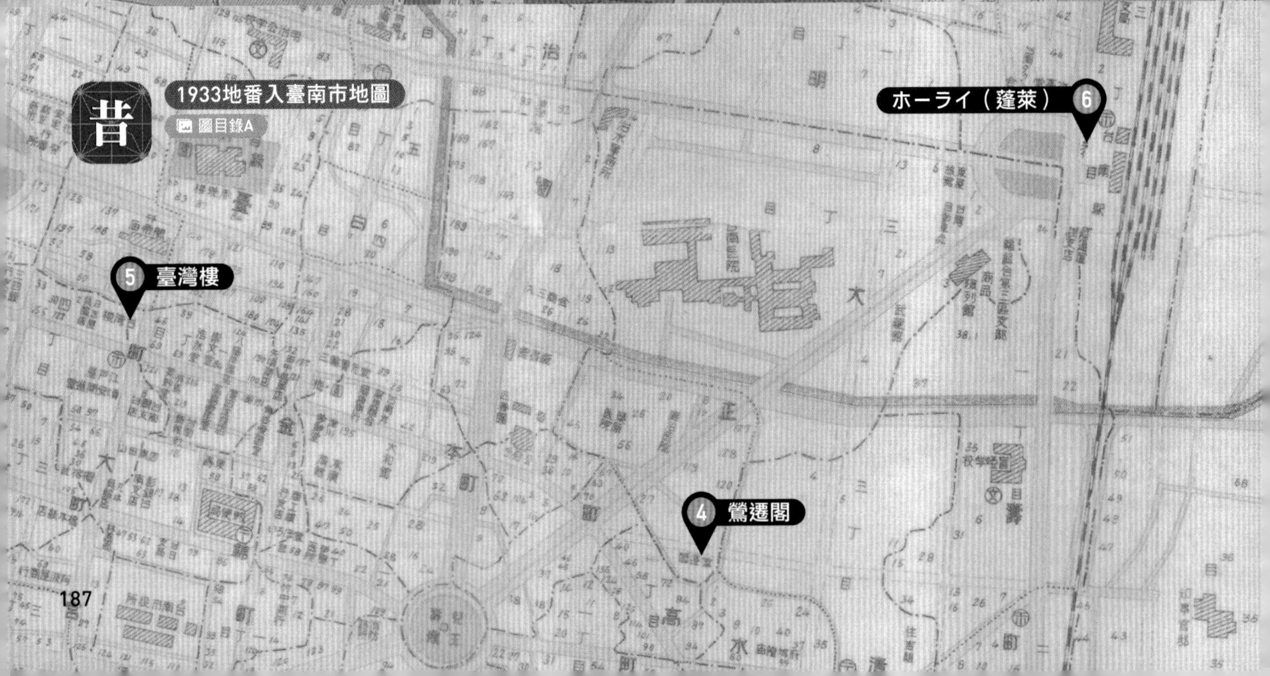
昔
1933地番入臺南市地圖
圖目錄A
5 臺灣樓
ホーライ（蓬萊） 6
4 鶯遷閣

再探臺南新町遊廓

少年葉石濤的府城春夢

文／梁秋虹

「阿淳，你知道黑橋這個地方嗎？」

「你說那是小西門右側的遊廓嗎？我從沒到過！」

一聽到黑橋這兩個字，李淳立刻面紅耳赤，坐立不穩，甚怕被外頭的什麼人聽到。府城靠近運河的一個角落，是日本人所開闢的「遊廓」（性專區），是府城的溫柔鄉。李淳從小就被長輩告誡不可踏入那黑橋地方去；那是個坑害好人，使人身敗名裂，家破人亡的地方。那是罪惡的淵藪，被神祕的煙霧密密地籠罩的地方。（葉石濤，〈遊廓〉，《自立晚報》一九八五年六月三日）

臺灣文學作家葉石濤曾以日治末期的臺南新町風化區為背景，寫成極短篇小說〈遊廓〉，發表在一九八五年《自立晚報》副刊。這一年，六十歲的葉石濤執筆寫下一個十四歲男孩初次體驗性快感的「初潮」。

故事的主角李淳對性還很懵懂，正要進入人生夏季燠熱浮躁的青春期，出身白金町打銀街，身為地主之家的他就讀臺人第一志願臺南州立第二中學校（今臺南一中），原本前途理應一片大好，然而眼前戰爭陰影下的府城卻是一片蕭條。

李淳就是少年葉石濤嗎？對照

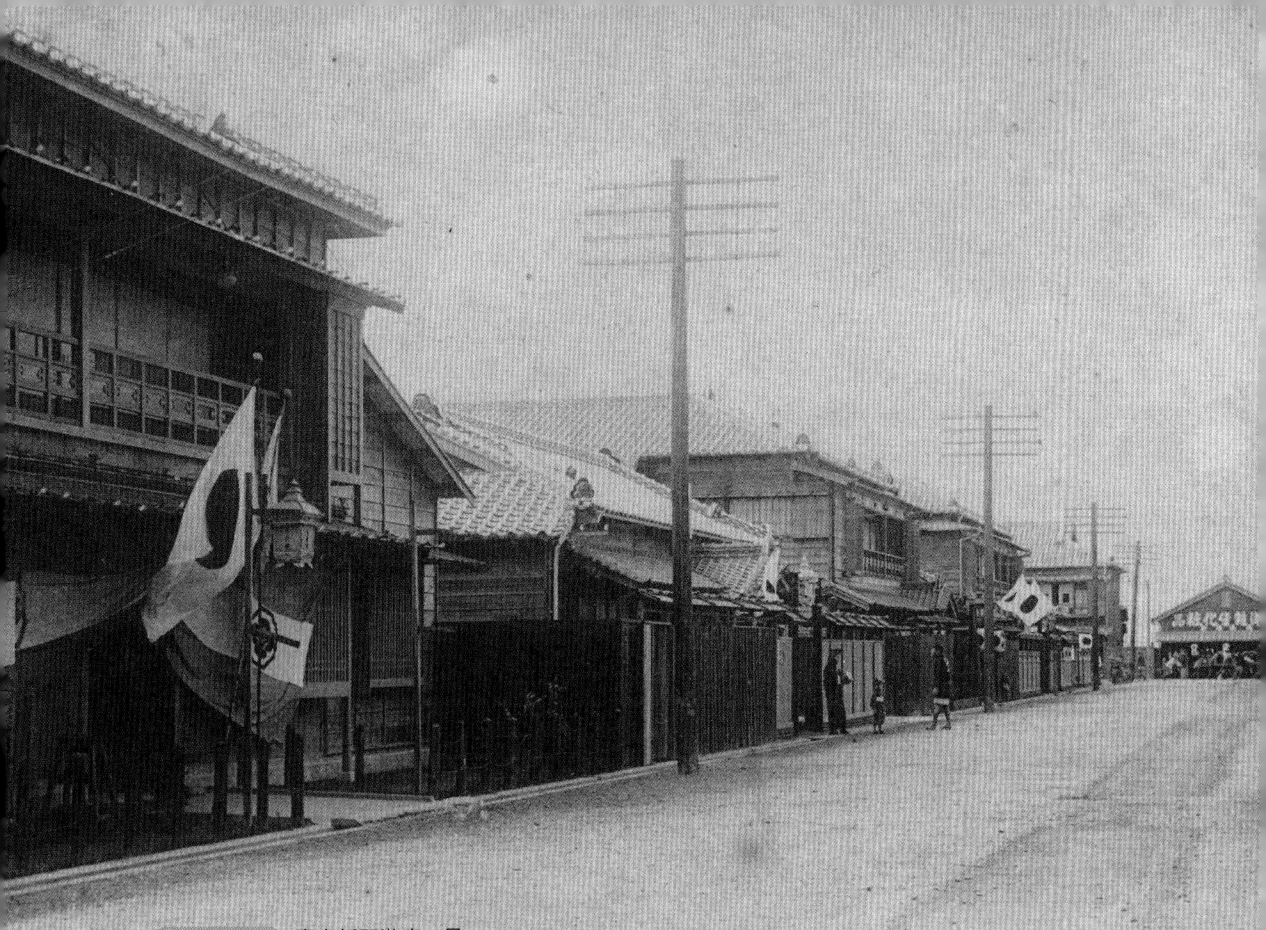

圖目錄0－7　臺南新町遊廓一景。

葉石濤回憶錄《府城瑣憶》，葉家祖厝大宅同在打銀街（今忠義路二段），同是鐘鳴鼎食之家，最終成為「日本天年」下的沒落大戶，而後委屈棲身位於今日民生路內的「蝸牛巷」。一九三九年，葉石濤十四歲，正值「臺灣志願兵制」（臺灣人募兵制）實施前。兩人甚至同樣剛讀過松枝茂夫翻譯的《紅樓夢》，目擊字裡行間賈寶玉初嘗雲雨。

無論如何，李淳與葉石濤兩個少年，在大時代的人生際遇是相似的，像「遊廓」這樣神祕的地方，此前從未踏足，走進仍在霧中。

新町遊廓：日本花街

果然從小西門拐到右邊，沿順著一條大臭水溝走下去就遠遠地看到黑黑的木橋，走過木橋，就另成一廓，好似世外桃源，路口盡是些日本下町（商業區）風格的古色古香的木造樓房，緊閉的大門兩側掛著紅色燈籠，門前水泥地上撒了些涼快的水，門前地面上還有潔白的鹽柱（日本妓樓攬客風俗）。

「這是日本藝妲間（日式妓樓），咱們進去不得，有時碰到喝醉的四腳仔兵可要提防被修理一番！」李玉珍吐了吐舌頭，做了個鬼臉。

小說裡，一身大甲帽、香港衫、國防褲的紈絝子弟李玉珍，正要帶著小老弟李淳前往「遊廓」見識。

那麼，他們所要前往之處究竟是什麼樣的地方呢？

實際上，早在一八九七年，伴隨著殖民地公娼制的實施，日本政府很早便在大西門外的清代府城風化區舊地劃設了「遊廓」，作為性專區。而少年李玉珍眼中的「日本藝妲間」，其實與臺灣傳統上強調賣藝不賣身的藝旦間大不相同。這一類日式妓樓稱作「貸座敷」，也就是公娼戶，在內皆是領有職業執照、合法營業的性工作者，包括提供性交易的娼妓或陪侍接待的藝

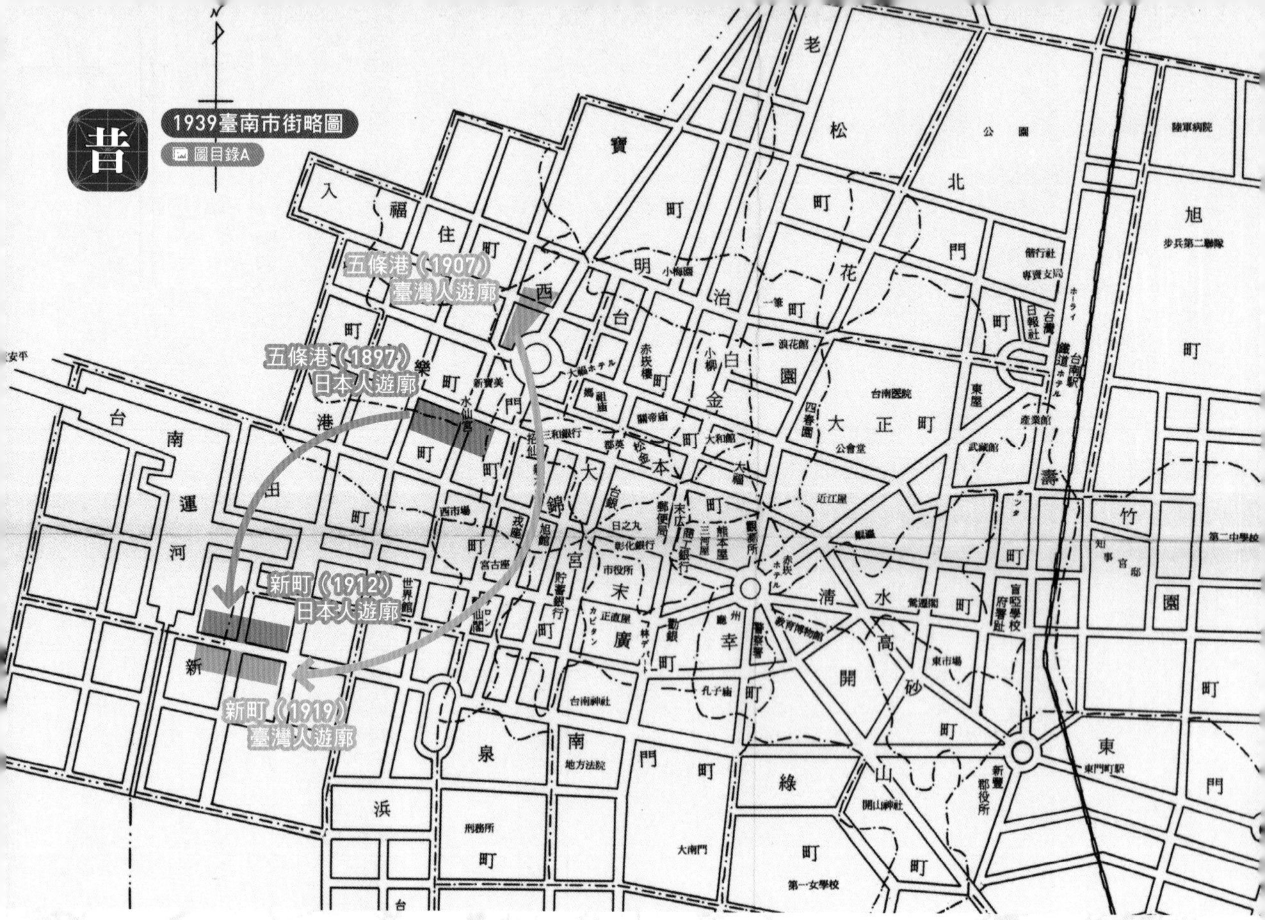

圖目錄A　臺南遊廓從五條港移轉至新町區域圖。

妓，換句話說，這可以說是臺灣歷史上公娼制的起點。

不過，對這些遠從日本或朝鮮渡海而來的跨國性工作者而言，她們多半是出身農村貧家的未成年少女，孤身來臺，離家萬里，一身債務來自父母與人口販子變相締結的人身買賣契約。無論在工作契約或勞動條件上，仍相當缺乏人權保障。而遊廓之所以另成一廓，在地理上具有明確的法定地界，殖民政府除了立法限制規範性產業的營業區域，另一方面也是為了強化對性工作者的人身自由管制，避免如籠中鳥的青樓女子逃亡。

不過，少年李淳所要前往並不是大西門外的舊遊廓，而是後來劃設的新遊廓。日治中期，府城門戶五條港的都市機能逐漸被安平新運河取代。新遊廓便位在運河邊，那裡原本是一大片魚塭地，地權為臺南慈惠院（現為仁愛之家）所有，佔地足足有一萬五千坪。殖民政府在治安衛生顧慮、都市機能發展與市區改正計畫的綜合考量下，決定向慈善機構徵收土地，並要求業者限期搬遷。由此可見，一個城市的性專區，往往是都市計劃強力運作下的產物。

而在葉石濤筆下，從小西門右轉，少年眼中那條大臭水溝——曾位於今府前路的保安大排水溝，一樣是都市計畫下福安坑溪整治工程的結果；而那黑黑的木橋，便是所謂的烏橋。偌大的新町遊廓表面上以烏橋為界，實為以族群劃界，北為日本人與朝鮮人區（今友愛街、康樂街、尊王路一帶），南為臺灣人區（今保安路、大仁街、大智街、大勇街一帶），各自設有貸座敷組合事務所，作為性產業同業公會組織。

加賀屋藝妓千代丸，18歲，來自大阪。

圖目錄A　臺南新町遊廓分布，北為日本人、朝鮮人區，南則為臺灣人區。

「阿淳到了呀！這家叫做白玉樓呢！」

李淳驚地抬起頭來，愕然發覺，他們已走過了遊廓前面的一排日本妓樓來到臺灣式大厝櫛比的一條大街，兩邊房屋都是樓房，佔地甚大，他們所到的一家更有氣派，前門還有些像廟前常見的石級，一段一段地踩上去就到屋簷下陰涼的地方。

放眼新町，日本花街就有高砂樓❶、加賀屋❷、富士見樓❸、開門樓❹、北國樓❺、豐本、皆花園、金波樓、明石樓、明月樓、東樓等日式妓樓，以及朝鮮樓、鮮月樓等朝鮮妓樓，藝妓與娼妓雲集，賣藝與賣身皆備，夜夜笙舞不歇。

一個遊廓，兩個世界。轉入臺灣花街，一眼可見截然不同的臺式風情。臺灣自清代以來便有「藝旦南下飲墨水」的習俗，府城自古便是藝旦詩文才藝養成之地。

在新町卻不只獨立經營藝旦間或將戶口寄留在酒樓的藝旦，放眼愛月園、真花園、金鶯閣、浪花樓、小春園、玩春園、樂春園、玩春樓、新春閣、桂花亭、愉快樓、昭和樓到新昭和樓，這些臺式妓樓捨棄了傳統藝旦論才論藝問風雅的名號，直接掛起日本貸座敷的皮肉生意招牌。娼妓與藝旦同門營業，娼與妓從此不分，門前既是公娼戶，門後也作藝旦間。

值得一提的是，日治臺灣在殖民地公娼制下，構成了以日本公娼為主的性產業結構，臺人性產業一般則多偏向傳統上賣藝不賣身的藝旦或暗巷接客的流鶯私娼。在這個意義上，獨獨在臺南一地設置的臺人遊廓，可說是全臺獨一無二的臺人性專區。文化傳統再加上殖民政策的雙重因素，寫就了新町自成一格的風化地景。

她是約莫十七、八歲的少女，穿著洋裝，上衣是紅點小花的潔白襯衫，下穿墨綠色的燈籠褲，還鄭重其事地穿了一雙豬皮黑鞋；在那戰爭中除了日本統治階級的子女以外

臺南是全臺唯一獨立設置臺灣人性專區的城市。圖為新町遊廓的臺灣人妓樓。

於新町高砂樓演出的藝妓。

很少有人穿這樣光澤閃閃的皮鞋，這真叫李淳有些詫異了。

透過描寫「新町點煙盤」的藝旦挑選恩客場景，不只寫懷春的府城少年，也描寫賣春的臺灣女兒們。自小賣入青樓的少女春娘，家鄉遠在屏東瑯橋，間接暗示了臺灣社會「賣女從娼」的人身買賣舊慣。而當春娘發狂嗚咽地吶喊：「只賣藝，不賣身？我哪來的藝啊！」同時也一語道盡了光鮮亮麗的藝旦背後，名為賣藝不賣身，實為身不由己，不為外人道的淒涼。然而，像春娘這樣的風塵女子也留下許多傳奇故事，電影《新町點煙盤》、《運河殉情記》都出自新町。

同胞需團結：酒家裡的政治史

新町不只是府城溫柔鄉，府城酒家菜名聞遐邇，酒家也紀錄了一頁臺灣政治史。

話說臺灣工友總聯盟成立大會，召開地點都選在南北的兩大酒家。一九二八年，蔣渭水、蔣渭川、盧丙丁及謝春木等人，在臺北大稻埕的蓬萊閣酒家舉行成立大會，當街懸掛起殖民地工運史上最具代表性的精神標語：「同胞須團結、團結真有力」。

隔年，工友總聯盟來到南部舉行第二次代表大會。同樣的布條就懸掛在新町最為雄偉的三層洋樓建築：新松金樓酒家❻。出席者包括蔣渭水、政治委員會主席陳旺成、勞農委員會主席謝春木、書記長李友三、梁加升、盧丙丁、黃賜、張晴川等人。此行包括工友會、農民團體、青年團體在內，共有六十四個團體加盟響應。

負責主持南部大會的議長盧丙丁，就是在地的臺南人。作為工運領袖，他既是民眾黨中央常務委員，也身兼「臺南勞工會」、「臺南機械工友會」負責人。大會以團結勞動階級、提升勞動者權益為訴求，通過八小時工時制以及失業津貼等劃時代的提案。會議結束後，則從新町移師武廟，舉行民眾講演會，進行政治倡議傳播理念。而工友總聯盟對臺南發生的影響並不只停留在這一天。不久後，便催生了臺灣製鹽會社安平廠罷工運動。

末代公娼：特種酒家與綠燈戶

過了黑橋，他把遊廓拋棄在背後，回到他熟悉的乏味的日常世界，除非命運捉弄，否則他真的是沒有機會回到遊廓，也不再想找春娘了。他把童貞獻給了她，而她把整個人生送給了他；總有一天他會明白這些道理的。

回到葉石濤的小說結局，太平洋戰爭後期，李淳被徵召成為帝國二等兵，回到受美軍戰機轟炸而遍地瘡痍的府城。昔日的日本花街不再，新町青樓夢遠，臺灣少男少女的青春夢，似乎也伴隨著一個時代告終而幻滅了。那麼春娘後來怎麼

位置請對照p.195的地圖

今&昔

昔

圖目錄E－1

6 新松金樓酒家

位於新町二丁目82號。樓高四層，裝設流籠（電梯），以蔣渭水為首的臺灣工友總聯盟曾在此舉行代表大會。已於2005年拆除。

了？或許春娘一生從來也未能真正離開過遊廓。

戰後，伴隨著日本殖民結束，國民政府來臺，宣布肅娼與正俗的禁娼政策，新町的日人風化區關門大吉，紛紛轉型為營業內容不明的旅社，而臺人風化區裡的四時春、愛樂園與真花園⑦等妓樓則改以酒菜部名目營業。一九四九年，政府採行「特種酒家制」，真花園、明花園、金龍、碧月等重新復業。一九五二年臺南市第一屆議會，便曾因為抗議男議員全體支持高賓特種酒家申請案，蘇全成及兩位女議員崔淑芬、沈書諒憤而辭職。一九五六年《臺灣省管理妓女辦法》頒布，全省特種酒家改制為妓女戶營業。過去新町的大紅燈籠高高掛，改為以門前綠燈為標誌，一燈丙級、二燈乙級、三燈甲級，以此鑑別綠燈戶的等級高低。

活過戰爭，李淳是幸運的，有些像李玉珍一樣被徵召到南洋戰場的臺籍日本兵，就再也沒回來過。他們女兒很可能因此被賣到茶館和妓女戶，然後淪為妓女的她們很快開始沉迷於四色牌、麻將等賭博遊戲，輸了，沒錢了，只好又將她們的女兒賣到摸摸茶館。那時候，說起臺南新町，沒有人不知道。新町旁邊就是運河，河流將女兒們的命運分隔成了兩岸，此岸可以學習讀書寫字，彼岸只能以身養家，兩邊既遙遙相望，又相互埋怨。

直到政策後來又轉了彎，在漸進式廢娼政策下，綠燈戶注定日漸凋零。二〇〇九年，新町遺留下來的最後一棟百年妓樓真花園被拆除。這則新聞甚至沒有出現在南部地方新聞以外的版面。古都很靜默，好像什麼也沒有失去。全臺灣有很多這樣的挖土機城市，挖去危樓，也剷平歷史記憶。古都失去了五條港最意氣風發的繁榮記憶，同時繼續遺忘了遊廓深處沒有歷史的女人。

4 開門樓

位於新町一丁目91號，由日本人業者甲斐小市經營。

1 高砂樓

位於新町一丁目54號，由日本人業者桐憲三經營。

5 北國樓

位於新町一丁目92號，由日本人業者山本彌市經營。

2 加賀屋

位於新町一丁目86號，由日本人業者道方キク經營，根據戶口簿資料，內有娼妓約20人、藝妓約10人，平均年齡約30歲，皆來自日本。

7 真花園

位於新町二丁目83號，現址為康樂街19號。走過百年歷史，於2009年遭拆除。

3 富士見樓

位於新町一丁目90號，由日人業者朝本助松經營。

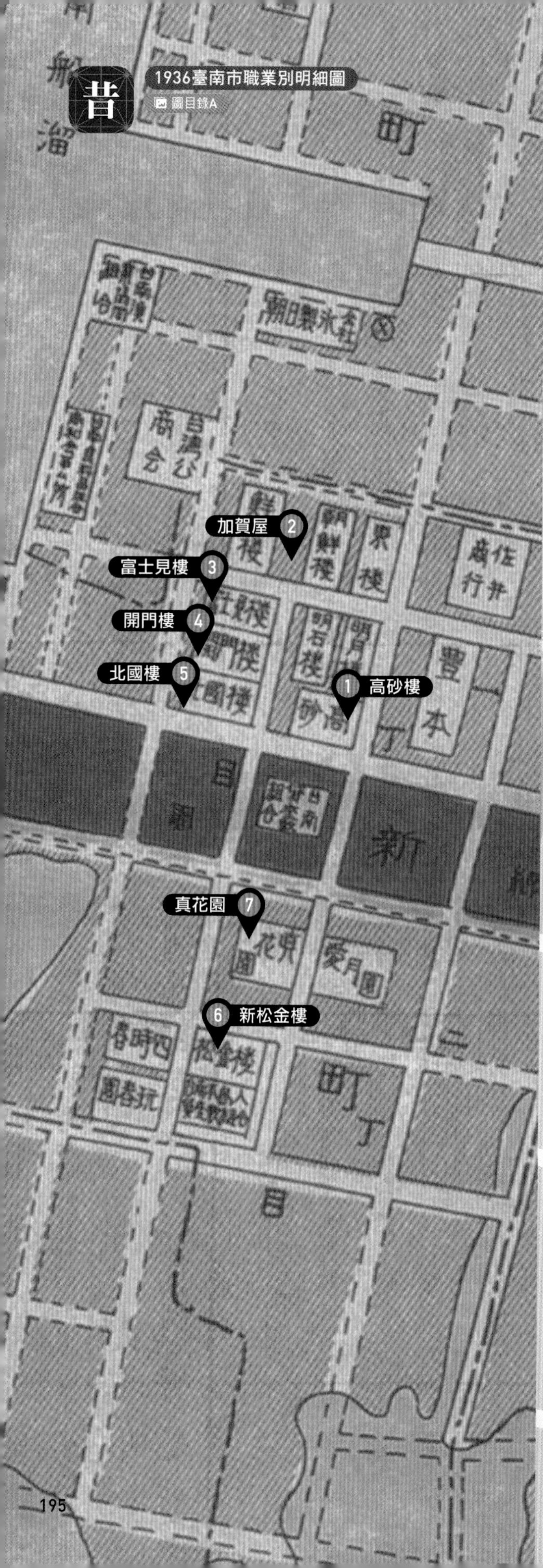

昔
1936臺南市職業別明細圖
圖目錄A
加賀屋 2
富士見樓 3
開門樓 4
北國樓 5
1 高砂樓
真花園 7
6 新松金樓

金華路三段
友愛街
尊王路138巷
加賀屋舊址 2
3 富士見樓舊址
尊王路
4 開門樓舊址
5 北國樓舊址
大智街29巷
高砂樓舊址 1
大智街
府前路二段
保安路
7 真花園舊址
大仁街
6 新松金樓舊址
大智街
康樂街
大勇街

庶民娛樂採昔

日治時期臺南市的戲院風華

文／賴品蓉

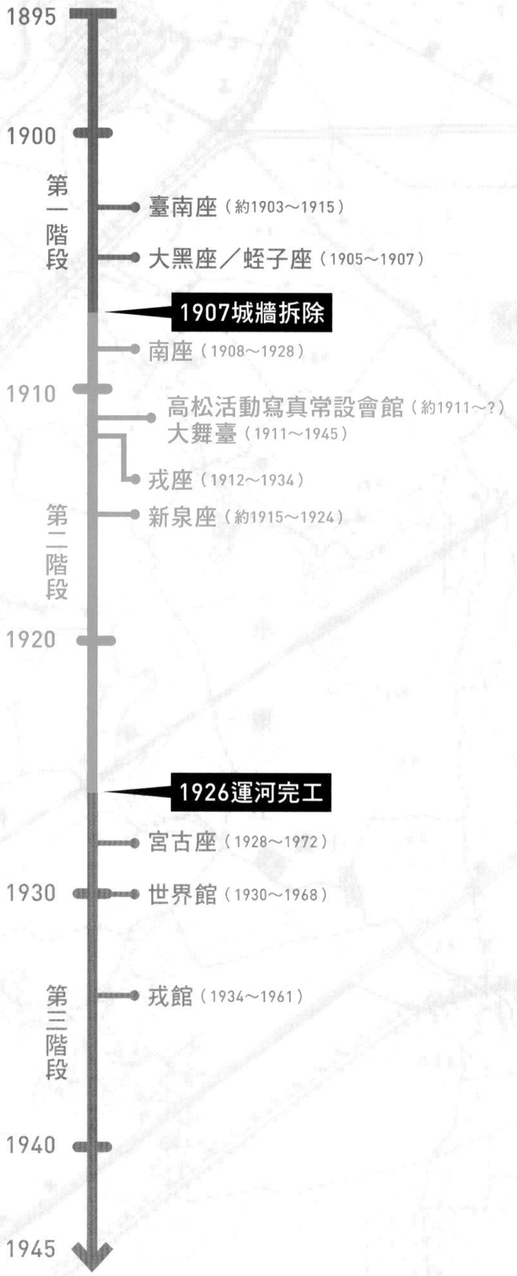

臺南市是臺灣歷史文化最悠久的都市，不僅戲院出現的時間與數量僅次於行政中樞臺北市，第一間純由臺人資本興建的戲院也在這裡出現。在戲院相關討論上，臺南市可說是不容忽視且具有代表性的案例。在近代都市更新的空間脈絡下，日治時期臺南市戲院的分布狀況，可以城牆拆除與運河完工的年代為界來分為三階段考察。

休閒生活新選擇

第一階段為日治初期到府城西側

1936年《臺灣公論》1卷11號封面「文化的極致：臺南銀座街」。圖中可見宮古座、世界館、戎館三間戲院皆位於繁華的末廣町通上（末廣町通在當時又稱為「銀座通」）。

圖目錄D－19

城牆拆除前（一八九五年至一九〇七年），此時期臺南市最早出現的兩間戲院「臺南座」與「大黑座」均建於城內，距離日軍憲屯所、十五憲兵本部、步兵營、旅團司令部等軍事機構不過數步之遙，與清末繁華的五條港區與大西門外風化區之間則有城牆相隔，日臺娛樂各成天地。這兩間戲院主要提供日式演藝節目，專供日軍娛樂之用。

相較於過去人們隨著歲時祭祀活動所養成的生活步調與觀劇習慣，日治初期戲院空間的出現與新時間制度的制定，對人們的看戲習慣造成改變，民眾也在傳統的廟埕空間及私人宅第等演出場所以外，逐漸匯聚到戲院空間之中。在週日出門逛街上館子、進劇場看戲成為一般民眾在休閒生活的新選擇。位於內新街上的「臺南座」，每逢週日都會有相當多的觀眾來看戲，晚上散場時常會將劇場周邊巷弄擠得水洩不通，其熱鬧程度足以與當時的「臺北座」劇場比媲。

另一間位於大井頭街上的「蛭子座」，是前身稱作「大黑座」的寄席場地，主要上演具庶民性格的日式說唱藝術。「大黑座」在一九〇五年由規模較小的寄席改裝，並更名為「蛭子座」，報載曾有歌舞伎、藝妓芝居（由從事日本傳統表演藝術的女性藝人演出的戲劇）和淨琉璃（以琵琶或三味線伴奏的說唱表演藝術）演出。無論是改名前的「大黑座」、改名後的「蛭子座」，或是後來出現的「戎座」，其劇場名代表的都是日本信仰中象徵財富的神明：「大黑座」取自於掌管農業的「大黑天神」，「蛭子座」、「戎座」則是取名自掌管漁業的「蛭子神／戎神（EBISU）」，兩者都是日本七福神信仰中掌管商業活動和聚集財源的神祇。

劇場這種商業空間，得依靠大量人潮才有辦法經營，所以將神祇名取作劇場名，其中飽含寄託神明保佑劇場生意蓬勃發展之意。

圖目錄F－1

▲蛭子座　臺南大井頭街に大黑座なる寄席ありしが這回席主代りて座名を蛭子座と改稱し場内も多少改造したるを以て其の開場披露に臺南撿番の藝妓芝居を演したるに藝者と云ふ奇麗首の爲めになか〳〵の大入り殊に芝居の小屋開きに祝意を表し木戸を廢して下足八錢とせしなど藝は兎も角人氣を集めたるものか五百名内外の觀客あり豫定の三日間も昨日にて終りたるに今明日に延べして片岡扇平、中村駒太郎、中村福之丞等之れに加はり二輪加所作事、梅川忠兵衛封印切り、毛谷村六助内の段を增し金時、金吾、金三は拔けたるも引き續き興行中

《臺灣日日新報》報導大黑座更名為蛭子座，歌舞伎、藝妓芝居等輪番登場，吸引500名觀眾。

日臺文化相爭豔

第二階段為府城西側城牆拆除後到運河整治完工（一九〇七年至一九二六年），此時期共有五間戲院出現。先是高松豐次郎在臺人遊廓南端興建的「南座」❶，「南座」的規模和「臺中座」相近，是可容納近千位觀眾的豪華日式劇場，與臺北「榮座」屬於同等級的大戲院。一九二〇年代末，適逢臺灣全島文化運動風起雲湧之時，「南座」也是當時臺灣文化協會、臺灣民眾黨舉辦講演和演出文化劇的重要場所。而由臺人集資興建的「大舞臺」，位於臺人遊廓東側偏北處的小媽祖街上，這兩間戲院的所在地西門町，直到日治晚期，人口中臺人族群比例仍超過八成，可以說戲院的設立明顯是以臺人為其觀眾對象。

「大舞臺」❷除了是日治時期臺灣第一個以「舞臺」命名的戲院，也是全臺第一座以臺人為主要觀眾、並由臺人發起集資、建設與經營的本島人劇場。「大舞臺」落成以來，一直是由洪采惠擔任背後經營組織「臺南大舞臺株式會社」的主要人物，其餘組織成員皆為臺南在地的文人商紳。其中與經營最為密切相關的是在組織內擔任取締役的黃欣，他不僅經營「大舞臺」，所創立的「南光演藝團」及其劇碼也常於此演出。此劇團於後來改組為具社會救助與公益性質的「共勵會」，並提倡演出揭露社會問題的社會教化劇。另一位重要成員是與黃欣家族及社長洪家關係友好、負責規畫「大舞臺」演出節目的蔡祥，他創組了臺南市第一個進入戲院內臺、並能兼演京戲的歌仔戲班「丹桂社」。

「大舞臺」的出現，突顯出這群創建「大舞臺」的臺南仕紳，雖然接受了殖民現代化所帶來的新式劇場空間，仍有意識地思考他們所身處的地方意義。日本殖民者（如高松豐次郎）試圖建造新的劇場空間，供在臺日人娛樂和教化本島人之用，建立「大舞臺」的這群人，與殖民者同樣看到臺灣人長久以來對戲劇的渴求，也選擇興建新式的劇場，做為展演臺灣人戲劇文化主體的舞臺，意味著這座本島人劇場的出現，具有別於殖民者在殖民地建造新式劇場的主體性意義。

約與大舞臺同時，高松豐次郎另於一九一一年前後在城內臺南公館（後為臺南公會堂）舊址設立「高松活動寫真會常設館」，暫作電影

圖目錄E－1　1928年7月15日臺灣民眾黨第二回黨員大會會後於「南座」前合影。

放映場地使用。而稍後同位於錦町落成的「戎座」❸與「新泉座」，皆是由日人興建、以日人為主要觀眾對象的劇場。由於兩間戲院的位置相當接近，有著密切的競爭關係，報紙曾載「戎座」經營者為吸引人潮，發起與周邊店家的串連合作來刺激消費，這樣的經營方式不僅對雙方的生意都有助益，對於臺南市地方上的日人商業資本也有一定程度的活絡。

「新泉座」在轉型為電影常設館以前，其連鎖劇的演出，亦時常在舞臺劇中穿插與臺南現代都市空間如臺南公園、中學校、新遊廓、平交道、安平等有關的場景影片。由日人殖民者在一九二〇年代催生的公共建設及喜愛的海岸風情所構成的影像，正是當時與臺南市民生活緊密結合的都市空間地貌，這些被刻意選擇的內容，對外地觀眾也應有城市宣傳之效。

圖目錄D－26　經營大舞臺主要人物洪采惠。

摩登都市新地標

第三階段從臺南運河整治工程完工一直到日治時期結束（一九二六年至一九四五年），此時隨著自兒玉圓環（今民生綠園）延伸至運河盲端的「末廣町通」（今中正路）開通，在其道路沿線或鄰近區域陸續誕生了「宮古座」❹、「世界館」❺及「戎館」❻三間戲院。由末廣町通與西門町通（今西門路）所構成的新十字街區，取代了歷史悠久的十字大街，成為市內新興的商業地段；前述三間戲院亦以現代建築的嶄新姿態出現，為都市意象添加了新元素，成為當時臺南市的新地標。這三間戲院所在位置地處

圖目錄K－1

1930年臺灣文化三百年紀念會歌舞伎演出，「宮古座」舞臺仍保有傳統日式劇場「花道」的通道設計。

1931年臺南消防組於世界館內舉辦的音樂演奏會，從圖可見館內舞臺空間為鏡框式舞臺設計，根據報紙記載亦設有冷氣設備。

圖目錄F－4

新興商業區，強調以整體市民為觀眾對象，相當有別於前兩個階段戲院按族群分眾經營的色彩。

「宮古座」位於西門町通上，於一九二八年落成，是一棟參考日本內地劇場設施所設計的宏偉日式劇場建築。戲院總建坪為四百坪，外部結構是煉瓦鋼筋結構，內部則是木造二階純日本式宅邸，可容納一千至一千五百名觀眾。「宮古座」的興建，最早可回溯自一九二四年起有關「臺南市營劇場」的討論，「臺南市營劇場」的構想預計要做為各式活動及組織的集會場合，並供表演團體以便宜的費用租借。雖然「宮古座」落成後並非市營，但自營運以來，除了商業性質的戲劇演出與電影放映使用，也有許多非營利目的之節目在「宮古座」演出，例如一九三〇年於臺南市內盛大舉辦，為期十天的「臺灣文化三百年記念會」，便選擇「宮古座」作為眾多餘興節目的演出地點。整體來說，在活動內容面呈現出明顯的地方公共色彩。

此外，日治時期臺北、基隆、新竹、雲林、臺南等地都曾出現過以「世界館」命名的劇場，其中七間世界館同屬於名為古矢的家族企業所有，一九三〇年落成於臺南市田町、第一間專門放映電影的「世界館」也是其一。臺南「世界館」可容納六、七百名觀眾，是一棟以水泥鐵筋蓋成的二層樓建築，因和「宮古座」同屬日人財產，在戰後都被收歸國民黨所有，並改名為「世界戲院」，一直到一九六八年因建築結構老舊無法繼續經營而出售，成為戲院生命的尾聲。

稍晚於一九三四年，斥資五萬圓興建於「世界館」對面的「戎館」，亦為日人所建。「戎館」雖然是日治時期臺南市最晚出現的一間劇場，但它的出現除了反映臺南市戲院空間分布軸線的轉變，從劇場歷史、資金和經營者來看，其誕生亦可以追溯至一九一二年位於在內新街上的「戎座」劇場。

自一九二四年後，「戎座」因經營權問題與劇場結構、設備逐漸不敷使用，一再地受到地方政府和民間要求改建和修繕的輿論壓力。但是它的改建問題一直拖延到被當局勒令停業，臺南市第一間電影常設館「世界館」在田町出現後，相關人員才於一九三四年決定擇地另建一間新劇場直接取代「戎座」，也就是樓高兩層、可容納約八百名觀眾的「戎館」。到了日治晚期，原先由日人建設，屬於「宮古座」劇場所有的「戎館」，改由名為鍾樹欉的臺灣人所有，而熬過戰火的「戎館」在戰後改名為「赤崁戲院」，繼續肩負著放映電影的功能直到一九六一年。◈

今&昔

位置請對照p.208的地圖

1 南座

為二層樓的木造建築，1908年設立之時為臺南規模最大的戲院，現址為西門路二段西門圓環。

2 大舞臺

是全臺第一間由臺人集資而成的戲院，可容兩千多人，主要以中國傳統戲曲演出為主。

3 戎座

設立之初，以戲劇演出為主，1920年代轉型為放映電影為主的活動寫真常設館。

4 宮古座

外型仿效東京歌舞伎座，觀眾席為榻榻米，由於臺人不習慣跪坐看戲，所以取臺語諧音，稱該戲院為「艱苦坐」。

5 世界館

是臺南首間歐式電影院，外觀具有現代風格建築特色。

6 戎館

1934年落成，外觀與內部照片，由內部照片可以明顯看出戎館為兩層樓之建築，舞臺為鏡框式舞臺，座椅為多人座之木椅。

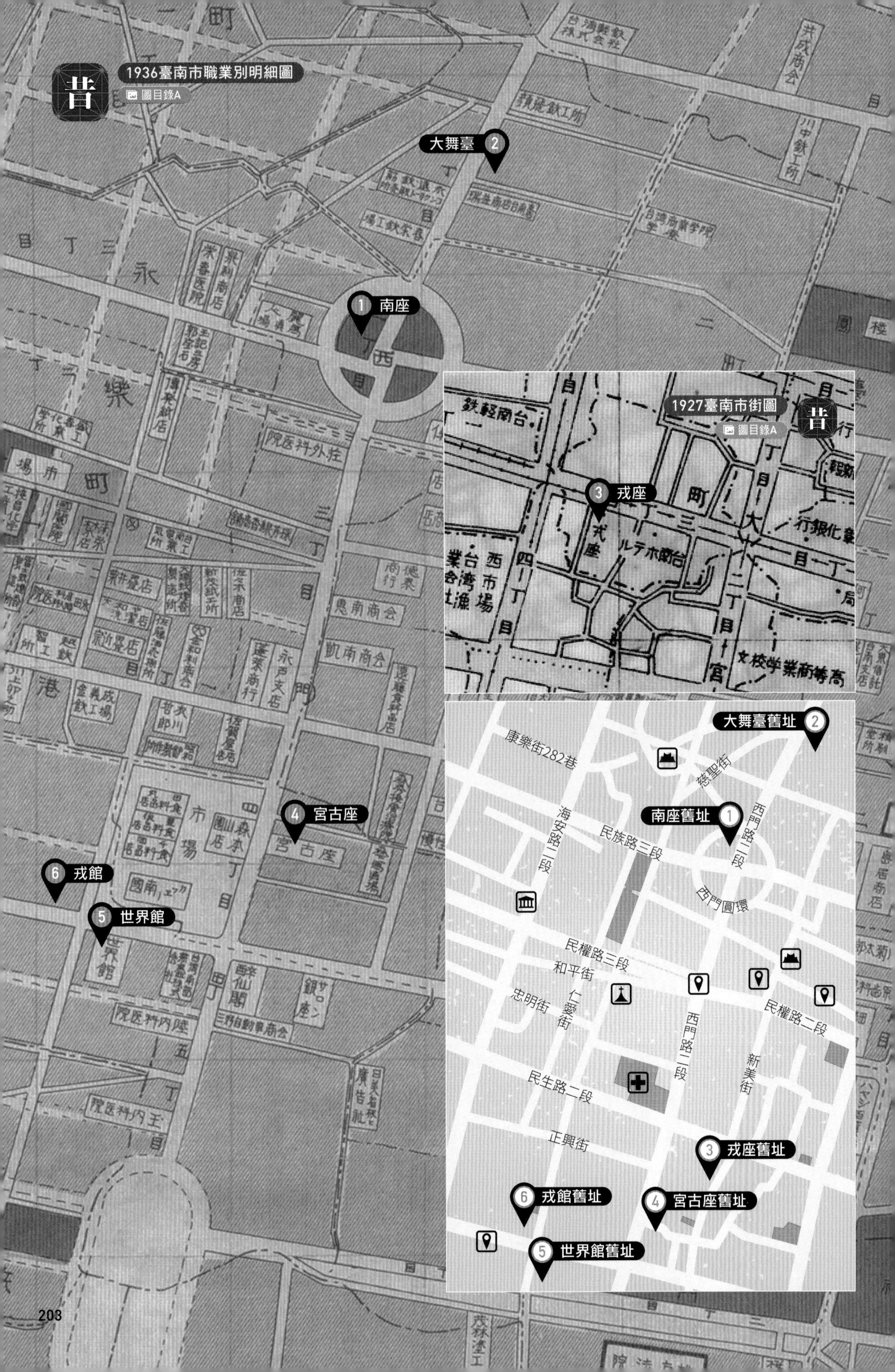
昔
1936臺南市職業別明細圖
圖目錄A
大舞臺 2
1 南座
4 宮古座
6 戎館
5 世界館
1927臺南市街圖
昔
圖目錄A
3 戎座
大舞臺舊址 2
康樂街282巷
慈聖街
南座舊址 1
海安路二段
西門路二段
民族路三段
西門圓環
民權路三段
和平街
忠明街
仁愛街
西門路二段
民權路二段
新美街
民生路二段
正興街
3 戎座舊址
6 戎館舊址
4 宮古座舊址
5 世界館舊址

專訪

地理是歷史的舞臺
地圖是地理的語言

每張地圖承載著某一個時期、某一類型地理資訊，如同地質學家透過地層分析地球各時期環境面貌一般，舊地圖也可以帶領我們「穿越」時空，窺看某個時期，某個城市，某個事件的過往歲月與今日面貌。

中央研究院人文社會科學研究中心
地理資訊科學研究專題中心
廖泫銘　研究副技師

臺灣百年歷史地圖
http://gissrv4.sinica.edu.tw/gis/twhgis/

早期的歷史學家不太跑田野，大多是從文獻、檔案裡做研究，但是現在歷史學的發展越發活潑與多元，開始談歷史時期考古、歷史現場、大眾史學、考現學…等等新的議題。跨領域、跨界已經成為趨勢，而結合地圖學與資訊科學的地理資訊系統（GIS）具有透過空間（地理位置）進行跨領域整合的特性，是一個很強的研究工具。

地圖提供了歷史研究不一樣的面向，儘管隨著時代的變遷，各種城市面貌會隨之改變，然而仍然會於今日的空間留下蛛絲馬跡，比方說臺灣任何一條古道、舊鐵路、水圳沿線都涉及到許許多多的土地，而每一塊土地或有眾多的繼承者，因此除非是刻意的進行土地重劃，要從完全抹除百年路徑並不容易，然而新舊空間利用混雜，要單單從現地考察還原舊地理面貌並不容易，這時候舊地圖加上GIS疊圖就彷彿是張尋寶圖，述說每一段道路、鐵路、河流、建築何時誕生與消逝，因此當歷史研究者或愛好者走入現場，舊地圖一定是不可或缺的良伴，它本身就是報導者。即便是看似不精準的古輿圖、鳥瞰圖、工商地圖，其實記載豐富的地理資訊，因為每一張地圖都有它繪製

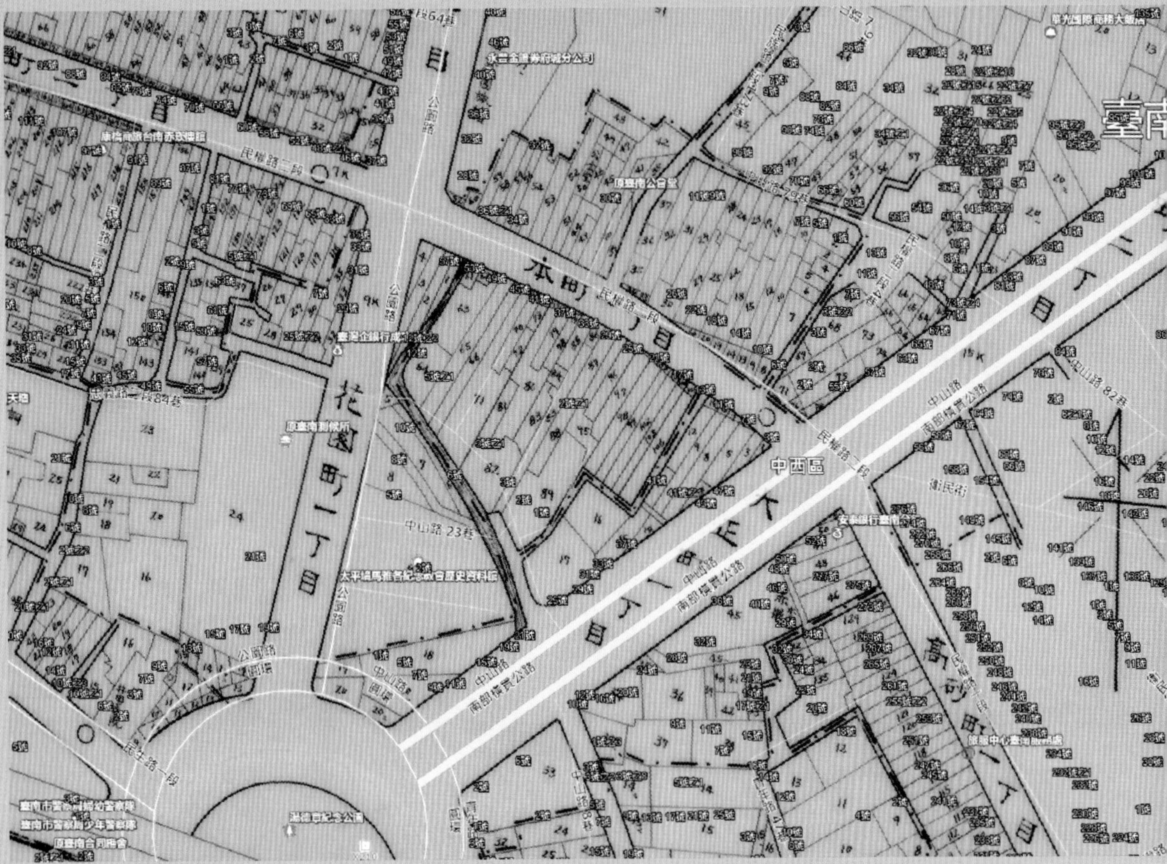

利用GIS疊圖技術，連接日治時期臺南火災保險特殊地圖與現今地圖，不但可瞭解當時消防設施配置之外，更可精確還原戰前後臺南都市空間規劃歷程，恢復所有人文歷史空間。

圖目錄A

「目的」或時代「觀點」，從圖像史學角度來看，古地圖本身就是歷史研究的切入點。

現代地圖繪製都是透過實際的地理坐標測量成果加以編繪而成，這種純數值化（經緯度坐標）資訊，最適合運用資訊系統進行管理與運用，如Google地圖、汽車導航軟體，其便利性遠大於傳統紙圖。同樣地，若能將所有歷史資料全面空間化（坐標化），那所有事件地點便得以運用地理資訊技術進行展示、分析，開啟新的歷史研究面貌。現存的歷史建築、道路可以直接進行現地測量，已消失的位置則可以透過舊地圖的套疊間接測量取得，如：《臺灣堡圖》、《臺灣地形圖》、《市區改正圖》、《舊地籍圖》、《火災保險特殊地圖》，除此之外，運用這些舊地圖所搭建起來的時空參考框架，讓早期文獻、檔案、照片當中出現過的地名、地號、地址（住所地番）都亦可定位出經緯度坐標，進而恢復所有人文歷史空間，特別是後三者地圖對於城市空間探詢提供更為精確的定位參考。

隨著大數據時代的來臨，所有學科都在轉變中，過去將古地圖視作是圖像來解讀，如今，已被視作「早期數據集成」來進行解析與應用；從地圖中所提取出來的資訊提供了不同學科或視野，而產生不同的研究課題，比方說歷史地理學、城市史、環境史等，進而促成以資料為中心的跨學科對話與整合。

下回帶張舊地圖或一本老旅遊手冊去旅行，從它透露的訊息可以得知，哪個地方有什麼或者什麼已消逝，然後現場考察與訪問，並勤於發掘文獻，只要有好奇心以及細心的觀察，人人都能做出有趣的鄉土調查，回應地圖帶來的訊息。◎

”每張地圖都有繪製的「目的性」，及賦予的「時代性」。“

圖目錄

A中央研究院人文社會科學中心地理資訊科學研究專題中心

B臺灣史研究所檔案館典藏

B—1吳新榮文書
B—2高慈美文書
B—3費邁克集藏
B—4蔡培火存於紅十字會臺灣省分會文書
B—5山崎直方、佐藤傳藏（大正4年[1915]）《大日本地誌卷十》
B—6山崎鋆一郎（昭和13年[1938]）《臺灣の風光》
B—7日本旅行協會臺灣支部編（昭和14年[1939]）
《臺灣鐵道旅行案內》昭和十四年版
B—8公共埤圳嘉南大圳組合編（昭和5年[1930]）
《嘉南大圳新設事業概要》
B—9名倉喜作編（昭和14年[1939]）《臺灣銀行四十年誌》
B—10伊藤重郎編（昭和14年[1939]）《臺灣製糖株式會社史》
B—11後藤忠三（昭和10年[1935]）《臺灣糖業視察記》
B—12相良捨男（大正8年[1919]）《經濟上より見たる臺灣の糖業》
B—13臺灣博物館協會編（昭和12年[1937]）《科學の臺灣》第5卷第6號
B—14臺灣博物館協會編（昭和13年[1938]）
《科學の臺灣》第6卷第1、2號
B—15臺灣建築會編（昭和7年[1932]）《臺灣建築會誌》第4輯第2號
B—16臺灣建築會編（昭和7年[1932]）《臺灣建築會誌》第4輯第6號
B—17臺灣建築會編（昭和9年[1934]）《臺灣建築會誌》第6輯第3號
B—18臺灣寫真會編（大正4年[1915]）《臺灣寫真帖》第1卷第7集
B—19臺灣寫真會編（大正4年[1915]）《臺灣寫真帖》第1卷第8集
B—20臺灣寫真會編（大正4年[1915]）《臺灣寫真帖》第1卷第11集
B—21臺灣寫真會編（大正4年[1915]）《臺灣寫真帖》第1卷第12集
B—22臺灣寫真會編（大正4年[1915]）《臺灣寫真帖》第2卷第1集
B—23臺灣教育會編（昭和3年[1928]）《北白川宮能久親王御遺跡寫真帖》
B—24臺灣總督府官房文書課編（明治41年[1908]）《臺灣寫真帖》
B—25臺灣總督府民政部編（大正4年[1915]）《記念臺灣寫真帖》

C國立臺灣大學圖書館

C—1井出季和太（昭和12年[1937]）《臺灣治績志》
C—2太田猛（昭和10年[1935]）《臺灣大觀》
C—3林東辰（昭和7年[1932]）《臺灣貿易史》
C—4金關丈夫編（昭和17年[1942]）《民俗臺灣》第二卷
C—5武內貞義（大正3年[1914]）《臺灣》
C—6原幹次郎（昭和5年[1930]）《常夏乃華（梅號）》
C—7臺灣建築會編（昭和7年[1932]）《臺灣建築會誌》第5、6號
C—8臺灣製糖株式會社編（大正4年[1915]）
《臺灣製糖株式會社創立十五週年記念》
C—9臺灣製糖株式會社編（大正10年[1921]）
《臺灣製糖株式會社事業沿革之概要》

C－10臺灣總督府編（大正2年[1913]）
"The Statistical Summary of Taiwan"

C－11臺灣總督府編（大正3年[1914]）《臺灣統計要覽》

C－12臺灣總督府內務局編（昭和11年[1936]）《史蹟調查報告》第二輯

C－13臺灣總督府臨時臺灣土地調查局編（明治37年[1904]）
《臨時臺灣土地調查局紀念帖》

D 臺灣圖書館

D－1（明治40年[1907]）〈市區改正臺南市街全景圖〉

D－2（昭和9年[1934]）〈臺南州管內圖〉

D－3〈臺南廳里程圖〉

D－4小山權太郎編（昭和5年[1930]）《臺南市大觀》

D－5下田正《大正四年臺灣南部匪徒討伐警察隊記念》

D－6六十七《六十七兩采風圖》

D－7井川直衞、武田公平（昭和11年[1936]）《バアクレイ博士の面影》

D－8木村泰治（明治36年[1903]）《臺灣風俗と風景寫真帖》

D－9花園尋常高等小學校編（昭和13年[1938]）
《創立四十周年花園記念號》

D－10金關丈夫編（昭和17年[1942]）《民俗臺灣》第二卷第七期

D－11栗山新造（昭和8年[1933]）《林方一君追想錄》

D－12國分直一（昭和19年[1944]）《南方臺灣民俗考 壺を祀る村》

D－13勝山吉作編（昭和6年[1931]）《臺灣紹介最新寫真集》

D－14楊雲龍（昭和12年[1937]）
《昭和十一年度南大臺南基督教新樓醫院便覽》

D－15萬代賢平（昭和18年[1943]）《長榮中學校校友會誌彌榮》第四號

D－16幣原坦、村上直次郎、栗山俊一、山中樵、連雅堂、尾崎秀真
（昭和10年[1935]）《臺灣文化史說》

D－17臺灣三成協會編（昭和12年[1937]）《まこと》第277號

D－18臺灣文化三百年記念會編（昭和6年[1931]）《臺灣史料集成》

D－19臺灣公論社編（昭和11年[1936]）《臺灣公論》第1卷11號

D－20臺南州商品陳列館編（昭和8年[1933]）
《臺南州商工名鑑》昭和八年版

D－21臺南市役所編（昭和14年[1939]）《臺南市要覽》

D－22臺灣博覽會事務局編（昭和11年[1936]）
《始政四十周年記念臺灣博覽會寫真帳》

D－23臺灣總督府編（大正12年[1923]）《皇太子殿下臺灣行啟記念寫眞帖》

D－24臺灣總督府編（昭和4年[1929]）《御大典記念臺灣寫真帖》

D－25臺灣總督府編（昭和11年[1936]）《初等圖画 第一學年用》

D－26臺灣總督府編（大正5年[1916]）《臺灣列紳傳》

D－27臺灣總督府法務部編（大正9年[1920]）《臺灣匪亂小史》

D－28臺灣繪葉書會編（大正3年[1914]）《南部臺灣寫真帖》

D－29臺灣教育會編（昭和9年[1934]）《臺灣教材寫真集》

圖目錄

O－11臺南市私立長榮高級中學
O－12臺南市美術館
O－13臺灣基督長老教會新樓醫療財團法人臺南新樓醫院
O－14臺灣基督長老教會
O－15臺灣教會公報社
O－16臺灣民間信仰影音數位平臺計畫
O－17臺南市政府文化局

P
個人授權

P－1李品寬先生攝影
P－2吳坤霖先生提供
P－3段洪坤先生攝影
P－4胡品榆女士攝影
P－5黃微芬女士攝影
P－6黃偉強先生攝影
P－7黃建龍先生提供
P－8曾令毅先生提供
P－9趙守彥先生攝影
P－10劉懷仁先生攝影
P－11劉家豪先生攝影
P－12蔡侑樺先生攝影
P－13謝國興先生提供
P－14謝奇峰先生攝影

Q
其他

Q－1 Atlas of Mutual Heritage
Q－2 East Asia Image Collection. Easton,PA:Lafayette College.
https://dss.lafayette.edu/
Q－3 Getty Research Institute
Q－4 Rijk smuseum
Q－5 Reed Digital Collections
https://rdc.reed.edu/i/7184c9d8-205d-4537-9ae1-d30642d79dbb
Q－6許南英（昭和8年[1933]）《窺園留草》
Q－7 Wellcome Collection
Q－8美國國會圖書館
Q－9美國大都會博物館
Q－10日本國會圖書館
Q－11〈植鉄の旅〉 http://liondog.jugem.jp/?eid=210
Q－12 https://www.nps.gov/parkhistory/online_books/npswapa/
extContent/usmc/pcn-190-003122－00/index.htm

參考書目

吳建昇、蔡郁蘋、杜正宇、蔡博任（2013）。大臺南的前世今生。臺南市：臺南市政府文化局。

吳建昇、杜正宇（2012）。清道光三年以前臺江內海浮覆的動態發展。臺南文獻。第2期：10－35。

吳建昇（2010）。乾嘉年間臺江海埔地之開發。南瀛文獻。第9期：196－205。

潘朝成、段洪坤（2016）。文化復振下的認同——以西拉雅族吉貝耍部落為例。臺灣原住民研究學報。第6卷第1期：23－42。

段洪坤（2015）。東山吉貝耍夜祭。臺南市：臺南市政府文化局文創科。

段洪坤（2013）。阿立祖信仰研究。臺南市：臺南市政府文化局。

陳秀琍、黃建龍、陳信安、謝佳芸、紀幸芯（2014）。府城百年濱海道：從青草崙到南莛橋。臺南市：臺南市政府文化局。

李麗菁（2014）。臺1線的鄉愁——從上茄苳到二層行。臺南市：臺南市政府文化局。

中神長文（1900）。臺南事情。臺南：小出書店。

費德廉（Douglas L. Fix）、蘇約翰（John Shufelt）主編，羅效德、費德廉譯（2013）。李仙得《臺灣紀行》。臺南市：臺灣史博館。

必麒麟（William A. Pickering）（2010）。歷險福爾摩沙：回憶在滿大人、海賊與「獵頭番」間的激盪歲月。臺北市：前衛出版社。

黃富三、林滿紅、翁佳音主編（1997）。清末臺灣海關歷年資料。臺北市：中央研究院臺灣史研究所籌備處。

蔡侑樺（2017）。原臺灣府城城門及城垣殘蹟。臺南市：臺南市政府文化局文創科。

鄭安佑（2017）。視而後現——臺南市「社會經濟——都市空間」變遷（1895－1945）。國立成功大學建築學系博士論文。

鄭安佑、徐明福、吳秉聲（2013）。日治時期臺南市（1920〜1941）「都市空間－社會經濟」變遷——指向經濟的都市現代化過程。建築學報。第85期：17－37。

鄭道聰（2014）。清代廈門與臺灣府渡口史事探遺。臺南文獻。第5期：141－148。

鄭道聰（2014）。探討臺南五條港與泉州的文化淵源——以「七娘媽生：做十六歲」為例。臺南文獻。第6期：29－42。

傅朝卿（2003）。古城年輪：臺南市都市與建築變遷。建築。第72期：48－55。

黃武達、小川英明、內藤昌（1995）。日治時代之臺南市近代都市計畫（1）——都市計畫之萌芽與展開。中華民國建築學會建築學報。第14期：75－104。

曾令毅（2018）。近代臺灣航空與軍需產業的發展及技術轉型（1920s－1960s）。國立臺灣師範大學歷史系博士論文。

亞洲航空公司編（2016）。70週年特刊。臺南：亞洲航空公司。

洪致文（2015）。不沈空母：臺灣島內飛行場百年飛行史。臺北：自印出版。

左美雲（2017）。臺南博物館。臺南市：臺南市政府文化局。

陳其南、王尊賢（2009）。消失博物館記憶：早期臺灣的博物館歷史。臺北市：國立臺灣博物館。

許佩賢（2012）。太陽旗下的魔法學校：日治臺灣新式教育的誕生。臺北：東村出版。

何培齊編撰（2007）。日治時期的臺南。臺北市：國家圖書館。

加藤光貴著、黃秉珩翻譯（2007）。昨日府城明星臺南：發現日治下的老臺南。臺南市：臺南市文化資產保護協會。

葉石濤（2018）。葉石濤文學地景作品選集。臺南市：臺南市政府文化局。

陳曉怡、薛建蓉、曾國棟（2016）。漫遊神仙府：府城文學踏查地圖6。臺南市：臺灣文學館。
張信吉、林佩蓉、鄭雅雯（2009）。人間星月憶石濤仙。臺灣文學館通訊。第22期：6－9。
謝國興（2017）。西港仔刈香：一個傳統王醮的數位紀錄（附4DVD／精裝）。臺北市：中央研究院臺灣史研究所。
黃文博、謝國興（2016）。西港刈香（附光碟）。臺南文獻。第10期。
謝國興（2016）。文獻足徵：西港刈香的醮事簿。臺南文獻。第10期：14－31。
鄭仰恩主編（2010）。臺灣基督長老教會歷史教育手冊。臺北市：使徒出版社。
吳學明（2003）。從依賴到自立：終戰前臺灣南部基督長老教會研究。臺南市：人光出版社。
連明主編（1965）。臺灣基督長老教會百年史。臺南市：臺灣教會公報社。
謝奇峰（2014）。臺南府城聯境組織研究。臺南市：臺南市政府文化局。
奧村金太郎、蔡國琳編（1897）。臺南縣志。
黃文博（2015）。噍吧哖事件。臺南文獻。第8期。
黃微芬（2015）。甜蜜蜜：到臺南找甜頭。臺北市：遠流出版公司。
周俊霖、許永河（2009）。南瀛糖業誌。臺南：臺南縣政府。
周俊霖、許永河（2008）。南瀛鐵道誌。臺南：臺南縣政府。
張麗芬（2012）。食用到工業用——日治時期臺灣鹽業發展之變遷。國立成功大學歷史學系博士論文。
張麗芬（2009）。日治初期臺灣鹽業政策之轉變——以臺灣總督府公文類纂為例。崑山科技大學人文暨社會科學學報。創刊號：271－287。
臺灣總督府專賣局（1937），臺灣の鹽業。臺北市：臺灣總督府專賣局。
謝仕淵（2018）。府城一味：時間煮字，情感入味，一起來臺南吃飯。臺北市：蔚藍文化出版社。
陳鴻圖（2009）。嘉南平原水利事業的變遷。臺南：臺南縣政府。
陳鴻圖（2002）。日治時期臺灣水利事業的建立與運作——以嘉南大圳為例。輔仁歷史學報。第12期：117－152。
公共埤圳嘉南大圳組合（1930）。嘉南大圳新設事業概要。臺北市：公共埤圳嘉南大圳組合。
陳曉怡（2015）。《臺南新報》的庶民生活圖象—以府城為範圍。臺灣學通訊。第85期：16－17。
陳秀琍、夏行歌、盧圓華、黃文鍠（2009）。舊城那一段風花雪月的事——寶美樓、真花園、新松金樓、廣陞樓。E代府城。第34期：33－48。
吳新榮著、張良澤主編（2007）。吳新榮日記。臺南市：國立臺灣文學館。
梁秋虹（2013）。治理底層女性：日本殖民性治理與被治理者的政治（1895－1937）。國立臺灣大學社會學研究所博士論文。
葉石濤著、彭瑞金主編（2006）。葉石濤全集小說卷三。臺南市：國立臺灣文學館。
厲復平（2017）。府城・戲影・寫真－日治時期臺南市商業戲院，臺北市：獨立作家。
賴品蓉（2016）。日治時期臺南市戲院的出現及其文化意義。國立清華大學臺灣文學研究所碩士論文。
陳桂蘭、王朝陽（2009）。南瀛戲院誌。臺南：臺南縣政府。

國家圖書館出版品預行編目資料

臺南歷史地圖散步/吳建昇等撰稿;李佳卉主編.--初版.--
臺北市：中研院數位文化中心出版：臺灣東販發行, 2019.01
212面；18.2×25.7公分
ISBN 978-986-05-7779-2(平裝)

1.旅遊 2.歷史地圖 3.臺南市

733.9/127.2　　107021167

臺南歷史地圖散步

2019年1月31日初版第一刷發行
2024年3月15日初版第四刷發行

製作／出版 中央研究院數位文化中心
召集人 林富士
副召集人 王新民、陳熙遠、張哲嘉（按筆畫順序）

指導 謝國興
企劃 黃冠華
主編 李佳卉
編輯 任容、林宜柔、侯名晏、温淳雅、賴萱珮、賴國峰、譚順心（按筆畫順序）
特約編輯 張曉彤
特約撰稿 李佩蓁、吳建昇、林佩蓉、段洪坤、陳秀琍、陳鴻圖、陳曉怡、郭怡棻、張麗芬、梁秋虹、曾令毅、黃微芬、楊富閔、蔡侑樺、鄭安佑、鄭道聰、賴品蓉、盧啟明、謝國興、謝奇峰、謝仕淵、嚴婉玲、蘇峯楠（按筆畫順序）
美術編輯 鄭佳容
現代地圖繪製 涂巧琳
地圖圖資 中央研究院人文社會科學研究中心－地理資訊科學研究專題中心
顧問 王麗蕉、廖泫銘

地址 11529臺北市南港區研究院路二段128號
電話 （02）2652-1885
傳真 （02）2652-1882
網址 http://ascdc.sinica.edu.tw

發行 臺灣東販股份有限公司
發行人 若森稔雄
編輯 楊瑞琳
地址 臺北市南京東路4段130號2樓之1
電話 (02)2577-8878
傳真 (02)2577-8896
網址 http://www.tohan.com.tw
郵撥帳號 1405049-4
法律顧問 蕭雄淋 律師
總經銷 聯合發行股份有限公司
電話 （02）2917-8022
ISBN 978-986-05-7779-2